中国历史人物传记

赵普传

张其凡 著

创于1897　商务印书馆　The Commercial Press

图书在版编目（CIP）数据

赵普传 / 张其凡著 . —北京：商务印书馆，2023
ISBN 978-7-100-22747-6

Ⅰ.①赵… Ⅱ.①张… Ⅲ.①赵普（922-992）—
传记 Ⅳ.① K827＝441

中国国家版本馆 CIP 数据核字（2023）第 138021 号

中国历史人物传记

赵普传

张其凡 著

商 务 印 书 馆 出 版
（北京王府井大街 36 号 邮政编码 100710）
商 务 印 书 馆 发 行
北 京 冠 中 印 刷 厂 印 刷
ISBN 978-7-100-22747-6

2023 年 9 月第 1 版　　　　开本 710×1000　1/16
2023 年 9 月北京第 1 次印刷　　印张 22
定价：98.00 元

千秋说赵普[*]

——《赵普传》新版代序

王瑞来

一

纵观北宋初期历史，从"陈桥兵变，黄袍加身"到"杯酒释兵权"，从"烛影斧声"到"金匮之盟"，论对一些影响历史进程的重大事件都有直接或间接参与，难脱干系之人，非赵普莫属。围绕着赵普，还有许多诸如"雪夜定策"、"半部《论语》治天下"等逸事与传说。研究北宋前期历史，绝对绕不过去赵普这个有故事的人物。

五代后期，常年混迹于地方州县和军阀幕府的赵普，对社会现实有着切身的了解。而小吏和幕僚的生涯，又使他磨练出出色的行政才能，并且积累了丰富的政治经验。这一切经历所积蓄的能量，在他与赵匡胤兄弟风云际会之后，便极大地释放出来。

当事者迷，距离过近，有时反而像老花眼一样，看不清历史。当拉开距离，登高望远，则往往可以洞若观火。对宋初的一些事件也是如此。比如陈桥兵变，赵普扮演的绝对是主谋的角色。五代以来，骄兵悍将拥立主帅成为一种惯常行为，后周太祖郭威还是被扯黄旗加身，像是出于仓促的突发事变，而赵匡胤披上的则是预先准备好的黄袍。为防止这样的事情重演的"杯酒释兵权"，也是在赵普极力劝说下发生的戏剧性事件。导致宋太祖壮年而亡的"烛影斧声之谜"，表面上看与赵普无甚干系，但他怂恿和协助太祖剪除打击晋王（日后的太宗）势力，而导致兄弟二

---

* 本文作者为四川大学讲座教授、日本学习院大学东洋文化研究所研究员。

人关系恶化，则不能不说是导致事件突发的一个不近不远的促因。太宗即位几年之后，炮制"金匮之盟"，以证实太宗继位的合法性为交易，失势的赵普咸鱼翻身，又两度出任宰相。

从结识到进入幕府，赵普便与赵匡胤兄弟一家结下一生的不解之缘。其中既有如鱼得水的亲密，也有疙疙瘩瘩的恩怨。赵匡胤之母杜太后视赵普为宗亲，赵匡胤兄弟雪夜突访赵宅，围坐火炉，吃着烤肉，商讨确定了先南后北的统一战略。其间对赵普之妻以大嫂相称，君臣关系其乐融融。北宋建立，赵普从以枢密直学士的身份实际主政，到担任宰相走向前台，无论在统一事业还是内政建设中，都发挥了主导性的决策作用。

不过，赵普主政十多年，其中又单独担任宰相十年，"以天下为己任，故为政专事"①，"堂帖之行，与诏敕无二"②。过重的相权，终于与皇权发生冲突。年长太祖几岁的赵普，不仅拥有很大权力，足智多谋，还与枢密使等有势力的军政要人结有姻亲关系，这些都不能不让一直未从五代废立阴影中走出的赵匡胤猜忌，并且赵普的行政专断又遭受了政敌的攻击。诸种合力的作用，致使赵普被罢免宰相。虽然在后来的太宗朝，赵普又两度短期为相，但由于曾有的旧怨，其已难以如昔日那样专权，更多的是成为太宗优待老臣和稳定政治的一种象征性存在。

继五代之后，赵宋没有成为短命的"第六代"，在创建和巩固宋王朝的过程中，赵普发挥了极为重要的作用。以至宋太祖如此说："朕与卿平祸乱以取天下，所创法度，子孙若能谨守，虽百世可也。"③这句话除了表明赵普在宋朝"祖宗法"形成过程中所起到的作用，其实还客观地显示了赵普是开宋代君臣共治风气的先行者。

① 吕中：《类编皇朝大事记讲义》卷二，张其凡、白晓霞整理，上海人民出版社2014年版，第58页。按，"专事"，《四库全书》文渊阁本作"专决"。

② 曾巩：《隆平集》卷四《赵普传》，王瑞来校证本，中华书局2012年版，第145页。

③ 李心传：《建炎以来系年要录》卷六十一，绍兴二年十二月癸巳条，胡坤点校本，中华书局2013年版，第1211页。

一百多年后，再造宋朝的中兴之主宋高宗则如是称赞赵普："唐末五季藩镇之乱，普能消于谈笑间。如国初十节度，非普谋，亦孰能制？辅佐太祖，可谓社稷功臣矣。"① 尽管宋高宗的称赞有着感慨南宋当时武将跋扈的现实背景，但也点明了赵普的主要贡献。

还有在宋朝消失之后更远的历史观察，由元入明的陈桱在他的《通鉴续编》卷二就记载了赵普在"杯酒释兵权"等一系列削弱武人势力的行动中的作用。在平定了宋初李筠、李重进的叛乱之后，宋太祖忧虑地向赵普发问："天下自唐季以来，数十年间，帝王凡易十姓，兵革不息，苍生涂地，其故何也？吾欲息天下之兵，为国家建长久之计，其道何如？"于是，宋太祖的发问便引出了赵普在总结历史与现实的经验教训基础上所构想的巩固新兴政权的策略："唐季以来，战斗不息，国家不安者，其故非他，节镇太重，君弱臣强而已矣。今所以治之，无他奇巧也，惟稍夺其权，制其钱谷，收其精兵，则天下自安矣。"②

这一策略成为"杯酒释兵权"行动的认识前提。不过，当赵普主张具体行动时，宋太祖又有些放不开情面。"普数言于上，请授以他职，上不许。普乘间即言之，上曰：'彼等必不吾叛，卿何忧？'普曰：'臣亦不忧其叛也。然熟观数人者，皆非统御才，恐不能制伏其下。苟不能制伏其下，则军伍间万一有作孽者，彼临时亦不得自由耳。'"③赵普最后的这番话让宋太祖痛下决心，于是就有了后来那场戏剧性的"杯酒释兵权"。

在"杯酒释兵权"之后，赵普对位高权重的武将的抑制也是不遗余力。赵普比宋太祖年长，所以尽管有君臣之分，说起话来有时也很直接。比如他反对让有势力的武将、同时又是赵光义岳父的符彦卿掌管禁军，宋

---

① 李心传：《建炎以来系年要录》卷六十一，绍兴二年十二月癸巳条，胡坤点校本，第1211页。
② 司马光：《涑水记闻》卷一，邓广铭、张希清点校本，中华书局1989年版，第11页。
③ 李焘：《续资治通鉴长编》（以下简称《长编》）卷二建隆二年七月戊辰条。上海师范大学古籍整理研究所、华东师范大学古籍整理研究所点校本，中华书局2004年版，第49页。

太祖说："朕待彦卿厚，彦卿岂负朕耶？"对此，赵普冷冷地回答了一句："陛下何以能负周世宗？"噎得宋太祖一句话也说不出。①

"杯酒释兵权"只是消除武人势力潜在威胁的第一步，赵普此后又有了进一步的抑武行动，《通鉴续编》记载道："赵普请设通判于诸州，凡军民之政，皆统治之，事得专达，与长吏均礼。大州或置二员，又令节镇所领支郡，皆直隶京师，得自奏事，不属诸藩。于是，节度使之权始轻矣。"②

其实除了上述贡献，赵普还有一个被强调得不够的潜在的贡献。宋仁宗在位四十二年，有人夸张地说是中国历史上最好的四十年。宋仁宗被宋人称为"百事不会，只会做官家"③的皇帝，他的无为而治，给了士大夫们驰骋政坛、充分发挥才智的广阔空间。

"与士大夫治天下"的君臣共治，其实源于赵普时代对皇权的形塑。

这首先体现在从行政上限制皇权。《宋史·赵普传》记载道："尝奏荐某人为某官，太祖不用。普明日复奏其人，亦不用。明日，普又以其人奏，太祖怒，碎裂奏牍掷地，普颜色不变，跪而拾之以归。他日补缀旧纸，复奏如初。太祖乃悟，卒用其人。又有群臣当迁官，太祖素恶其人，不与。普坚以为请，太祖怒曰：'朕固不为迁官，卿若之何？'普曰：'刑以惩恶，赏以酬功，古今通道也。且刑赏天下之刑赏，非陛下之刑赏，岂得以喜怒专之。'太祖怒甚，起，普亦随之。太祖入宫，普立于宫门，久之不去，竟得俞允。"④这件事，尽管逆鳞，但却扭转了太祖的意志。

对皇权的形塑还体现在从制度上的制约。南宋杨万里曾在奏疏中引述了一件为宋人所津津乐道的赵普逸事："太祖皇帝尝令后苑造一薰笼，

---

① 脱脱等：《宋史》卷二百五十《石守信传》，点校本，中华书局1985年版，第8809页。
② 陈桱：《通鉴续编》卷二，元至正二十二年序刊本。
③ 施德操：《北窗炙輠录》卷上，文渊阁《四库全书》本。
④ 脱脱等：《宋史》卷二百五十六《赵普传》，点校本，第8940页。

数日不至。帝怒责左右，对以事下尚书省，尚书省下本部，本部下本寺，本寺下本局覆奏，又得旨，依方下制造，乃进御。以经历诸处故也。帝怒问宰相赵普曰：'我在民间时，用数十钱可买一薰笼，今为天子，乃数日不得，何也？'普曰：'此是自来条贯，不为陛下设，乃为陛下子孙设。使后代子孙，若非理制造奢侈之物，破坏钱物，以经诸处行遣，须有台谏理会，此条贯深意也。'太祖大喜曰：'此条贯极妙。'"①皇帝和皇权就这样被士大夫们装进了制度的笼子里。

对皇权的形塑更体现在从道理上的教谕。有一个有名的逸话。宋太祖曾问宰相赵普："天下何物最大？"大概宋太祖本心是希望赵普回答"陛下最大"。但赵普却回答说："道理最大。"面对这样令人哭笑不得的回答，宋太祖什么也说不出，只好连连称善。到了南宋，一个州学教授向宋孝宗讲了这段逸话。并说，"夫知道理为大，则必不以私意而是公中"。于是，宋孝宗回答说，"固不当任私意"。"不任私意"，就必然被束缚于为君之道的规范中。后来，宰相留正就这段史实议论道："天下惟道理最大，故有以万乘之尊而屈于匹夫之一言，以四海之富而不得以私于其亲与故者。"②赵普说"道理最大"，就等于是说还有高于至高无上的天子的重要东西存在。赵普说的道理后来被理学家上升为天理的理论高度。

对皇权的形塑，在太宗朝我们依然可以观察到。一个最明显的例子就是赵普欲对宋太宗宠爱的不法妖人侯莫陈利用治罪，宋太宗求情说："岂有万乘之主不能庇一人乎？"赵普回答："陛下不诛，则乱天下法，法可惜，此一竖子，何足惜哉！"太宗不得已，只好"命赐死"③。在衡量法律与皇

---

① 杨万里：《诚斋集》卷六十九《轮对札子》，辛更儒笺校本，中华书局 2007 年版，第 2947—2948 页。

② 佚名：《皇宋中兴两朝圣政》辑校卷四七乾道五年三月戊午条载："明州州学教授郑耕道进对，奏：太祖皇帝尝问赵普曰：'天下何物最大？'对曰：'道理最大。'太祖皇帝屡称善。夫知道理为大，则必不以私意而失公中。上曰：'固不当任私意。'臣留正等曰：天下惟道理最大，故有以万乘之尊而屈于匹夫之一言，以四海之富而不得以私于其亲与故者。若不顾道理，则曰：'予无乐乎为君，惟于言而莫予违也，私意又安得不肆？'寿皇圣帝因臣下论道理最大，乃以一言蔽之曰：'固不当任私意。'呜呼！尽之矣。"

③ 《长编》卷二十九端拱元年三月乙亥条。

权的天平上，在士大夫们看来，显然法律要重于皇权。法律是士大夫用来压倒皇权的主要武器之一。在法律的背后，则有"道"支持着。一纳入法律的规范，皇权便显得软弱无力了。因此，才会出现"万乘之主不能庇一人"的事态。

没有经历过正常的帝王教育，凭借武力和篡位取得天下的开国皇帝，登基之后几乎都经历了从军人到政治家的角色转化。在这一过程中，像赵普这样的士大夫们通过各种形式为皇帝补课，最终将皇帝纳入君道的范围之中。

然而包括宋太祖和宋高宗在内，历来人们谈论起赵普都强调他在太祖朝的政治作用，而对他在太宗朝的政治贡献则揭示得不多。唐末五代以来虽然是武人纵横的天下，但行政管理还需文人。因此，武人跋扈的表象之下，潜行的崇文之风一直未衰。北宋建立，王朝的政策取向又是重文轻武。宋太祖不仅说过"今之武臣欲尽令读书，贵知为治之道"[①]的话，更是具体说"宰相须用读书人"[②]。他让小吏出身的赵普独相十年，显然他是把赵普视为读书人的。这从宋太祖说的另一句话也可以看出。钱俶行贿赵普十罐瓜子金，刚好被来访的宋太祖看见，赵普很尴尬，宋太祖慨叹地说了句："受之无妨，彼谓国家事皆由汝书生尔。"[③]"书生"和"读书人"是同一概念。

在崇文风潮大盛的背景之下，北征屡屡败北，武功不竞的宋太宗转向内政。在位期间，不仅组织编纂了宋初三大书《太平御览》《太平广记》《文苑英华》，还做了一件在客观上改变了中国历史的大事。这就是扩大科举取士的规模。隋朝发轫的科举制，历唐迄止宋初，虽一直延续不断，但不过如涓涓细流，每科取士人数很少，荣誉意义大于实际效果。这种状况到宋初也未改变，太祖朝取士最多的一次也不过三十余人。太

---

① 《长编》卷三建隆三年二月壬寅条。

② 《长编》卷七乾德四年五月乙亥条。

③ 脱脱等：《宋史》卷二百五十六《赵普传》。

宗即位伊始，既是为了笼络士人，也是实际行政需要。第一次开科取士，就达到一百多人，此后规模不断扩大，在赵普去世的淳化三年那一年，取士人数多达一千三百多人。持续十多年的大规模开科取士，很快让科举出身的官僚取代了武人、贰臣等旧有势力，占据了从中央到地方的政治舞台。到了太宗后期，其中的出类拔萃之辈已经攀升到政治的制高点，李沆、寇准等人都进入到政治中枢，成为能够决策的执政。士大夫史无前例地成为政治的全面主宰。

"满朝朱紫贵，尽是读书人。"①科举规模的扩大，不仅促进了社会流动，带动了全社会的向学，更是造就了影响此后中国历史的士大夫政治。"与士大夫治天下"的权力共享，极大地激发了士大夫们以天下为己任的责任感。他们通过对先秦思想资源发掘阐释，独立意识被前所未有地焕发出来，树立起"为天地立心，为生民立命，为往圣继绝学，为万世开太平"的雄心壮志，"正心、诚意、格物、致知、修身、齐家、治国、平天下"，拥有着超越政治的全方位担当意识。从此，士大夫政治贯穿两宋，无论是唐宋变革、宋元变革、元明清转型，还是江山鼎革、王朝易族，社会虽然不断在发展变化，但士大夫政治及其精神，已经像遗传基因一样根植于读书人的意识之中，在各个时代都在发挥着作用。

赵普晚年已经欣慰地看到了士大夫政治之花的早春绽放。其实他不仅仅是见证者，他本人应当也是造就者之一。他两朝三度担任宰相所实施的政策导向，对士大夫政治的形成起到极大的催化作用。我们以后视的结果论，赵普纵贯两朝政治活动的深刻意义，很值得深入挖掘。

二

关于赵普，无论前贤还是后学，都有相当数量的研究积累。不过，

---

① 张端义：《贵耳集》卷二，《丛书集成初编》本，中华书局 1985 年版。

在众多的研究成果之中，最全面、最有深度的论著，在我看来，舍张其凡先生的这部《赵普传》而无他。我用了两个"最"字来评价此书，并无私情在内。我觉得此著实膺此评。

在研究五代禁军的基础上，进而研究宋初政治史，似乎是顺理成章的进路。然而切入点很多，为何选择了赵普？从前面所述可知，这是一个把宋初两朝都系于一身的重要人物。从赵普切入，许多重要问题皆可迎刃而解。由此我钦佩其凡教授的敏锐切要。

反复品读，首先令我惊叹的是其凡教授对史料搜罗之广和研读之深。从书后所附"引用书目"可知，其援引典籍近 200 种，正史稗乘、笔记方志、类书文集，时代亘贯宋元明清，相关史料网罗殆尽。要知道这是在30 多年前，那时没有数据库，全靠手工操作，一本本地翻检，抄录卡片，才能达到今天鼠标一点，结果即现的程度。除了典籍援引之外，此著的撰写，据书后所列，"主要参考书目"也达 100 余种，就是说，把迄止写作之时的研究论著也几乎全部搜集在案了，不像是时下有些论著所附参考书目只是炫博作样子。行文之中，对既有研究结论的引述、分析、首肯、批驳，往往而在。可见在研究写作之际，无论是典籍史料，还是研究论著，都经过了其凡教授的反复咀嚼，呈现在书中的，是充分消化的结果。这样的准备作业，决定了本书是在很高的起点上起步的。

由于对相关典籍史料以及研究论著有比较全面的触及，还使本书有了另一个用途。它就像是一个根据多种版本和他校资料精心整理的古籍一样，读者握有此编，便等于掌握了关于赵普即宋初历史研究的全部资料线索。这种综合了典籍史料以及研究论著的工具书作用，目前的各种数据库还难以取代。

说此书全面还不仅是指对史料和论著的引用，主要是就内容而言。此书题为《赵普传》，实际上是以赵普为主线的宋初两朝简史。并且不仅仅停留于对政治史的论述，经济、军事、文化均有涉及。由于是全面论述，有时只是论述那个时代的政策实施、制度建设以及事件经纬、人事变化，主人公赵普会暂时消失踪影。不过，著者往往会笔锋一转，让主线浮出，把所述与赵普联系起来。若即若离的写法，显见张力，很见匠心。

说有深度，不仅是体现在作者本人对既有研究成果的分析利用，站在前人的肩膀上起跳，更体现在作者本人对不少问题有着独到研究上。把自己的研究成果与心得熔铸于书中，就不是一种停留在表层的肤浅叙述了。关于赵普，张其凡教授本身就有着深厚的研究积累，早在20世纪80年代初，他就发表过《赵普早年事迹考辨》①、《赵普的家世》②、《赵普著述考》③、《"半部〈论语〉治天下"探索》④等论文。对于书中详尽论述的太宗征辽，其实也是在《从高梁河之败到雍熙北征》⑤论文基础上的深化，而对宋初的内政建设，著者的《宋初中书事权初探》⑥和《三司台谏中书事权——宋初中书事权再探》⑦则构成了本书的研究基础。支撑太宗朝全面论述的，则是著者的《宋太宗论》⑧。因此可以说，这部著作是其凡教授长期研究积累的产物。

在我看来，《赵普传》完全可以称为20世纪研究赵普以及宋初历史的最高水准之作。我将评价仅迄止于20世纪，是想说在此著问世30年来，相关问题的研究以及对宋代历史的理解，又伴随着时代发展，有了新的认识和延伸。30年前的这部精彩的著作，今天读来，尽管依然趣味盎然，价值不减，但从用语到行文，读来会有一种隔世之感。并且对有些问题的认识，尚有进一步探讨的余地。

比如对于饶有争议的"半部《论语》治天下"之说，其凡教授是持

---

① 张其凡：《赵普早年事迹考辨》，《安徽师范大学学报》（人文社会科学版）1981年第3期。
② 张其凡：《赵普的家世》，《华南师范大学学报》（社会科学版）1982年第2期。
③ 张其凡：《赵普著述考》，《暨南学报》（哲学社会科学版）1983年第4期。
④ 张其凡：《"半部〈论语〉治天下"探索》，《学林漫录》第十集，1985年。
⑤ 张其凡：《从高梁河之败到雍熙北征》，《华南师范大学学报》（社会科学版）1983年第3期。
⑥ 张其凡：《宋初中书事权初探》，《华南师范大学学报》（社会科学版）1986年第2期。
⑦ 张其凡：《三司台谏中书事权——宋初中书事权再探》，《暨南学报》（哲学社会科学版）1987年第3期。
⑧ 张其凡：《宋太宗论》，《历史研究》1987年第2期。

否定态度的。前人或以"半部《论语》治天下"来形容赵普文化水准之低，但史籍还记载后来被称为"圣相"的进士出身之佼佼者的李沆，也把《论语》奉为行政之圭臬，这又如何解释？[①]《论语》在宋初的流行，或许反映了五代乱世以来正统经学跟士人的疏离，还折射了文化下移的趋向。与艰深的其他经书相比较，通俗的《论语》更容易被人们所接受。《论语》的流行现象，还反映了这部语录体经书地位的上升。如果再从政治的视点观察，从乱世到治世，《论语》中强调"使民以时"的民本思想和注重礼制的秩序诉求，都会被当时的政治家奉为信条。所以说，如果我们从真伪纠缠的怪圈中跳出，从历史逻辑中寻求其思想史的价值，还是会产生另一种认知的。这种认知无疑也在一定意义上更接近了历史真实。

过去的吏跟官不同，也往往是世代相袭。州县小吏出身的赵普，无疑没有过习举业的经历，因此也不曾接受过系统的儒学训练。他对《论语》的领悟，跟当时的普通人不会有太大的差距。他决策施政，往往是根据亲身实践体验与对《论语》等常见经典的朴素理解。正因为如此，他或许更少一些观念的束缚。比如在太宗后期，有人以诸葛亮相蜀数十年不赦之事为例，劝太宗不要大赦，赵普则提出了反对意见说："圣朝开创以来，具存彝训。三年郊祀，即覃恩宥，所谓其仁如天，尧舜之道。刘备，何足师法？"赵普的意见，以本朝自他以来创行的祖宗法和儒学思想为依据，认为偏据一方的刘备不足师法。这就让太宗不得不听从了赵普的意见。这一逸事，可以看作是赵普"半部《论语》治天下"的具体案例。

三

我从 20 世纪 80 年代初与其凡教授相识相知，我们对宋代政治史有着相当接近的认知。我的相权论与皇权论也得到了其凡教授的首肯。在

[①] 《长编》卷五十六景德元年六月丙戌条载："尝喜读《论语》，或问之。沆曰：为宰相，如《论语》中'节用而爱人，使民以时'两句，尚未能行之，圣人之言，终身诵之可也。"第 1244 页。

1987 年同一年，我们不约而同发表了针对同一人物的研究成果，他在《历史研究》发表了《宋太宗论》，我则在《社会科学战线》发表了《略论宋太宗》①。在至今网上尚在流传的其凡教授关于宋代君臣共治的文章中，可以看到其凡教授以"友人王瑞来先生"的称呼对我的观点的介绍②。作为学术往事，前面提及的其凡教授的《"半部〈论语〉治天下"探索》一文，还是我在中华书局担任《学林漫录》编辑时约稿刊发的。

不过，对宋初的历史以及对宋代乃至此后中国政治史的整体认识，我在寓居东瀛并接受日本学者的研究成果后，有了一定的变化，"士大夫政治"成为我观察宋代以及宋代以后政治史的一个重要视角。关于这一点，从本文前面围绕着赵普的论述可以概见。尽管我的认识有了一定的变化或深化，但不能否认的是，包括其凡教授的《赵普传》在内的很多既有研究成果，都构成了我的研究基础和提升的基石。我以北宋第三代皇帝真宗朝为背景撰写的《宰相故事——士大夫政治下的权力场》③，其实是以新的认知，对其凡教授《赵普传》的续说。

我和其凡教授不仅学术观点相近，对历史研究的理念也比较一致，都认为人是社会历史的主角，历史研究应当直指人心。正因为如此，不仅《赵普传》和《宰相故事》在以历史人物为中心这一点上写法一致，不谋而合的是，他有《宋代人物论稿》④，我有《知人论世——宋代人物考述》⑤。

在治学方式上，我与其凡教授也比较接近，我们都下笨功夫，亲染雌黄，整理古籍，从中挖掘第一手史料，来构筑自己的研究基础。而不是走捷径，炒第二手资料。当然，聪明的学者，利用第二手资料，可以

---

① 王瑞来：《略论宋太宗》，《社会科学战线》1987 年第 4 期。

② 张其凡：《"皇帝与士大夫共治天下"试析》，《暨南学报》（哲学社会科学版）2001 年第 6 期。

③ 王瑞来：《宰相故事——士大夫政治下的权力场》，中华书局 2010 年版。

④ 张其凡：《宋代人物论稿》，上海人民出版社 2009 年版。

⑤ 王瑞来：《知人论世——宋代人物考述》，山西教育出版社 2015 年版。

做到"新翻杨柳枝"。这样高屋建瓴的宏观博论，颇能博得关注。当然，这种研究路径亦无可轩轾，但除了拥有思辨意义之外，在史料发掘上并无开拓贡献。没有辛勤的史料发掘作业，研究的原野不会开阔，"新翻杨柳枝"也花样无多，无源之水终会干涸。对此，其凡教授与我皆所不取。万丈高楼，终究还要从地起。

在已出版的纪念其凡教授的文集中，我着重讲述的是个人交谊[①]。在此则专述学缘。感谢张夫人和编辑朱绛先生给了我这样一个一浇胸中块垒的机会。

本文前半部是我对其凡教授赵普论的续说，后半部是我对其凡教授这部著作的认识。作为研究宋初历史和重要历史人物的《赵普传》，长期以来湮没在书籍的汪洋之中，不大为人所瞩目。在此，我郑重地推介，这是一部堪称宋史研究经典的著作，藉此，可以清楚作为华夏民族文化之造极时代的赵宋是如何创立并发展的，而宋史初学者则可藉此入门。

"昔人已乘黄鹤去，此地空余黄鹤楼。"《赵普传》业已定格，其凡教授无法加笔修订的这部杰出著作，延续着他的学术生命。缅怀故友，忝为代序。

---

① 王瑞来：《天堂也有宋史——遥祭其凡》，载曾育荣、刘广丰主编：《张其凡先生纪念文集》，长江出版社 2019 年版，第 8—10 页。

目　录

引　言

　　赵普，字则平，幽州蓟县（今北京市）人，生于五代初年的后梁龙德二年（922），死于宋太宗晚年的淳化三年（992），终年七十一岁。他官至中书令，谥忠献，追封韩王，所以宋代及后世的人，常常称他为赵中令、赵忠献、赵韩王。

　　赵普是五代宋初的一位著名政治家。后晋高祖天福七年（942），赵普二十岁，进入藩镇幕府做事，开始了他的政治生涯。后周世宗显德三年（956），赵普三十五岁，进入禁军大将赵匡胤的幕府，并逐渐成为赵匡胤的心腹谋主。显德七年（960）正月，赵普三十九岁，直接指挥了陈桥兵变，帮助赵匡胤"黄袍加身"，当上了皇帝，建立起赵宋皇朝。从此，赵普开始进入皇朝的中央政府，由枢密直学士而枢密副使、枢密使，然后独任宰相十年。宋太祖赵匡胤的晚年——开宝六年（973）时，赵普五十二岁，被罢去宰相职务，出任节度使、同平章事，成为宋代第一位做使相的文人。

　　宋太宗赵光义继位后，赵普以散官奉朝请五年。太平兴国六年（981），赵普第二次担任宰相职务，此时，他已是六十岁高龄。太平兴国八年（983），他再次被免去宰相职务，到地方上任节度使兼侍中。五年以后，端拱元年（988），赵普六十七岁，第三次出任宰相，成为宋代第一位三次为相的大臣。淳化元年（990），赵普罢相，任西京（今河南省洛阳市）留守。淳化三年（992）致仕（即退休），被授予太师官衔，封魏国公，成为宋代文臣中第一个官至太师的人。当年七月，赵普去世，太宗停止朝会五日，赠官尚书令，追封真定王；太宗还亲自撰写了赵普的神道碑，赐给他家。这些待遇，在宋代都是罕见的。真宗咸平二年（999），已追封为韩王的赵普，得配享太祖庙庭，与太祖一道享受祭祀之礼。赵普是宋初最重要的政治家之一。

公元 8 世纪中叶到 10 世纪中叶，即唐代安史之乱到五代后周时期，是中国历史上的一个大分裂时期。在二百多年时间内，藩镇割据，军阀混战，生产凋零，民不聊生。直到 10 世纪中叶赵宋政权建立后，才逐步消灭了各地的割据政权，基本实现了统一，结束了战争不息的混乱局面。赵宋政权又进行了很多改革，革除唐末五代的弊政，建法立制，有效地防止了割据混乱局面的重演，巩固了统一。在宋初进行改革、实现统一的三十多年时间里，赵普"重位经三人"，"将相位高三十载"[①]，长期居于中央政府之中，有很高的政治地位，发挥了巨大的作用。宋太祖赵匡胤，曾在与赵普的论事书上写道："朕与卿平祸乱以取天下，所创法度，子孙若能谨守，虽百世可也。"[②]宋太祖直认赵宋天下是他与赵普共取共创的。宋高宗赵构称赞赵普说："唐末五季藩镇之乱，普能消于谈笑间。如国初十节度，非普亦孰能制！辅佐太祖，可谓社稷功臣矣！"[③]太祖与高宗的话，再清楚不过地揭示了赵普在宋初政治中发挥的巨大作用。在宋初的重大政治事件中，如陈桥兵变、杯酒释兵权、削夺节镇之权、制定统一战略、建法立制、金匮之盟、燕云的收复等，都可以看到赵普的影响和作用。

作为宋太祖的佐命功臣，赵普的政治活动离不开太祖。而北宋统一的实现和巩固，大致是在太祖时期奠定的。"创业之君，后世所视以为规范也。"[④]宋人所习称的"祖宗之法"，主要是指太祖时的法制；而太祖时的法制，端赖赵普的运筹帷幄。所以，赵普的影响，不仅限于宋初，而

① 《小畜集》卷九《赵普挽歌》之三、之六。
② 《中兴两朝圣政》卷十二，绍兴二年十二月吕颐浩言。又见《建炎以来系年要录》卷六十一。
③ 《中兴两朝圣政》卷十二，《建炎以来系年要录》卷六十一。
④ 《宋史全文续资治通鉴》（下称《宋史全文》）卷二，开宝五年七月引吕中语。

且远及有宋后世。以往，人们在研究宋初政治之时，多把注意力集中在太祖身上，把宋初的功业，统统归于太祖名下；对于赵普，则或多或少地忽略了。笔者试图通过本书，弥补这个缺陷，使读者了解赵普其人及他在宋初政治中发挥的作用。

赵普作为一个政治人物，他的主要活动都是政治活动。如果不把赵普放在宋初政治中叙述，那就无法清楚地了解赵普，赵普也就失去了他的历史地位。因此，本书较为全面地叙述了宋初太祖一朝的政治状况，总体的开国建设，因为这一切都是和赵普的运筹指挥无法分开的。赵普自从结识赵匡胤以后，便与赵匡胤兄弟结下了不解之缘；他后半生的活动，和赵匡胤兄弟也是分不开的。因此，本书对于他和赵匡胤兄弟的关系，也花了一定的篇幅去描述、考察。总之，希望读者通过本书，不仅能了解赵普其人，而且对宋初的历史也有概貌的了解。

在本书的写作中，笔者参考了已发表的论著，吸取了研究成果，融进了本书中。在本书后面，笔者列出了主要参考论著的篇目，在行文中，就不一一列出了。本书的行文，尽量用白话文，但引文用史籍原文。考据部分，尽量放在注释中，供有兴趣的读者参考。

笔者曾竭力搜寻有关赵普的史料，虽未敢说已穷尽赵普之史料，但相信已掌握绝大部分。可惜笔者未能妙笔生花，使本书更加生动活泼，不免有内疚之感。笔者花了心血，尽了努力，总算是了却了一桩心事，感到了一丝的欣慰。于此之外，复何求哉！

第一章 家世和早年

第一节 小吏世家

在中国的封建社会里，士大夫们谈起家世时，总喜欢把自己家世的源流，追溯到遥远的古代，并且往往一直追溯到黄帝那样渺茫的时代。我们今天还能看到的家谱、族谱，概莫能外，即是有力的佐证。宋人在记述赵普家世时，自然也不例外。

《宋朝事实》卷三，有宋太宗写的《赵普神道碑》一篇。碑中写道：

> 王姓赵氏，字则平。其先颛顼之裔。佐禹平水土，是谓伯翳。帝尧赐姓曰嬴氏。造父其后也，有功于周穆王，受封于赵。周德下衰，叔带去周，适晋。六卿取晋，遂开国焉。今为常山人也。

赵氏出自颛顼之后，显然是个传说；姓赵的是否都是造父的后裔，也应该打一个大问号。对于《赵普神道碑》所说，我们不必认真考究，知有其说而勿遽信就是了。

赵普在显赫之后，建起了五代祖先之庙①。然而，流传到今天的史籍，却只记载了赵普三代祖先的简况。所以，说到赵普的家世，只有从他曾祖父以下，才有信实的记述。

南宋著名史学家李心传，在他所写的《建炎以来朝野杂记》乙集卷

---

① 《小畜集》卷九《赵普挽歌》之四曰："家藏五庙尊。"

十二中，录有《赵韩王六世小谱》，是迄今所见关于赵普家世的最详尽记载。我们主要是从这份《小谱》中，了解到赵普三代祖先情况的。

赵普的曾祖父名叫赵冀，做过三河（今河北省三河市）县令，宋初追赠吴国公。赵普的祖父名叫赵全宝，做过澶州（今河南省濮阳市南）司马，宋初追赠赵国公。赵冀和赵全宝，大致是生活在唐朝末年。

赵普的父亲赵迥 ①，任过相州（今河南省安阳市）司马，宋初追赠齐国公。赵迥主要生活在五代时期，大约在赵宋皇朝建立以前，即已死去，所以宋代史籍中没有留下关于他的记载。赵普的母亲段氏 ②，宋初仍健在，据《续资治通鉴长编》（以下简称《长编》）卷八记载，段氏死于乾德五年（967）十二月。赵迥夫妇死后，都葬于洛阳。

赵普的三代祖先，都是小官吏，所以，他可说是出身于小吏世家的。小吏之家，自然是比较寒微的下层人家。因此，赵普在晚年所上的《求致仕第一表》中说："臣比乏宏才，且非世胄"；在《让西京留守表》中说："臣出自孤寒，本非俊杰。"③赵普"少习吏事"，早年读书不多，都与他的这种家庭出身有关系。

赵普一代，兄妹共五人；赵普是老大，下面有四个弟、妹 ④。

赵普的大弟弟赵贞，《宋史》卷二百五十六《赵普传》（下称《宋史》本传）记作"赵固"。《宋史》应是沿袭宋代的国史旧文的，国史避宋仁宗赵祯之讳，故改"贞"作"固"。赵贞官至尚书都官郎中，这是一个正六品的官。赵普在晚年曾上表太宗，为一位侄男求官，太宗授予大理评事之职。这位"侄男"，多半就是赵贞之子。

---

① 赵普父亲之名，《宋史》卷二百五十六《赵普传》作"迥"，大约因形近而刊误的。《隆平集》卷四《赵普传》、《东都事略》卷二十六《赵普传》与《五朝名臣言行录》卷一，均与《赵韩王六世小谱》相同，作"迥"。

② 此据浙江省缙云县委组织部赵长赓同志抄录的《赵氏宗谱》。

③ 均见《小畜集》卷二十三。

④ 此据《赵韩王六世小谱》，《宋史》本传记载赵普兄弟三人，而《奏侄男表》说"四房昆弟"，可证《小谱》所载为确。

赵普的二弟弟赵安易，字季和，在《宋史》有传，附在《赵普传》后面。安易生于后唐明宗天成五年（930），比赵普小八岁；他死于宋真宗景德二年（1005），终年七十六岁，是赵普兄弟中最长寿者。安易官至宗正卿，这是一个正四品的官。安易有一个儿子承庆，孙子叫从政。

赵普的三弟赵正，《宋史》本传没有记载。赵正官至东头供奉官，这是一个从八品的官。东头供奉官是内侍官，由奏荐而除者，也有因荫补而为者。赵普的长子承宗，就是荫补为西头供奉官的。赵正很可能是因赵普奏荐而为东头供奉官的。由此推测，赵正大概年纪不大就死了，故官止东头供奉官①。

赵普有一个妹妹，嫁给了侯仁宝。仁宝是侯益的儿子。侯家世代是洛阳的大族，侯益在五代时历仕后唐、后晋、后汉、后周。后晋时，侯益已官至节度使同平章事；后汉时，为开封尹兼中书令，拜鲁国公；后周时，封楚国公，为太子太师，又改封齐国公。宋朝建立后，"太祖以耆旧待之"，乾德初（963）郊祀时，"诏缀中书门下班，礼与丞相等"。乾德三年（965）侯益死去，终年八十岁，赠中书令。仁宝是侯益的第三个儿子，以荫迁太子中允。仁宝因为侯益住在洛阳，"有大第良田"，可以优游自适，所以不想亲吏事；赵普为相，仁宝得到照顺，分司西京（即洛阳），只领俸禄而没有工作做。赵普罢相后，侯仁宝也受到卢多逊的打击，被派往邕州（今广西南宁市）任知州；太平兴国六年（981）三月，仁宝在进兵攻打交趾的战斗中死去②。仁宝有两个儿子：延龄、延世，延龄官至殿中丞，延世官至太子中舍。

赵普先后娶过三位夫人。第一位夫人是魏氏，镇州豪族之女，封卫国夫人。后周广顺元年（951），魏氏生子承宗。魏氏与赵普是青年夫妇，两人感情很好。魏氏大约在赵宋皇朝建立前后死去，赵普便把怀恋之情

---

① 据《元丰类稿》卷三十一《再议经费》，供奉官分东西，是在端拱（988—989）以后。可是承宗在太平兴国六年（981）已知潭州，为西头供奉官应在此前。这样看来，《元丰类稿》的记载或有误。

② 见《长编》卷二十一、卷二十二；《宋史·侯益传》；《续湘山野录》。

倾注在承宗身上，对承宗分外关怀；因此，承宗之死使赵普感伤不已，病情加重而死。第二位夫人也姓魏，但与第一位夫人的关系不清楚，为区别起见，称之为小魏氏。小魏氏封齐国夫人，乾德二年（964）生子承煦。小魏氏亡故时间不详。第三位夫人和氏，是后晋宰相[①]和凝之女，封陈国夫人。和凝在后晋天福五年（940）任宰相，开运元年（944）被免去宰相职务，死于后周显德二年（955），终年五十八岁[②]。和氏生了两个女儿，都被封为郡主。赵普死后，和氏上书太宗，请求让二女为尼。太宗赐长女名志愿，号智果大师；次女名志英，号智圆大师[③]。

赵普的长子承宗，字德祖，生于后周广顺元年（951），与太祖的儿子德昭同岁。赵普任职中枢，承宗补为西头供奉官。后升为羽林将军，官至左羽林大将军，这是一个正四品的官。承宗先后担任过潭州（今湖南省长沙市）和郓州（今山东省东平县）知州，史称皆有治声。淳化二年（991）七月，承宗受太宗派遣，到西京洛阳给赵普送去生日礼物，返京复命后不久，即死于京城开封，终年四十一岁。开宝五年（972），承宗娶李崇矩女儿为妻；太平兴国六年，继娶高怀德的女儿为妻。李崇矩是宋初的开国功臣之一，赵普独相十年，他任枢密使九年；死后赠太尉，追封河东郡王。高怀德也是赵宋的开国功臣，参加过陈桥兵变。高怀德的父亲高行周，后周时官封齐王，任天平节度使。高怀德在后周时已升至节度使高位，资历高于宋太祖赵匡胤。宋朝建立后，曾任殿前副都点检，娶太祖的妹妹燕国长公主为妻。承宗所娶，就是高怀德与燕国长公主所生的女儿，嫁与承宗时封高平县主，后来加封长乐郡主。高怀德在宋初任过几个镇的节度使，封冀国公，死后赠中书令，追封渤海郡王。承宗两妻，李氏没有子女；长乐郡主生了一个女儿，真宗大中祥符三年（1010）

---

① 《赵韩王六世小谱》原作"后唐宰相"，误。

② 《旧五代史》卷一百二十七和《新五代史》卷五十六《和凝传》。

③ 封郡主，据《渑水燕谈录》卷五，《石林燕语》卷五。二女为尼，据《宋史》本传和《长编》卷三十三；《赵韩王六世小谱》作："生二女，皆度为道士"。

八月，被特封为成纪县君①。

赵普的次子承煦，字景阳，生于乾德二年（964）。赵普任河阳三城（治孟州，今河南省孟州市南）、武胜军（治邓州，今河南省邓州市）和山南东道（治襄州，今湖北省襄樊市）节度使，承煦均为牙职侍行，官至襄州衙内都虞候。端拱元年（988），赵普第三次担任宰相，太宗特命承煦为六宅使，正七品。淳化元年（990），赵普去洛阳任西京留守，太宗特派承宗护送，令承煦带职随行，前去侍奉。淳化三年（992）赵普死后，承煦任宫苑使，领恩州（今河北省清河县西）刺史。承煦后升至昭宣使，正六品；加领成州②（今甘肃省成县）团练使，从五品。真宗天禧二年（1018），承煦死，终年五十五岁③。承煦先后娶过两位孟氏夫人，而且是姑侄。第一位夫人是原后蜀国主孟昶的女儿，封仙源郡夫人；第二位夫人是孟昶的儿子滕国公元喆的女儿，封延康郡夫人。延康郡夫人生子从约。

承煦的儿子从约，字文礼，先后任东上阁门使（正六品）、象州（今广西象州县）防御使（从五品），死后赠建宁军（治建州，今福建省建瓯市）节度使。从约的妻子，是曹彬的女儿，封同安郡夫人。曹彬号称宋代第一良将，官至枢密使，死后赠中书令，追封济阳郡王，后来与赵普一同配享太祖庙庭④。从约有子十四人。此后，赵普的家族繁衍不息，人数越来越多。

为了使读者更清楚地了解赵普的家世，特制作了赵普前后十一代世系表，列于下页。这个世系表，以《赵韩王六世小谱》为基础，参照《宋史》本传、《东都事略》本传、《长编》、《宋会要辑稿》（下称《宋会

① 以上据《宋史》本传、卷二百五十七《李崇矩传》、卷二百五十《高怀德传》，《长编》，《麟台故事·拾遗》卷上。

② 此据《宋史》本传。《东都事略》卷二十六《赵普传》作"诚州"，误，宋时无"诚州"。据《元丰九域志》卷三和《宋史·地理三》，成州是开宝六年升为团练州的。

③ 以上据《宋史》本传和《长编》。承煦生卒年，史未明言。《东都事略·赵普传》说是"卒年五十五"；《长编》卷七十六，大中祥符四年十一月注曰："按承宗死于淳化二年，承煦时已二十八岁。"合二书所言，即推知了承煦的生卒年。拙文《赵普早年事迹考辨》估计承煦卒于大中祥符四年（1011），系未见《长编》卷七十六注语而误，应改正。

④ 《宋史》卷二百五十八《曹彬传》。

表一　赵普世系表

赵冀 — 全宝 — 迥 — 普

普之子：承宗、承煦、从约；成纪县君

贞（固）　侯赵氏　安易　正

承庆

从政（以下失载）

思明　思齐　思聪　思复　思恭　思文　思忠　思礼　思静　思行

志愿　志英

希鲁　希元　希杰　希诏　希仲

璩（述）

珪

演 — 滋

益

余四子名失载

希庄　？　？　蓍　？　耆

洪等十二人

注：1. ？表示不知是谁的儿子。
　　2. 普、承宗、思齐三代，排行自左向右。

要》)、《宋史》本纪部分、《文献通考》(下称《通考》)等书而作。表中自赵璩以下，已是南宋时期；赵洪死于孝宗乾道末年，约当公元1173年。详情读者还可参阅本书后面《赵普年表简编》。

第二节　在动乱中成长
——青少年时代

赵普是幽州蓟县人。[①] 五代的蓟县城，在今天北京城的西南。

唐末藩镇割据，幽州卢龙军是著名的河北三镇之一，治所在蓟县。唐昭宗乾宁二年(895)，幽州被军阀刘仁恭控制。五代初年，北方主要是后梁朱全忠与晋王李克用两大军事集团争战不息。交战的战场，主要在梁、晋相接的河北平原上，幽州是争夺的重点地区之一。起初，刘仁恭依附后梁，保持割据状态。不久，刘仁恭父子相残，兵戎相见，其子守光得胜，仁恭被囚禁起来，守光自称节度使。后梁太祖乾化元年(911)，刘守光自称皇帝，在幽州建立大燕国。乾化二年(912)，晋王李存勖(当时李克用已死，其子存勖继位)从河东出兵，派大将周德威率军攻打刘守光，企图控制幽州，从北面包围后梁。乾化三年(913)，周德威攻灭大燕国，俘虏了刘守光、刘仁恭及其全家。从此，幽州便被晋王李存勖控制，成为晋军南下的基地。不久，李存勖又控制了镇州(今河北省正定县)，与后梁军队在河北展开了拉锯战。后唐庄宗同光元年(923)，李存勖终于率军攻灭了后梁政权，统一了中原，建立起后唐政权。李存勖

---

① 此据《资治通鉴》、《长编》、《宋史》和《东都事略》本传等。《隆平集》卷四《赵普传》与袁本《郡斋读书志》卷四记作"蓟州人"，《赵普神道碑》说"今为常山人也"，《鹤林玉露》乙编卷一载"人言普山东人"，《宋史》卷一百零五《礼八》说是中山人，皆误。详细考证见拙文《赵普早年事迹考辨》。

成了唐庄宗。[①]

就在李存勖灭梁的前一年——后梁龙德二年（922，当时晋王李存勖仍用唐哀帝年号，称天祐十九年）七月，赵普出生在李存勖控制下的幽州蓟县的一个小吏之家。[②]

赵普出生后的第二年，后唐虽已统一中原，但幽州一带并不安宁。原来，周德威攻灭大燕后，被任命为节度使，镇守幽州。周德威"恃勇不修边备，遂失榆关之险，契丹每刍牧于营、平之间"。[③] "当时一失榆关路，便觉燕云非我土。"[④] 契丹又进而攻陷了营（今辽宁省朝阳市）、平（今河北省卢龙县）二州，于是，"幽、蓟之人，岁苦寇钞"。[⑤] 后梁贞明三年（917，晋王李存勖天祐十四年），契丹军在契丹主耶律阿保机统率下，由晋王李存勖的叛将卢文进引路，南下攻破新州（今河北省涿鹿县）。李存勖派周德威领兵前去救援，被契丹打得大败，逃回幽州。契丹军乘胜追击，围攻幽州一百多天。"幽、蓟之间，虏骑遍野山谷，所得汉人，以长绳连头，系之于木。"幽州城内，"军民困弊，上下恐惧"。李存勖得报，派李嗣源（即后来的唐明宗）等人率大军救援，其中步骑达七万之众。李嗣源率军连败契丹军，方才解了幽州之围。周德威见到救援诸将，握手流涕。就在赵普出生的前一年，即后梁龙德元年（921，天祐十八年）的十二月（此时已进入922年），阿保机又倾塞入寇，围攻幽州，攻陷涿州（今河北省涿州市），进攻定州（今河北省定州市）。警报传到李存勖所在的镇州（今河北省正定县）行营，晋军正与后梁军队苦战，闻讯，"军中咸恐"。李存勖亲率铁骑五千，

---

①　此据《资治通鉴》与《新五代史》、《旧五代史》有关记载。

②　赵普生年，据《宋史》本传等书所载："淳化三年（992）卒，年七十一"，可以推知。《长编》卷三十三载，赵普听到太宗赐生日礼物的消息，追怀承宗而死，时在七月十四日；则赵普生于七月中旬无疑。

③　《资治通鉴》卷二百六十九，贞明三年二月。

④　《国朝（元）文类》卷五，刘因《渡白沟》。

⑤　《新五代史》卷七十二《四夷附录一》。

从镇州出发御敌。至新乐（今河北省新乐市东北），遇到契丹军前锋，击败之。至望都（今河北省望都县），为阿保机率军包围，于是发生激战，李存勖身先士伍，多次冲入敌阵，部将李嗣昭跃马奋击，才击溃契丹军。当时，大雪平地五尺，"野无所掠，马无刍草，冻死者相望于路"，阿保机引军北返。

后唐庄宗同光三年（925），赵普四岁时，阿保机率军攻打辽东（指今辽宁省大凌河以东地区）的渤海国，命令秃馁、卢文进率军进据营、平等州，骚扰幽、蓟（今天津市蓟州区）一带。二月，后唐以赵德钧任节度使，镇守幽州。赵德钧在盐沟置良乡县，又于幽州东面五十里处筑城，都驻扎了军队，以防契丹。此后，幽州一带的安全才有了一些保证。

后唐明宗天成三年（928），赵普七岁时，义武军（治定州，今河北省定州市）节度使王都于四月据定州反抗后唐政府，并向契丹求援。五月，契丹派遣秃馁率领五千骑救援王都，被后唐大将王晏球率军击败。七月，契丹又派惕隐率七千骑救援定州，王晏球又率军在唐河（河名，流经定州）北大败契丹军；惕隐率残兵逃回，赵德钧伏兵于要路，生擒惕隐等首领五十余人。天成四年（929）正月，后唐军队攻克定州，平定王都之乱，秃馁等人都被擒获斩首。此时，赵德钧又在幽州东面设置三河县，防御契丹入侵。"由是幽、蓟之人，始得耕牧，而输饷可通。"契丹经王都之乱的挫折后，也数年未来扰边，幽州一带，获得了暂时的安宁。[①]

赵普出生后直到八岁，幽州一带一直处于契丹的不断侵扰之中，幽州城也曾受到威胁，这一切，在他幼小的心灵中不能不留下深刻的影响。契丹的侵扰，稍见减少，而军阀的混战，却有增无已，幽州仍然不能避免战乱之苦。

后唐末帝清泰三年（936），赵普十五岁。就在这一年，后唐的河东

---

① 　以上所述，据《旧五代史》卷二十八《庄宗纪二》，卷三十九《明宗纪五》，卷一百二十七《外国列传第一》；参见《辽史》卷一《太祖上》，卷二《太祖下》，卷三《太宗上》。

节度使石敬瑭甘当儿皇帝，投靠契丹，引契丹军南下，帮助他实现当皇帝的愿望。后唐末帝派道赵德钧父子率大军前去抵御，赵德钧却心怀异志，私通契丹，与石敬瑭争当儿皇帝。其事不成，赵德钧父子所率大军溃散，赵德钧父子遂投降了契丹，契丹军队进占幽州一带。石敬瑭在契丹支持下，攻灭了后唐政权，建立起后晋政权，终于当上了儿皇帝。为答谢契丹的支持，石敬瑭把包括幽州在内的燕云十六州之地，割让给契丹，以作酬劳。在这兵荒马乱之际，赵普的父亲赵迥，不愿受契丹统治，遂率领全族南迁，来到常山（今河北省正定县）居住下来。①

常山一带是古代赵国的地方。常山风俗，质厚少文，性多敦厚。②赵普一家在常山大约居住了六年多。赵普沉厚寡言，常山豪族魏氏很赏识并看重他，把女儿嫁给了他。这就是他的第一位夫人魏氏，她使赵普很早便有了一个温暖的家。③

后晋高祖天福六年十二月（942），驻在常山的成德节度使安重荣，举兵反抗后晋朝廷。后晋高祖石敬瑭派杜重威率大军前去镇压，在天福七年（942）正月擒杀安重荣。两军交战，常山一带成为战场，再罹战乱之苦。赵迥本为躲避战乱南迁常山，不料又遇战火，哪堪忍受，于是再度举家南迁，到洛阳居住，并长往下去。这一年，赵普二十一岁，带着他的妻子魏氏，随父亲迁到了洛阳。赵普家族的其他人，除他家以外，并没有南迁，而是留居在常山。所以，宋太宗在《赵普神道碑》中，说他"今为常山人也"；赵普死后，被追封为"真定王"。赵普的曾孙思齐请求在"祖乡"真定（即常山）建立赵普的庙④，说明赵普的家族仍然居住在真定，而且他的后裔也有人迁回真定居住。

赵普出生在"战斗不息，生民涂地"的五代初期，青少年时代生活

---

① 《资治通鉴》卷二百八十《后晋纪一》，《宋史》本传。
② 光绪《正定县志》卷十八《风俗》。
③ 《宋史》本传。
④ 《宋会要·礼二十》之三七，《通考》卷一百零三《宗庙十三》。

在幽州，就饱尝了契丹侵扰的惊恐和灾难。后来迁徙到常山，仍没有能够逃离战乱之苦，以至再迁到洛阳。赵普在动乱中成长起来，又经历过颠沛流离之苦，对于战乱带给民间的苦难，有着亲身的体验；对于藩镇割据混战和契丹侵扰的危害，有着实际的体会和认识。因此，他对于人民要求摆脱战乱、实现统一和安定的强烈愿望，多少有所了解。这对于赵普政治思想的形成，治国措施的制定施行，有着不可忽视的重要影响。

频仍的战乱，数度的迁徙，使赵普没有能够读到多少经史书籍，学识不博。虽然他自称"吾本书生"，但是学术水平与文学水平都不高，所以宋代史籍说他"初无学术"，"不以文称"。①所谓"学术"，主要是指对以儒家经典为主的古代书籍的学习、理解和掌握的水平，即书本知识；所谓"文"，指文学水平，即写诗作文的能力。赵普早年的书本知识是不足的，他的文学水平则一直不高。然而，赵普出身于小吏世家，他的祖上三代都是小官吏，在家庭影响下，耳闻目濡，他从小便得以学习吏事，逐步熟悉了官府处理具体行政事务的方法，学会了如何解决实际的问题，具备了从政治国的知识和能力，为他日后大展身手打下了良好基础。

燕赵之地，自古以来，多慷慨悲歌之士，名于图史者往往而是。幽燕之俗，劲勇而沉静，多材力，重许可。②在这样的风俗影响中成长起来的赵普，逐渐形成了沉厚寡言、胸怀大志、以天下事为己任、多谋善断的性格，又通晓吏道，具有治国从政的能力，一有适当的时机，便能够在政治舞台上大显身手了。

---

① 《东都事略》本传；《长编》卷二十九，端拱元年闰五月；《隆平集》卷四《赵普传》；《孙公谈圃》卷上。

② 《钦定日下旧闻》卷一百四十六《风俗》。

第三节 "托迹诸侯"
——青年时代

在赵宋皇朝开国的建隆元年（960）时，赵普对赵光义说："普托迹诸侯十五年。"①由建隆元年上推十五年，是后晋出帝开运三年（946），赵普时年二十五岁。如果从赵普进入赵匡胤幕府的后周世宗显德三年（956）算起，上推十五年，是后晋高祖天福七年（942），其年赵普一家刚迁居洛阳，赵普时年二十一岁。建隆元年，赵匡胤已登九五之尊（帝位），赵普不应把在赵匡胤幕府时算作"托迹诸侯"的，因此，"十五年"云云，应当从显德三年上推计算。看来，赵普在全家迁居洛阳以后，便循着父亲和祖父的小吏之路，到节度使幕府当幕僚去了。自此以后，赵普在节度使幕府做幕僚长达二十年之久，终于成为赵宋开国功臣。

赵普投身的节度使，从现有史料记载看，是西北的凤翔节度使和永兴军节度使。《丁晋公谈录》记载，赵普曾当过陇州巡官。这可能是赵普最初所担任的官职。陇州（今陕西省陇县）属驻在凤翔府（今陕西省宝鸡市凤翔区）的凤翔节度使管辖，陇州巡官是由凤翔节度使奏辟的。当时，中原多战事，西北的关中地区较为安全，屡因避战乱而迁徙的赵迥，让儿子到较为安宁的西北去找事做，是顺理成章的事。首先进入做事的节度使幕府，很可能就是凤翔节度使的幕府，职名是陇州巡官。

在凤翔节度使幕府任职之后，赵普又来到长安（今陕西省西安市），这是永兴军节度使的治所。《嘉祐杂志》卷下记载："赵安王②客长安，购

---

① 《国老谈苑》卷上。

② 文津阁和文澜阁四库全书本、宝颜堂秘笈本《嘉祐杂志》，均作"赵安王"。丁传靖辑《宋人轶事汇编》在卷四抄入此条，作"赵韩王"。《铁围山丛谈》卷四称赵普为"赵安定王"。而证之《邵氏闻见后录》，葬骨事确为赵普所为，不知《嘉祐杂志》是误"韩"为"安"，或是遗漏一"定"字？

唐太宗骨葬昭陵下。一豪姓蓄脑骨，比求得甚艰。"《邵氏闻见后录》卷二十二记载："赵韩王微时，求唐太宗骨，葬昭陵下。"这两条记载，证实赵普早年在长安住过。长安是大唐帝国的首都，保存了大量唐代的遗物、遗迹、遗俗，有唐代皇帝的陵墓，可以直接感受到大唐帝国的气息。赵普到了这里，直接接触到大量有关唐代的事物，对大唐盛迹必然有深刻的印象和认识，收葬唐太宗尸骨，即是明证。唐高祖、太宗等十八个皇帝的陵墓都在关中，五代后梁时，温韬任耀州（今陕西省铜川市耀州区）节度使，"唐诸陵在境者悉发之"。后汉时，郭威率军西征河中（治蒲州，今山西省永济市蒲州镇）节度使李守贞、永兴军节度使赵思绾、凤翔节度使王景崇，看到唐十八陵无不发掘者[①]，唐朝诸帝的尸骨流散。唐朝十八个皇帝中，赵普不惜代价，特别收集唐太宗的尸骨妥为安葬，充分反映出他对唐太宗的崇敬。在天下分崩离析的动乱岁月中，赵普怎能不向往国家统一强盛、社会安定和平、创造出"贞观之治"的唐太宗的功业呢？怎能不推崇和景仰唐太宗呢？从对唐太宗的景仰，我们不难发现，赵普已经开始有了以天下事为己任的抱负和志向。

后周世宗显德元年（954），赵普三十三岁。七月，河阳（今河南省孟州市）节度使刘词调任永兴军节度使，到长安上任。赵普被刘词辟为从事，进入刘词的幕府。[②]《五代会要》卷二十五《幕府》载，广顺元年（951）三月，后周太祖郭威曾下过一道敕令："节度推官，防御、团练军事判官，不得过七人，并取本厅当直人力充。"所调"从事"，即指推官、判官一类的幕僚。因此，赵普能在广顺元年敕命以后，被刘词辟为从事，说明他在广顺元年以前即已在永兴军节度使的幕府中了。

刘词是后周世宗柴荣手下的著名将领之一。柴荣刚登上帝位不久，便在高平（今山西省高平市）与北汉、契丹联军发生激战。当时，后周

---

①　《旧五代史》卷七十三《温韬传》；《资治通鉴》卷二百九十一，显德元年正月戊子。

②　《宋史》本传。

禁军大将樊爱能、何徽临阵脱逃，遇到统率后军的刘词，便鼓动刘词一同逃跑；刘词不听，挥军前进，恰逢北汉军被打败，他便督率后军，乘胜追击，彻底打垮了北汉军队。刘词因此受到周世宗的赏识和提拔。[①]刘词比较注意搜罗人才，充实幕府。在赵普进入他幕府以前，他的幕府中已经有了楚昭辅、王仁赡等幕僚。楚昭辅，《宋史》卷二百五十七本传说他"少事华帅刘词"。刘词任华州（今陕西省渭南市华州区）镇国军节度使，是在后汉隐帝乾祐二年（949）[②]，当时楚昭辅已经三十六岁，并不"少"了。王仁赡，《宋史》卷二百五十七本传说他："少倜傥，不事生产，委质刺史刘词。词迁永兴节度，署为牙校。"刘词任刺史，自然在乾祐二年以前。这样看来，王仁赡追随刘词，比楚昭辅还要早几年。显德元年赵普进入刘词幕府时，楚昭辅四十一岁，王仁赡三十九岁。楚昭辅和王仁赡，不仅年长于赵普，而且追随刘词五年以上了。

显德二年十二月（956），刘词死于永兴军节度使任上。在遗表中，刘词向周世宗柴荣推荐赵普和王仁赡有才可用。[③]赵普在刘词幕府才只有一年多，刘词却将他和追随多年的王仁赡一同向朝廷推荐，说明赵普在短短一年多时间内，已显示出才干，为刘词所赏识和器重。

刘词死后，楚昭辅到了京城开封（今河南省开封市）。在开封，楚昭辅遇到了禁军将领赵匡胤，"遂委质焉"，进入了赵匡胤的幕府。王仁赡的大名，赵匡胤早已听说过，此时便向周世宗提出了请求并获得同意，这样，王仁赡也进入了赵匡胤的幕府。[④]

赵普没有楚昭辅和王仁赡幸运，虽然刘词推荐了他，但朝廷并没有任用他；同时也没有其他节度使收用，于是赵普也到了开封。这时，赵普三十五岁，在节度使幕府工作已有十多年了。

---

① 《旧五代史》卷一百二十四和《新五代史》卷五十《刘词传》。

② 《旧五代史》卷一百二十四《刘词传》。

③ 《资治通鉴》卷二百九十二，显德三年二月；《宋史》卷二百五十七《王仁赡传》。

④ 《宋史》卷二百五十七《楚昭辅·王仁赡传》。

　　出身于小吏世家的赵普，从小学习吏事，青年时代又在节度使幕府做事十多年，经历了实际工作的磨炼，积累了较丰富的经验，开始以吏道精通著称了。具备这些有力的条件而又有远大抱负和志向的赵普，是不甘寂寞的。他在寻找适当的机会，以便发挥出他自己的才干来，做一番事业，实现封建士大夫治国平天下的宏愿，也赢得自己生前身后之名。历史终究给了赵普这个机会，使他脱颖而出，活跃在当时的政治舞台上，一显身手，成为一代名相。

第二章 从藩府幕僚到开国功臣

第一节 幕府谋主

（一）滁州际会

当赵普在西北的永兴军节度使幕府中时，后周的政治情况已发生了变化。显德元年（954）正月，建立后周王朝的太祖郭威死去了，他的养子柴荣继位当了皇帝，历史上称为周世宗。

周世宗即位不久，占据河东（大致相当于今山西省）的北汉刘崇，联合契丹，发兵进攻后周。周世宗当此危急关头，力排众议，亲自率军出击，高平一战，把北汉军打得大败而逃。在高平之战中，禁军将领赵匡胤在殿前都指挥使、郭威的驸马张永德指挥下，奋勇杀敌，立下了战功。战后论功行赏，张永德在周世宗面前极力称赞赵匡胤勇猛有功，赵匡胤遂被越级提升为殿前散员都虞候①，领严州（今浙江省建德市梅城镇）刺史。

高平之战后，即位不久的周世宗的威望大为提高，地位稳固，便着手进行军队的改革和整顿，以实现他统一天下的雄图大略。显德元年十月，周世宗下令整军，淘汰禁军中的老弱人员，选拔精锐者升为上军；又募选天下壮士，派赵匡胤考校武艺，选取优异者，补充殿前诸班。从此，周军士卒精强，超过前代，征伐四方，所向克捷。高平之战刚结束，

---

① 《资治通鉴》卷二百九十一载，显德元年三月，擢赵匡胤为殿前都虞候，误；其时，殿前都虞候为李继勋，七月为慕容延钊。赵匡胤任殿前都虞候，最早也只能在当年十月。详细考证见拙文《校点本〈旧五代史〉献疑》。

周世宗即一举杀掉临阵脱逃的禁军大将樊爱能、何徽以下将校七十多人，严肃了军纪，使骄兵悍将知惧；再经过选拔和补充禁军，其战斗力今非昔比。周世宗有了这支精锐的军队，便开始了统一天下的战争。

显德二年（955），周世宗先向西面用兵，攻打后蜀，夺了秦（今甘肃省秦安县西北）、凤（今陕西省凤县东北）、成（今甘肃省成县）、阶（今甘肃省陇南市武都区东）四州之地。接着，周世宗又挥兵进攻占有淮南（大约相当于今皖北和苏北）和江南（大约相当于今江西省、皖南、苏南）的南唐。显德三年（956）春，周世宗亲自督率大军进攻淮南的南唐军队，赵匡胤随世宗出征。二月，周世宗命令赵匡胤率军突袭滁州（今安徽省滁州市），一举攻克了这座淮南重镇，切断了驻扎在寿州（今安徽省寿县）的南唐军队的后路。由于宰相范质的推荐，赵普在此时被任命为新夺取的滁州的军事判官。赵普从此才算正式走上了仕途。[①] 这时赵普三十五岁，所以他在晚年所上的《让西京留守表》中写道："常依托诸侯，三十五未谐释褐。"[②]

赵普到滁州走马上任，便遇到了正率军驻扎在滁州的禁军将领赵匡胤。这是这两位日后的君臣的初次会面。[③] 关于赵普与赵匡胤的"风云际会"，宋人有种种记载，最富有传奇色彩的，是两宋之交的王铚及其子王明清的记载。

王铚《默记》卷上和王明清《挥麈录·后录》卷一记载，赵匡胤率周军数千，与南唐皇甫晖所率十万大兵战于滁州清流关，周军大败。赵匡胤聚兵关下，到附近的村子里寻访到教书的镇州赵学究，即赵普；赵普为赵匡胤出谋划策，并亲自带路，周军于是得以击败南唐军队，活捉

---

① 以上所述，见《资治通鉴》卷二百九十二。

② 《小畜集》卷二十三。

③ 《丁晋公谈录》、《宋史》本传等书载："太祖侧微，普从之游"；《邵氏闻见录》卷七载，郭威讨李守贞时，赵普在军中。均误。《赵普神道碑》和《资治通鉴》卷二九二的记载，足证赵普与赵匡胤在滁州是初会。

了皇甫晖，夺取了滁州城。赵普由此与赵匡胤定交，终于成为宋朝的萧何、曹参。

王氏父子的记载，为历代不少史家奉为信史。明代大思想家李贽即是其一，他在《藏书》卷十四《名臣传·经世名臣·赵普》中曰："普初与太祖相遇，其事甚奇"，接着便引《默记》的记载。清代历史学家赵翼发现王氏父子的记载与《宋史·太祖本纪》不同；但是，他却又引王氏父子的记载，驳斥《孙公谈圃》卷上所载赵匡胤曾从学于赵普之事，称："《谈圃》所记，或得之讹传也。"① 由此看来，赵翼还是相信王氏父子的记载的。百衲本《旧五代史》卷一百十六《周世宗三》，在擒皇甫晖的记载下，注引《默记》的记载作为补充。现代史家，还大都把王氏父子的记载作为信史加以引用②。

其实，王氏父子的记载根本不可信。从赵普早年的经历，从《资治通鉴》和新、旧《五代史》记载的滁州之战的情况，从赵匡胤的升迁情况，足以看出王氏父子的记载不足凭信③。《孙公谈圃》卷上载赵普曾在赵匡胤家为学究，《续湘山野录》载赵普与赵匡胤、赵光义同游长安而遇陈抟，《丁晋公谈录》与《宋史》本传载赵普在赵匡胤侧微时从之游，也都不足凭信。

关于赵普与赵匡胤的滁州际会，《赵普神道碑》记载："太祖（赵匡胤）从周世宗，南平淮甸"，"是时，擒其伪将皇甫晖于滁上。王（指赵普）时为郡之参佐，断事明敏，狱无冤者。太祖闻名，召见与语，深器之。"《资治通鉴》卷二百九十二记载："会滁州平，范质荐普为滁州军事判官，太祖皇帝与语，悦之。时获盗百余人，皆应死，普请先讯鞫然后决，所活十七八。太祖皇帝益奇之。"《宋史》本传、《东都事略》本传、《五朝名

---

① 《陔馀丛考》卷十三《宋史六》，卷四十一《赵普遇合》。
② 如邓广铭《赵匡胤的得国及其与张永德、李重进的关系》，张家驹《赵匡胤传》，贺达《赵普评传》。又，张家驹《赵匡胤传》一书，引《默记》记载作："幽州人赵学究"，不知据何版本？
③ 详细的考证，见拙文《赵普早年事迹考辨》。

臣言行录》卷一及《厚德录》卷三等处的记载，均和上述二书的记载差不多。无论交谈与断狱孰先孰后，总之，赵匡胤之所以器重赵普，无疑是因为赵普治狱所表现出的吏治才干及其谈吐。如果赵普与赵匡胤在滁州相会之前已经相识，赵匡胤不会直到此时才发现赵普的才干从而器重他。由此可知，滁州际会，必然是赵匡胤与赵普的初次会面。

赵普在滁州任军事判官时，遇到了一个机会，大大加深了他与赵匡胤的友情。赵匡胤的父亲赵弘殷，当时也是禁军将领。在滁州被攻克以后，他从扬州率领一支军队到了滁州。赵匡胤见过父亲后，即领军去寿州城下追随周世宗了。不巧，赵弘殷却病倒在滁州。赵普"躬亲药饵，朝夕无倦"，赵弘殷"愧其情，由是待以宗分"。[①] 这样，赵普大大加强了他与赵匡胤一家的关系，结下了极深的私谊，成为赵匡胤信任他的重要基础。

显德三年六月，淮南初平，大部分地方已落入周军手中，周世宗回到京城开封。赵普被调任渭州（今甘肃省平凉市）军事判官，又回到了西北。七月，赵弘殷在返回京城开封的途中病死。十月，赵匡胤起复。因为赵匡胤有攻克滁州等战功，周世宗晋升他为匡国军（治同州，今陕西省大荔县）节度使兼殿前都指挥使；十二月，原来的殿前都指挥使张永德被升为殿前都点检。赵匡胤升为节度使，跻身大将之列，其地位和名望大为提高。赵匡胤马上表赵普为匡国军节度推官，把赵普收入他的幕府之中。[②] 这是赵匡胤集团正式形成的开端，也是赵普发迹的第一步。

（二）幕府谋主

五代乱世，正是武人得意之时。但是，武人当政，不懂治理国家，于是，他们就搜罗了一批文人谋士，为其出谋划策。正如清代历史学家赵翼所说："盖群雄割据，各务争胜，虽书檄往来，亦耻居人下。觇国者

---

① 《宋史》本传，《东都事略》本传，《名贤氏族言行类稿》卷三十八。《邵氏闻见录》卷六载赵普《班师疏》曰："伏自宣祖皇帝（赵弘殷）滁州不安之时，臣蒙召入卧内"，也反映了此事。
② 《资治通鉴》卷二百九十二。

并于此观其国之能得士与否。一时遂各延致名士，以光幕府。"①《旧五代史》卷六十《李袭吉传》载："自广明（880—881）大乱之后，诸侯割据方面，竞延名士，以掌书檄。是时梁有敬翔，燕有马郁，华州有李巨川，荆南有郑准，凤翔有王超，钱塘有罗隐，魏博有李山甫，皆有文称，与袭吉齐名于时。"不仅是割据一方的节度使，就是一般的武人刺史，也常常有文人在其幕府中。进入幕府的文人，叫作幕僚或幕宾。《醒世恒言》第三十二卷《黄秀才徼灵玉马坠》，讲到唐乾符（874—879）年间，扬州有一个秀才黄损，被荆襄节度使刘守道聘为幕宾。接着，专门解释了幕宾："如何叫做幕宾？但凡幕府军民事冗，要人商议，况一应章奏及书札，亦须要个代笔，必得才智兼全之士，方称其职，厚其礼币，奉为上宾，所以谓之幕宾，又谓之书记。有官职者，则谓之记室参军。"晚唐五代，情况大致相同；所说幕宾的情况，五代时大致仍是如此。简而言之，唐末五代幕僚的作用，一是出谋划策，二是代写奏折、书札，所以要求是才智兼全之士。从幕僚的作用看，有些类似于今天的机要秘书之类。

节度使幕府中，常常有好几位幕僚，其中起主要的谋士，可称为谋主。说到谋主，后梁太祖朱全忠有敬翔，后唐庄宗李存勖有郭崇韬，后唐明宗李嗣源有安重诲，后晋高祖石敬瑭有桑维翰。这些人在其藩帅登上帝位后，都成为中枢重臣，执掌朝政大权。

赵匡胤在升为节度使前后，在他的幕府中也收聚了一批谋士。在赵普之前，有楚昭辅和王仁赡；在赵普之后，昝居润推荐沈义伦到赵匡胤幕府，刘熙古、李处耘等人也先后进入赵匡胤幕府。起初当赵匡胤谋主的，是掌书记吕馀庆。②

当显德三年十月赵普进入赵匡胤幕府时，赵匡胤虽已升为节度使，但论起地位和声望，在后周大将中还是比较低的。当时，在禁军将帅中，

---

① 《廿二史劄记》卷二十二《五代幕僚之祸》。

② 《宋史》卷二百五十七《楚昭辅王仁赡传》，卷二百六十三《刘熙古传》，卷二百六十四《沈伦传》，卷二百六十三《吕馀庆传》；《太宗实录》卷四十二，雍熙四年十一月壬子。

即有五个人的地位和声望都在赵匡胤之上。

殿前都点检张永德，是后周太祖郭威的女婿，早在广顺二年（952）已经当上了殿前都虞候；显德元年（954）周世宗即位后，任殿前都指挥使；高平之战后，领武信军（治遂州，今四川省遂宁县）节度使；七月，为滑州（今河南省滑县东）节度使。赵匡胤当禁军将领后，一直在张永德部下。

侍卫亲军都指挥使李重进，是后周太祖郭威的外甥。广顺二年任殿前都指挥使；显德元年正月，领武信军节度使；周世宗即位后，升为侍卫亲军都虞候；高平之战后，为许州（今河南省许昌市）节度使；七月，改任宋州（今河南省商丘市）节度使，兼侍卫亲军都指挥使，是侍卫司统帅，地位还在张永德之上。

韩通，显德元年为保义军（治陕州，今河南省陕县）节度使。二年（955），为侍卫亲军都虞候。周世宗征淮南，任京城都巡检留守。

李继勋，显德元年十月，领利州（今四川省广元市）节度使兼侍卫步军都指挥使。韩令坤，世宗即位，授殿前都虞候，当时是赵匡胤的上司；显德元年十月，领洋州（今陕西省西乡县）节度使兼侍卫马军都指挥使。[①]

其他的将帅中，如天雄军节度使符彦卿、成德军节度使郭崇、昭义军节度使李筠、山南东道节度使安审琦、西京留守王晏、忠武军节度使王彦超、河阳节度使白重赞、凤翔节度使慕容延钊等人，资望也都高于赵匡胤。

赵匡胤在地位、声望尚低的情况下，注意交结上司，亲近同僚，结恩部下及中下级军校，声望日隆，势力日渐发展。赵匡胤采取的这些策略，是与他的幕府群僚的指点分不开的。

---

① 以上所述，见《旧五代史》卷一百一十四《周世宗纪一》，《宋史》卷二百五十五《张永德传》、卷四百八十四《李重进·韩通传》、卷二百五十四《李继勋传》、卷二百五十一《韩令坤传》。

　　高平之战后，赵匡胤即注意交结上司张永德，两人关系日益亲密；赵匡胤并且还帮助张永德发展派系势力。《宋史·张永德传》说是张永德有意亲近赵匡胤，事实应该正好相反。以张永德皇帝亲戚兼殿前军统帅的身份，去巴结手下的一位军官，才真是不可思议的事情。

　　显德三年，赵普进入赵匡胤幕府以后，张永德、赵匡胤的殿前司派系就多了一位足智多谋的谋士，帮助他们出谋划策。这样一来，张永德和李重进的争斗便日益明朗化。张永德有意陷害与排挤李重进。显德三年十月，周世宗已回京城，淮南战事紧张，李重进率军屯寿州（今安徽省寿县），张永德率军屯下蔡（今安徽省凤台县）。"永德每宴将吏，多暴重进短，后乘醉谓重进有奸谋，将吏无不惊骇。永德遣亲吏乘驿上言，世宗不之信，亦不介意。二将俱握重兵，人情益忧恐。"大敌当前，李重进比较识大体，顾大局，单骑到张永德营中开解，三军才安定下来。^①看来，周世宗还是比较相信张永德，于是在十二月升张永德为殿前都点检，使其地位、声望俱足以与李重进分庭抗礼了；同时，又增补韩通为侍卫亲军都虞候，以增强侍卫司势力，以维系平衡。

　　赵匡胤交结张永德，形成派系。他又兄事殿前都虞候慕容延钊和侍卫司虎捷右厢都指挥使赵彦徽，交结侍卫司虎捷左厢都指挥使张光翰。侍卫马军都指挥使韩令坤，也是赵匡胤的幼年好友。^②虎捷，是侍卫司步军的军号。赵匡胤在殿前司，上下关系密切，与侍卫司的步军和马军的大将也交情颇深，他在禁军两司都有了一定的影响。

　　后周太祖郭威，在即位前曾组织过十兄弟之类的结社，以培植个人势力。^③赵匡胤蹈袭郭威故智，也有"义社十兄弟"。据《宋朝事实》卷

---

① 《宋史》卷四百八十四《李重进传》，参见《资治通鉴》卷二百九十四，显德三年十月。

② 分见《宋史》卷二百五十一《慕容延钊传》；《长编》卷四，乾德元年闰十二月；《宋史》卷二百五十《韩重赟传》；《长编》卷九，开宝元年五月；《宋史》卷一《太祖一》。

③ 《宋史》卷二百六十一《李琼传》载："杖策诣太原，依唐庄宗，属募勇士，即应募，与周祖等十人约为十兄弟。"

九①记载，十兄弟大部分是殿前司将领。这是赵匡胤为控制殿前司、发展个人势力而采取的重要步骤。十兄弟中，有当时任右卫大将军的李继勋，他是在显德三年因在淮南战事中作战不力而被罢去侍卫步军都指挥使之职的。石守信，当时任铁骑控鹤四厢都指挥使；韩重赟，当时任铁骑都虞候，俄迁控鹤军都指挥使；王审琦，当时任铁骑都指挥使；刘光义（太宗时改名廷让），任铁骑右厢都指挥使。铁骑、控鹤，是后周殿前诸班之军号，石守信等四人都是殿前司的中级将领。此外，还有杨光义、刘义庆、刘守忠、王政忠四人，史籍没有记载当时担任什么职务，估计也是禁军将校。通过"义社十兄弟"，赵匡胤和中级将校发生了密切联系，逐渐形成了以他为首的派系势力，开始与张永德脱离了。

显德四年（957）二月，赵匡胤追随周世宗再次出征淮南，周军攻克南唐清淮节度使所在地——寿州。赵匡胤随周世宗返回京城开封后，于五月拜义成军（治滑州，今河南省滑县东）节度使、检校太保，仍任殿前都指挥使。赵普仍旧在其幕府为从事。当年冬天，赵匡胤随周世宗第三次出征淮南。显德五年（958）三月，南唐降服，淮南的十四州全部归入后周的版图。五月，赵匡胤因从征之功，改领忠武军（治许州）节度使，仍旧当殿前都指挥使。赵普也依旧在他的幕府任从事。

四月，张永德已领命将兵备御北部边境，不在京城了。殿前司的实际统帅是赵匡胤了。南唐国主派人给赵匡胤送来书信及白银三千两，赵匡胤为防周世宗猜疑，便把白银全部交给了内府。赵匡胤在出征淮南时，曾收购了一大批书籍，用车子运回京城开封；有人向周世宗报告："赵某下寿州，私所载凡数车，皆重货也。"周世宗遂派人检查赵匡胤的全部笼箧，却发现是几千卷书。周世宗于是召来赵匡胤问道："卿方为朕作将帅，辟边疆，当务坚甲利兵，何用书为！"赵匡胤叩头说："臣无奇谋上赞圣德，

① 《闻见近录》亦有十兄弟的记载，但无其名。《建炎以来系年要录》卷六十一，绍兴二年十二月载，宋高宗有"国初十节度"之言，当亦与十兄弟说有关。

23

滥膺寄任，常恐不逮，所以聚书，欲广闻见，增智虑也。"周世宗听了这话，才算释疑，并高兴地连声称赞。^①赵匡胤一介武夫，处理上述两事却分外得体，这跟他的幕僚的指点不无关系。

淮南平定后，张永德出巡北边，赵匡胤觊觎殿前都点检之位，但却未能如愿，军职如故。于是，赵匡胤派系便散布流言，说是"虽云酬勋，止于移镇"，"赏典太轻"，企图引起"物议不允"，但未获成功。^②这不能不引起周世宗和其他将领的猜疑。当时，侍卫亲军都指挥使李重进和侍卫亲军都虞候韩通都在京师。韩通以勇力闻，素称谨厚，"为明君之心腹，作圣代之爪牙"，忠诚且得周世宗信任。^③有韩通作李重进副手，合作掌握兵员众多的侍卫司，二人资历与声望且均高于赵匡胤，赵匡胤不能不有所顾忌并有所收敛。所以在散布流言"要官"后，又献白银和运回书籍以作掩饰，以释周世宗之疑，果然收到了效果。

自显德三年（956）十月赵普到赵匡胤幕府后，赵匡胤的势力有了长足的发展，已经形成了一个强大的派系，在禁军中拥有很大力量。赵匡胤又伪装忠顺小心，获取了周世宗的高度信任，前途正未可限量。这一切，与他的幕府群僚运筹帷幄大有关系，而赵普在其中起了主要的作用。所以，《赵普神道碑》说："其在幕府也，恭敬畏慎，尽竭赤诚，夜思昼行，勿矜勿伐，可谓龙行虎啸，云起风从，如怀万顷之陂，遭遇承平之会。"赵普在赵匡胤幕府中的地位，日渐提高，这也反映了他所发挥的重要作用。显德六年（959）赵匡胤改任归德军（治宋州，今河南省商丘市）节度使，赵普代替吕馀庆任掌书记，从名到实，都成为赵匡胤集团的谋主。这一年，赵普三十八岁。

---

① 《东都事略》卷一《太祖纪》；《长编》卷七，乾德四年五月。
② 《旧五代史》卷一百一十八《周世宗纪五》，显德五年五月。
③ 《宋史》卷四百八十四《韩通传》，《韩通墓志》。

第二节 "陈桥兵变"的指挥者

五代时的武人，一旦升到节度使的高位，又有了一定的势力，大致都会萌发夺取政权的野心。势力越大，野心也就越大。赵匡胤官至节度使，统率着禁军中最精锐的殿前诸班，文有赵普等一班谋士，武有义社十兄弟一班武将，其滋生野心，觊觎帝位，是很自然的事。五代时，禁军是颠覆政权的决定性力量；禁军的中坚和易置天子的主力，则是禁军中下级军校。而在禁军的中下级军校中，赵匡胤影响很大。但是，在显德五年时，赵匡胤及其派系集团还不敢轻举妄动。

原来，当时的皇帝周世宗可谓是整个五代最杰出的君主。"其御军，号令严明，人莫敢犯"；"应机决策，出人意表"；"又勤于为治，聪察如神"，"文武参用，各尽其能，人无不畏其明而怀其惠"，"人服其英武"。周世宗的主要辅臣王朴，"性刚而锐敏，智略过人"。宋初著名文学家王禹偁曾作诗称颂王朴："世岂乏贤良？才难具文武！""凭案读古书，箕踞视太祖"，"马前拜侯伯，阶下列椹斧，叱咤气生风，将校汗如雨"。北宋中期的大臣张方平在《读王朴传》一诗中也说："世主英威动九阳，高贤事业出岩廊。何须梦卜疑千古，灼见云雷定四方。小国霸图微管葛，当时人杰自萧张。不终制作成遗恨，律准今犹在太常。"[1] 周世宗对王朴极为信任，出征时总是命王朴留守京城，处理军国大事。赵匡胤非常敬畏王朴，《默记》卷上记载："太祖即位，一日过功臣阁，风开半门，正与朴象相对。太祖望见，却立耸然，整御袍、襟领，磬折鞠躬顶礼乃过。左右曰：'陛下贵为天子，彼前朝之臣，礼何过也？'太祖以手指御袍云：'此人若在，朕不得此袍着！'其敬畏如

---

① 《资治通鉴》卷二百九十四，显德六年六月、三月；《小畜集》卷四，《乐全集》卷二。

此。"①这段记载，虽有些类似小说家言，但是仍然可以反映出王朴为将校畏服的情况，说明赵匡胤对王朴是心怀畏惧的。正因为周世宗和王朴君明臣贤，将帅畏服，后周政权巩固，所以赵匡胤派系无隙可乘，赵匡胤不能不小心谨慎，做出种种姿态来表示忠诚，以取得周世宗的信任，保持和扩大权势，而不敢有所妄动。

显德六年三月，周世宗准备挥兵北上，进攻契丹，夺回燕云十六州（大致指包括北京、天津的今河北省北部和今山西省北部地区）之地。恰在此时，周世宗的臂膀、枢密使王朴却不幸死去了。周世宗"恸哭数四，不能自止"。虽然如此，周世宗仍然坚持他的北征计划，以赵匡胤和韩通分别为水、陆路都部署，李重进督率后军，亲自北征。到五月，周军先后夺回瀛（今河北省河间市）、莫（今河北省任丘市北）、易（今河北省易县）三州和益津（今河北省霸州市）、瓦桥（今河北省雄县西南）、淤口（今河北省霸州市东信安镇）三关之地。不巧，周世宗生病，周军班师。周世宗以益津关为霸州，留侍卫马军都指挥使韩令坤为霸州都部署，以瓦桥关为雄州，以义成军节度留后陈思让为雄州都部署，命二人率军戍守新夺取的关南之地。周世宗自己便率大军回京城开封去了。

在北征时，发生了一件怪事，结果使赵匡胤大为受益。据《旧五代史》卷一百十九《周世宗纪六》记载，周世宗北征时，"一日，忽于地中得一木，长二三尺，如人之揭物者，其上卦全题云'点检做'，观者莫测何物也"。很显然，这是中伤殿前都点检张永德的。有人推测是李重进派系为陷害张永德而干的。②仔细分析起来，更有可能是赵匡胤派系干的。王朴之死，周世宗之病，使野心逐渐膨胀的赵匡胤发觉有机可乘，萌发了夺取政权的愿望。赵匡胤一伙本属张永德派系，张永德的地位要高于赵匡胤，虽则赵匡胤已培植了自己的势力，但要完全摆脱张永德的控制，就必须使

---

① 《闻见近录》的记载相同。
② 邓广铭：《赵匡胤的得国及其与张永德李重进的关系》。

张永德失去殿前都点检之职，这样，赵匡胤最有可能从殿前都指挥使升而代之，从而完成赵匡胤派系的最终独立。以谶语之嫌挤掉张永德，不仅可取而代之，而且制造了"天意"，做了夺权的舆论准备，真可谓一箭双雕之计。赵匡胤幕府中以赵普为首的热衷于当开国功臣的幕僚们，不可能看不到这一点。恰巧，赵匡胤一直率军拱卫在周世宗身旁，大有机会可以做手脚的。于是，三尺之木出现了。事情的结果，果然实现了赵匡胤集团的一箭双雕之计①。

在周世宗返京途中，还发生了一件事，从而促使周世宗下决心，罢免了张永德的殿前都点检之职。《却扫编》卷上记载：

> 王铚言：周世宗既定三关，遇疾而还。至澶渊（今河南省濮阳市南），迟留不行，虽宰辅近臣问疾者皆莫得见，中外恟惧。时张永德……以亲故，独得至卧内。于是，群臣因永德言："天下未定，根本空虚，四方诸侯，惟幸京师之有变。今澶、汴（即开封）相去甚迩，不速归以安人情，顾惮朝夕之劳而迟回于此，如有不可讳，奈宗庙何！"永德然之，承间为世宗言如群臣旨。世宗问曰："谁使汝为此言？"永德对："群臣之意，皆愿如此。"世宗熟视久之，叹曰："吾固知汝必为人所教，独不喻吾意哉？然吾观汝之穷薄，恶足当此！"即日趣驾归京师。

从这段记载看，周世宗当时是有重任想托付给张永德的。所谓重任，不外有两项：一是托孤，二是传位。玩其语意，可能是传位，但也有托孤的可能。张永德的无主见行动，使周世宗大为失望，对他的罢免势在必行了。

---

①　本书初稿成书后，得见 1954 年 10 月 15 日出版的台湾《大陆杂志》第 9 卷第 7 期，载蒋复璁《宋代一个国策的检讨》一文，文内指出："三尺木之来，实属可怪，代者为太祖，不是有很大的嫌疑吗？"正与笔者意见同，但先言于笔者三十年矣。笔者虽非抄袭，但不敢掠美，谨识于此，以明蒋先生之先见。

周世宗回京后，病情加重。六月，周世宗开始对身后之事进行安排。文臣方面，周世宗托孤于宰相范质、王溥、魏仁浦，令范质、王溥参知枢密院事，魏仁浦兼枢密使。这样，三人位兼中枢，掌军政大权，可以辅佐七岁幼子柴宗训。武臣方面，选择了赵匡胤和韩通为托孤之臣。殿前司，免去张永德的殿前都点检职务，让他出任澶州节度使，升赵匡胤为殿前都点检；而殿前副都指挥使为慕容延钊，殿前都虞候为石守信。侍卫司，李重进任侍卫亲军都指挥使，领所部赴河东备御；韩通升为侍卫亲军副都指挥使，加同平章事；韩令坤仍为侍卫马军都指挥使，领兵驻北边，任北面兵马都部署；袁彦任侍卫步军都指挥使；侍卫马步军都虞候空缺。宫廷内部，立魏王、天雄军（治大名府，今河北省大名县东）节度使符彦卿之女为皇后，主官内大政。

周世宗想起"点检做"的谶语，总觉得不安。当时，右拾遗杨徽之又上书周世宗，说赵匡胤不宜典禁军；周世宗虽未因此罢免赵匡胤，而且升他为都点检，但也在加以提防，下令军政主要由韩通裁决。[①]范质、王溥、魏仁浦三人，"廉慎守法"，以宽厚长者著称。韩通从禁军小校，积战功升至侍卫亲军副都指挥使，与禁军关系很深，能得军心，加之有勇力，素称谨厚，比较忠实。周世宗的安排是文靠三相，武靠韩通，文武协力，维持其幼子的帝位。

不久，正当壮年的周世宗去世了，年纪才三十九岁。他的七岁幼子柴宗训继位，是为恭帝。国家大事，主要由范质、王溥、魏仁浦三位宰相处理。恭帝即位后，照例要对将相大臣们加官晋爵。于是，禁军将校的情况也有了稍许变化：侍卫司，李重进仍任都指挥使，调任淮南节度使，驻守扬州（今江苏省扬州市）；韩通仍为副都指挥使，留京城，实际掌军政；都虞候由韩令坤升任，仍充北面兵马都部署，领兵防边；马军都指挥使为高怀德，张令铎任步军都指挥使。殿前司，赵匡胤为都点检，

---

① 《长编》卷四，乾德元年十二月；《涑水记闻》卷一；《邵氏闻见录》卷一。

慕容延钊为副都点检，石守信为都指挥使，王审琦为都虞候。两司将领，都加官晋爵。张永德则由澶州节度使调任许州节度使。

　　五代时期，政权的递嬗十分迅速，五十三年间，先后换了十四位君主，犹如走马灯一般。在政权递嬗中，禁军将士起着决定性的作用，他们因此获得大量赏赐。这种经济的因素，使禁军将士更加喜欢拥立皇帝，以获取更大利益。五代乱世，礼义扫地，君臣之间，本无大义维系，今日君臣，明日仇人，这是禁军容易兵变的思想因素。同时，周世宗的统一大业正在进行，混一天下，很有希望，但是却换了一个小皇帝，眼看是只有守成，难以进取，将士和民众热切希望统一的愿望，犹如兜头泼了一盆凉水，他们因而非常失望。所以，周世宗死后，出现了"主少国疑"、人心浮动的局面。这正是赵匡胤集团夺取政权的大好时机，赵匡胤及其谋士、兄弟们自然不会放过，他们开始积极活动了。然而，世上没有不透风的墙，赵匡胤一伙的企图，还是被人发觉了，他们的活动引起了一些大臣的注意。殿中侍御史郑起上书首相范质，指出赵匡胤一伙在进行阴谋活动，但范质等人却不重视郑起的意见，也没有为此采取任何行动。所以，后来王禹偁在《五哀诗·故殿中侍御史荥阳郑公》中，惋惜地写道："太祖方历试，握兵权已重。上书范鲁公，先见不能用。历数不在周，讴谣卒归宋。"[①]因为郑起曾企图制止赵匡胤集团的阴谋活动，所以赵匡胤一伙对他深为忌恨。宋人修的《周世宗实录》，说郑起"轻俊无检操"。宋朝建立后，郑起一直受到压抑，"晚求万泉令，吏隐官资冗"，"无子嗣家声"；但是，"一旦随朝露，识者弥哀痛"，"文编多散失，人口时传诵"。[②]王禹偁的哀诗，说明郑起的学问和人品都是令人敬佩的。此外，韩通的儿子韩微，有智略，也发现了赵匡胤一伙的活动；他告诉了韩通，并多次劝韩通及早下手，制止赵匡胤一伙的阴谋活动，但韩通也不听，并不在意。赵匡胤知道了韩微告发他，对韩微特

---

① 《长编》卷四，乾德元年十二月；《小畜集》卷四。
② 《小畜集》卷四《五哀诗》。

别忌恨，同时更加紧了夺权的准备活动。[①]

当时，赵匡胤集团要夺取政权，面临着两个困难：一是军权不在手中，对掌握军权的韩通，赵匡胤还心存顾忌；二是开封城内，拥戴后周的势力还是十分强大的，赵匡胤在城中要聚集起自己的力量是很不容易的，更何谈战胜拥戴后周的势力。于是，赵匡胤的谋士们便想出了一个绝妙的好办法——谎报契丹入侵。

显德七年（960）元旦，范质等人听到契丹入侵的消息，仓卒之中，便派赵匡胤率领大军，北上御敌。赵匡胤得到了梦寐以求的军权，别提有多高兴了。事不宜迟，迟则生变，他马上开始调兵遣将。赵匡胤调侍卫马军都指挥使高怀德和侍卫步军都指挥使张令铎率部随他出征，留下殿前都指挥使石守信、殿前都虞候王审琦，守卫京城。这样的安排，大有深意。侍卫步军的虎捷左、右厢都指挥使张光翰和赵彦徽，素与赵匡胤关系密切，而张令铎又是著名的仁厚之人，侍卫步军便成为拥戴赵匡胤的一支力量。加上随同出征的还有部分殿前军，高怀德及其统率的侍卫马军，纵不一心，在殿前军与侍卫步军的挟制下，也不可能有所作为；况且赵匡胤的好友韩令坤曾统率侍卫马军有年，中下级军校中应该有归心赵匡胤者。侍卫马、步军既已大部调出，城内留守的主要是赵匡胤的义社兄弟石守信与王审琦统率的殿前军，足以抑制后周的固有势力；韩通虽留在京城，但没有大的部队支持他，即使想有所动作，也处于势孤力单的境地，难成气候。

殿前副都点检慕容延钊，虽然赵匡胤兄事之，但他资历比赵匡胤深，终究有所不便，于是在正月初二先派他率领前军出发。就在这时，要策立新天子的消息已经开始在京城开封暗暗流传开来。五代时，一个新皇帝刚被士兵们拥立时，一般总要允许士兵们在京城抢劫好几天，如后周太祖郭威进开封时即是如此。策立的消息一传开，人们害怕洗劫之难，

---

① 《长编》卷一，建隆元年正月。

纷纷搬家逃难，一时人心惶惶。赵匡胤为防意外，给家里的人透了风，要母亲和家里的人第二天去寺庙施舍，借以躲避可能遇到的危害。[①] 只有范质、韩通等人全然不知道一点儿信息，被蒙在鼓中。次相王溥，则已向赵匡胤"阴效诚款"，成了内应。[②]

正月初三，赵匡胤率大军离京北上，特别对部队严加约束，大军秩序井然，这样，京城浮动的人心才稍有安定。赵普等一班谋士，也都随军出发。临出发前，赵匡胤故作姿态地去韩通府上辞行，韩微又力劝韩通乘机杀掉赵匡胤，并准备下手，却又被韩通极力阻止。[③]

大军行进途中，有一个殿前司军校苗周训，曾向道士王处讷学过星术，善于望气观星，在将士中有点名气，此时便开始大肆宣传天命有归的星相家预言了。苗周训与幕府谋士楚昭辅，一唱一和，说天上有两个太阳，黑光磨荡了好久，两人还装模作样地指给其他将士看，说这是天意有归，授命有兆。[④] 天意的作用很大，苗周训的这一种举动很有煽动性，鼓舞了久欲为变的军心。前几年，在河北磁县发现了一个北宋磁州窑的瓷枕，上面绘有"陈桥兵变图"，画面中突出地画着道士打扮的苗周训，那不是偶然的。[⑤]

上天授命的征兆，"点检做"的谶语，再加上赵普一班谋士的游说煽动，使本来就惯于拥立皇帝以谋私利的禁军中下级军校不免技痒，胆壮气足，准备重演故技，发动兵变。赵匡胤本人却佯作一无所知，在大军到达陈桥驿（今河南省新乡市封丘县陈桥镇）宿营后，喝了一通酒，睡觉去了。幕府谋主赵普则无暇睡觉，担当起直接指挥兵变的责任。

在富贵与发财欲望驱使下，一大帮禁军将校聚集起来，拥到赵普帐

---

① 《清异录》卷上；《涑水记闻》卷一；《邵氏闻见录》卷一；《挥麈后录》卷五引《五季泛闻录》。
② 《龙川别志》卷上。
③ 《闻见近录》。
④ 《玉壶清话》卷一；《长编》卷一。
⑤ 参见史树青《北宋磁州窑"陈桥兵变"图磁枕》。

内。赵普正与李处耘等谋士商议事情，将校们一拥而入，吵吵嚷嚷，请赵普作主，拥立皇帝，一时间乱作一团。赵普见状，与李处耘一同大声呵斥了几句，才算稍微安定一些。赵普对将校们说："策立，大事也！固宜审图。尔等何得便肆狂悖！"诸将校这才老实了一些，坐下来听从赵普指挥。赵普先试探诸将说："外寇压境，将莫谁何，盍先攘却，归始议此。"发财升官的欲望之火已经燃烧起来的将校们自然不会同意，纷纷叫起来，要求马上策立天子。赵普见军心可用，便说："兴王易姓，虽云天命，实系人心。前军昨已过河，节度使各据方面，京城若乱，不惟外寇愈深，四方必转生变。若能严敕军士，勿令剽劫，都城人心不摇，则四方自然宁谧，诸将亦可长保富贵矣。"诸将校都声诺应允。[①]赵普这番话，是经过深思熟虑的，其目的是以迅雷不及掩耳之势完成夺权行动，安定京城局面，以便造成既成事实，防止四方节度使生变。

诸将校表示服从赵普所言之后，他便开始了下一步行动。一方面，让诸将校去分头鼓动和调动士兵，另一方面，派衙队军使郭延赟连夜赶回京城，向石守信、王审琦等人通报情况，并通知他们行动起来，准备接应。深夜里，北征的禁军将校率领士兵们全副武装地排列在驿站的门外，吵吵嚷嚷，宣布要拥立点检当皇帝。

正月初四黎明，天刚蒙蒙亮，禁军将士们便大声地欢呼和叫嚷起来，声震原野。赵普和赵匡义带领诸将校，摽甲执兵，拥入赵匡胤的寝室。赵匡胤打着呵欠刚坐起来，一件预备好的黄袍便披在了他身上，诸将校罗拜庭下，高呼万岁。然后，有几人上前，把赵匡胤扶上马，准备簇拥

---

① 此据《长编》卷一，唯据注引赵普《飞龙记》，去掉赵匡义之名。邓广铭《陈桥兵变黄袍加身故事考释》一文，认为国史、《太祖（按，原文误为太宗）新录》、《飞龙记》诸书所载赵匡义、赵普在陈桥兵变中行动为不可信。按，《太祖新录》与国史记载之不可信，确如邓先生所考。然赵普《飞龙记》一书，据《郡斋读书志·后志》（袁本）与《玉海》卷四十七《艺文·杂史》的记载，乃建隆元年三月，即兵变后第三个月撰写的。当时，人们记忆犹新，参与兵变者均在，赵普按日记述兵变之事，不可能背离事实很远。且该书太祖当能见到，赵普也不可能在书中夸大自己作用而招致太祖不满。因此，《飞龙记》一书的记载，大致是可信的。

着他南下返回京城。赵匡胤勒住缰绳，在马上对诸将校说："汝等自贪富贵，立我为天子，能从我命则可，不然，我不能为若主矣。"众将校都说："惟命是听。"赵匡胤便说："少帝及太后，我皆北面事之，公卿大臣，皆我并肩之人也，汝等毋得辄加凌暴。近世帝王，初入京城，皆纵兵大掠，擅劫府库，汝等毋得复然。事定，当厚赏汝。不然，当族诛汝。"众将校事先已经赵普晓喻和约束，此时都拜舞听命。赵匡胤派客省使潘美先行一步，进城向执掌朝政的范质等人喻意，要他们合作；同时派楚昭辅去安慰和守护他自己的家人。石守信得报，已做好准备，登上左掖门，"严兵设备"；楚昭辅到达开封城下，石守信"启关纳之"[①]。

后周将相早朝未退，便传来了兵变的消息。范质悔恨仓卒派遣军队，以致酿成兵变，但不知所为。韩通急忙从内廷奔出，率领少数亲兵准备攻打殿前都点检公署。石守信等人早已伏兵在左掖门附近，见韩通到来，乱箭齐发，亲兵四散逃走，韩通只得逃向家中。殿前司勇将王彦昇领兵紧追不舍，韩通到家后来不及关门，王彦昇即已领兵杀入，韩通及其妻、子都被害，后周朝廷将相中唯一的反抗行动，就这样迅速地烟消云散了。赵匡胤得报，知韩通父子被杀，放下了一桩心事，算是报了昔日之仇。[②]

赵匡胤在众将校簇拥下登上明德门，命令军士解甲归营，自己则返回都点检公署。军士们把范质等中枢大臣带到都点检公署，在刀光剑影之下，暗中输款的王溥首先倒身下拜，范质等人也只好降阶拜舞，口呼万岁。随后，去崇元殿举行所谓禅让礼，由八岁的小皇帝把帝位"让"给赵匡胤。乱哄哄地闹到傍晚，文武百官才算排好了朝班，翰林学士承旨陶穀拿出事先准备好的禅位制书，举行了禅代礼，小皇帝下台，赵匡

---

① 《太宗实录》卷三十，太平兴国九年六月；参见《长编》卷一；《闻见近录》，《玉照新志》卷六。

② 此据《闻见近录》、《野客丛谈·附录》、《宋大事记讲义》卷二《平泽潞·平淮南》，参见《长编》卷一。据《韩通墓志》，韩通有四子四女：长子钧，二十二岁；次子保安，十一岁；三子三哥，九岁；以上三子与韩通同时被杀害。幼子七哥三岁，宋初授东头供奉官。守谅、四女俱存。钧应即是微。

胤上台，接受群臣拜见。至此，仅仅一天工夫，赵匡胤便从孤儿寡妇手中夺取了政权，登上了帝位，建立起赵宋皇朝，是为宋太祖。这一年，赵匡胤三十四岁，赵普三十九岁。

在陈桥兵变中，赵普运筹帷幄，筹画周密，指挥得力，迅速而成功地完成了夺权之举，立下了"佐命巨勋"，初次显露出他出色的政治才干。陈桥兵变在很大程度上是九年前郭威兵变的翻版①，但是策划得更加周密和成熟，夺权更加迅速。京城未遭洗劫，争取了京城士民之心。一天之内，便面临着一个新皇帝和忠于他的强大军队，各地节度使和驻屯禁军，一时手足无措，只有俯首称臣。

元人杨维桢在咏陈桥兵变的诗中写道：②

　　两日荡重光，点检作天王。崇元殿上行禅章，制书私草修文郎。赵书记，正皇纲，遗孤披麻在金床，胡为猝霍马上醉拥黄衣裳？何以朝万国，升明堂！

杨维桢不仅纪实性地描写了陈桥兵变之情形，而且点明了赵普的重要作用。

清人查慎行（初白）的诗，则揭穿了宋人极力掩盖的陈桥兵变的真相③：

　　梁宋遗墟指汴京，纷纷禅代事何轻。也知光义难为弟，不及朱三尚有兄。将帅权倾皆易姓，英雄时至适成名。千秋疑案陈桥驿，一着黄袍遂罢兵。

---

① 郭威兵变之情，见《旧五代史》卷一百一十《周太祖纪一》。
② 《铁崖先生集·咏史注》卷八《陈桥行》。
③ 《敬业堂诗集》卷二十《汴梁杂诗》。

第三节　为确立赵宋皇朝而努力

陈桥兵变虽然获得了成功，但是，拥戴后周的势力还是很强大的，赵宋皇朝的确立，尚须宋太祖君臣努力。

当时的朝廷大臣中，有些人就不服新朝。《后山谈丛》卷四载："李相昉在周朝知开封府，人望已归太祖，而昉不附。王师入京，昉又独不朝。"这仅是一例，但却反映了朝臣对新朝的观望与反对情绪。

各地的节度使，虽然面临突然的政变，一时来不及做出反应，但大都在观望，不愿意轻易表示效忠。宋太祖在即位后，便已派使者携带诏书前往各地诏谕，但除了天雄军节度使符彦卿和忠武军节度使张永德很快表示归服外，其余的节度使都不表态。《后山谈丛》卷三载："太祖既受位，使告诸道。东诸侯坐使者而问故，宰相其谁乎，枢密使、副其谁乎，军职其谁乎，从官其谁乎，皆不改旧，乃下拜。"因此，宋太祖及其辅臣面临着艰巨的任务。

陈桥兵变后，因立下佐命功，赵匡胤幕府群僚中，赵普、刘熙古、吕馀庆、沈义伦等五人首批被提升官职。赵普为右谏议大夫、枢密直学士，进入权力很大的枢密院中，辅佐太祖，为确立赵宋皇朝而积极努力。[①]

陈桥兵变，禁军是主力。太祖即位后，首先注意控制禁军。赵宋朝廷在禅代礼后，即优赏内外马步军士，以满足其发财欲望，报答其拥戴之力。陈桥兵变的武将功臣石守信、高怀德、王审琦、张令铎、张光翰、赵彦徽，加官晋爵，分别提升为侍卫司和殿前司的将帅。又赐给禁军大校袭衣、犀玉带、鞍勒马。当时，还有两支禁军大部队驻扎在外地，一支是由韩令坤统率的巡防北边的大军，一支是由慕容延钊统率的、比赵

---

①　本节所述，均据《长编》，下不再注出者即是。

匡胤统率的大军先一天出发的北征前军，已到达真定驻扎。太祖派使者向二人喻意，赵匡胤的这两位密友都表示听命；太祖升韩令坤为侍卫司统帅——都指挥使，升慕容延钊为殿前司统帅——都点检，令二人仍然驻守北方。太祖又提升弟弟赵光义为殿前都虞候，把妹妹燕国长公主嫁给了殿前副都点检高怀德，以进一步加强对禁军的控制。

太祖还采取种种办法以争取人心。他先是下令，原来自己准备粮食的开浚河渠的民工，改由政府发给粮食。接着，又命令搜捕在兵变时乘机抢掠者，全部在市上杀掉，对被抢掠者予以赔偿。继而又派遣常参官巡视民租，除去重敛。同时，又追赠韩通中书令，以礼安葬，以示表彰他的忠义。二月，又开科举，录取进士杨砺等十九人，以争取士大夫的拥护。

太祖又整顿中枢，以使亲信能够掌握实权。宋初，沿袭五代旧习，枢密院权力很大。太祖虽以后周旧相范质、王溥、魏仁浦仍任宰相，但罢范质、王溥参知枢密院事；魏仁浦仍兼枢密使，枢密使吴廷祚加同中书门下二品，赵普以枢密直学士身份实际处理枢密院事务，执掌枢密大权。这样，虽则三相二枢皆未易任，但实际已不掌大权。太祖又赐霸府宾佐将吏袭衣、金带、鞍勒马有差，鼓励亲信们尽心尽力。

采取上述措施以后，太祖及其亲信牢固地控制了中央的军政大权，赵宋皇朝的统治，在京城确立了。这时，各地的节度使，开始从震惊中清醒过来，有所动作了。

成德（治真定府，今河北省正定县）节度使郭崇，时或涕泣，心怀异志。保义（治陕州，今河南省三门峡市）节度使袁彦，日夜缮甲治兵。护国（治河中府，今山西省永济市蒲州镇）节度使杨承信，也有他要谋反的谣传。赵匡胤的老对头李重进，原来就与赵匡胤不合，又被罢免了侍卫亲军都指挥使的职务，更加坚定了他反抗的决心，于是在扬州"招集亡命，增陴浚隍"，准备起事。而昭义节度使李筠，已举起了反宋的旗帜。

昭义节度使李筠，镇守潞州（今山西省长治市）已达八年之久。他是后周的开国功臣，从小善于骑射，在潞州恃勇专恣，擅用财赋，招集亡命，曾经因私忿而囚禁监军使，连周世宗都忍受不了他的跋扈之态，只是因为忙于南征北战才优容他，仅诏责而已。赵匡胤即位后，李筠本想马上反抗，但因事出突然，来不及准备，只好暂时拜受了使者送来的诏命。北汉主刘钧得知李筠有异心，便派人送蜡书给李筠，劝他反宋。李筠一面将蜡书上交宋朝廷，一面却在私下加紧反宋的准备工作，利用和尚自焚，筹集了六十万钱粮。①四月，李筠向北汉称臣，公开揭旗反宋，并出兵攻占了泽州（今山西省晋城市）。李筠起兵的消息传到京城，朝野震动。

潞州一带，居太行山之脊，古称上党，历来为兵家必争之地。唐代杜佑说，泽潞之地，"居天下之肩脊，当河朔之咽喉"；杜牧说："泽潞肘京洛而履河津，倚太原而跨河朔。"宋代王应麟说："上党于河北常为兵冲者，以东下壶关则至相州（今河南省安阳市），南下太行则抵孟州（今河南省孟州市南）也。"清代著名历史地理学家顾祖禹则称泽潞为"两河要会"，"自古必争之地"②。李筠起兵后，他的从事闾丘仲卿就建议他迅速"西下太行，直抵怀、孟，塞虎牢，据洛邑，东向而争天下"。李筠却以为："禁卫皆吾旧人，必将倒戈来归。况吾有儋珪枪、拨汗马，何忧天下哉！"遂不用闾丘仲卿之计。如用闾丘仲卿之计，李筠西出太行，再联合北汉，勾结契丹由幽州南下，赵宋皇朝三面受敌，就危险多了；各地节度使再乘机而起，赵宋政权就有可能覆亡。即使北汉、契丹不出兵，李筠进军洛阳，也可以和宋军一争高下。正因如此，李筠起兵的消息震动了赵宋朝野。

太祖得到李筠进兵的消息后，听从了枢密使吴廷祚速战速决的建议，马上调派石守信和高怀德率军进击，并且告诫他们："勿纵筠下太行，急引兵扼其隘"；又调派慕容延钊率所部由东路进军，与石守信、高怀德的

---

① 《瓮牖闲评》卷八。

② 均引自《读史方舆纪要》卷四十二《潞安府》。

大军相会，共击李筠。五月，太祖下诏亲征，效法周世宗留王朴守京城之故技，准备委派赵普留守京城开封。赵普权衡局势，看到讨伐李筠之战关系重大，不想留守京师，对赵光义说："普托迹诸侯十五年，今偶云龙，变家为国。贼势方盛，万乘蒙尘，是臣子效命之日。幸望启奏此诚，愿军前自效。"赵光义把这些话转告了太祖，太祖笑着说："赵普岂胜甲胄乎？"于是留下吴廷祚任东京留守，知开封府吕馀庆为副手，赵光义为大内都点检。太祖也知道讨伐李筠之战关系重大，而且并无必胜的把握，便不能不预作安排。太祖对赵光义说："是行也，朕胜则不言，万一不利，则使赵普分兵守河阳（即孟州，今河南省孟州市南），别作一家计度。"①所谓"别作一家计度"，大约是让泽潞独立，而自己保有河阳以东地区，因此要让赵普据守河阳。太祖在出兵时，为防万一，调动韩令坤所部兵马南下，驻屯河阳，以备不测。

赵普随太祖出征，来到荥阳（今河南省荥阳市），西京（即洛阳，今河南省洛阳市）留守向拱来见。向拱建议，宋军应迅速渡过黄河，越过太行山，乘李筠的部队还没有集中的时候就消灭他们。赵普很赞同向拱的意见，他对太祖说："贼意国家新造，未能出征。若倍道兼行，掩其不备，可一战而克。"太祖于是命令各军加紧进攻李筠。不久，石守信和高怀德在泽州以南打败了李筠亲自率领的三万大军，李筠只得退回泽州城坚守。宋军猛烈冲击泽州，六月，攻下泽州城，李筠无路可逃，只得投火自杀。此后，据守潞州城的李筠儿子李守节献城投降宋朝，支援李筠的北汉主刘钧带领败军逃回晋阳（今山西省太原市南），泽、潞一带遂被平服。太祖调义社兄弟、宿将李继勋任昭义节度使，镇守泽、潞一带地区。

由于李筠的反叛迅速被宋军平定，各地节度使震惊于中央的强大军力，大都不敢再萌叛志，被慑服了。成德节度使郭崇请求入朝，太祖派

---

① 《国老谈苑》卷上。

昝居润权知镇州；而昝居润与太祖"情好款洽"，周世宗时，曾把沈义伦推荐给太祖做幕僚。太祖又调保义节度使袁彦任彰信（治曹州，今山东省曹县西北）节度使，调忠正（治寿州）节度使杨承信任护国节度使，忠武（治许州，今河南省许昌市）节度使张永德调任武胜（治邓州，今河南省邓州市）节度使，他们都敛手听命，走马奔赴新任。赵宋皇朝这才算基本稳固地确立。

八月，太祖论功行赏，升迁参加讨平李筠之战的有功人员，太祖特别交代当局："普宜在优等。"赵普于是升为兵部侍郎，充枢密副使，名正言顺地掌管枢密院事务了。

早在李筠举兵反宋之时，李重进已派亲吏翟守珣去同李筠联系，打算起兵响应。但翟守珣却背叛了李重进，私下把李重进的情况报告了太祖，回去反而劝李重进"养威持重，未可轻发"。李重进听信了翟守珣的话，使宋军免受南北两面的夹击。李筠之乱平定，郭崇等人遵命赴任新职后，太祖下令调李重进任平卢（治青州，今山东省青州市）节度使。李重进发觉大事不妙，才在九月决定举兵反宋。但这时的形势对李重进很不利，他处于孤立无援的境地。李重进派使者去向南唐求援，南唐不敢动，南唐主还说："今人心已定，方隅无事，乃欲以残破扬州，数千弊卒，抗万乘之师，借使韩（信）、白（起）复生，必无成理。"太祖得知李重进在扬州举兵的消息后，问计于赵普，赵普说："李重进守薛公之下策，昧武侯之远图，凭恃长淮，缮修孤垒。无诸葛诞之恩信，士卒离心；有袁本初之强梁，计谋不用。外绝救援，内乏资粮，急攻亦取，缓攻亦取。兵法尚速，不如速取之。"太祖听从赵普之计，再次督率大军亲征，结果很快就在十一月攻下了扬州，李重进全家投火自尽[①]。太祖与李重进久有争斗，李重进虽死，仍感未能泄愤，又把李重进的所谓党羽数百人，李重

---

① 李重进之死，尚有异说。《挥麈后录》卷五引赞宁《续传载》云："开宝末，江州（今江西省九江市）圆通寺旦过寮中，有客僧将寂灭，袒其背以示其徒，有雕青'李重进'三字，云：'我即其人。脱身烟焰，至于今日。'"

进的弟弟——解州（今山西省运城市西南解州）刺史李重赞全家，统统杀掉；又下诏搜捕李重进的党羽，捕得者也一并杀掉，以根绝后患，彻底清除李重进派系的势力。[①] 等到李重进派系的党羽诛戮殆尽，太祖才假惺惺下诏说："重进家属、部曲并释罪，逃亡者听自首"，以示宽宏大量。但是，此诏下后，建隆二年（961）正月，还杀掉了曾向李重进献计的泽州刺史张崇诂。这些事实，反映出赵匡胤与李重进矛盾之深，反映出赵匡胤的狠毒及深深的忧惧。

扬州之变平定后，各地节度使更不敢动，赵宋皇朝的统治，在原后周的土地上完全确立。北宋中期的名臣富弼说："艺祖（即太祖）临轩之初，一岁之内，下泽、潞，平扬州，威令之行，如破竹之势，则其余藩镇自是束手而听命矣。"[②] 这段话道出了泽、潞与扬州两战的重大意义。赵普积极参加了这两次战役，出谋划策，随从太祖于戎马之中，立下了战功，升到了枢密副使的高位，在太祖的众多谋臣中脱颖而出，成为主要辅臣。建隆二年三月，太祖赐给赵普一处住宅，"甲第傍近宫阙，便谒见"[③]，也便于太祖下访，共议军国大政。

第四节 从枢密副使到独相十年

建隆元年（960）正月，赵宋皇朝建立，赵普为枢密直学士，进入枢密院。八月，赵普升为枢密副使。这一年，赵普三十九岁。建隆二年，赵普四十岁，被赐予"推忠佐理"四字的功臣名号。建隆三年（963）十月，赵普任枢密使，时年四十一年。乾德元年（963），赵普四十二岁，被赐予六字功臣名号："推忠协谋佐理"。乾德二年（964）正月，四十三岁的

---

① 《宋史》卷四百八十四《李重进传》。
② 《宋史全文》卷二，开宝三年十月引。
③ 《铁围山丛谈》卷四。

赵普出任宰相，独掌朝政。

赵宋皇朝建立以后，作为赵匡胤幕府谋主的赵普，四年之久都在枢密院，其中担任枢密使才仅仅一年多时间，所以《宋史》本传的论赞说："事定（指建立宋朝）之后，普以一枢密直学士立于新朝数年，范、主、魏三人罢相，始继其位，太祖不亟于酬功，普不亟于得政。"对太祖与赵普加以吹捧。其实，《宋史》本传的论赞是被表面现象迷惑而言的。

说赵普以枢密直学士立朝数年，自然错了。但从赵普的仕历看，"太祖不亟于酬功，普不亟于得政"，也是事实。考究其原因，太祖要通过留用后周的宰相来安抚人心，稳定政局，是一个很重要的原因。但是，更重要的原因是，当时的朝廷大政实际出自枢密院，只要掌握了枢密院，没有必要急忙更换宰相的。

隋代和唐朝前期，中书、门下、尚书三省掌中央事权，而各有分工，职责不同。唐玄宗开元（713—741）中，张说任宰相，改三省长官议事的地方——政事堂为中书门下，自此以后，中书门下便逐渐夺走了三省的事权。后来，宦官势盛，由宦官担任的枢密使干预朝政，中书门下的事权又逐渐向枢密院转移。

《文献通考》卷五十八《职官考十二》载：

> 按：枢密之名，始于唐代宗宠任宦者，故置内枢密使，使之掌机密文书，如汉之中书谒者令是也。若内中处分，则令内枢密使宣付中书门下施行，则其权任已侔宰相。至僖、昭间，杨复恭、西门季元之徒，遂至于视事行文书矣。……朱梁惩唐弊，不用宦者……乃复改为崇政院，以敬翔为使。至后唐，而复枢密院，郭崇韬、安重诲相继领其事，皆腹心大臣。则是宰相之外，复有宰相，三省之外，复有一省矣。

欧阳修《归田录》卷二载：

枢密使，唐制以内臣为之，故常与内诸司使、副为伍。自后唐庄宗用郭崇韬，与宰相分秉朝政，文事出中书，武事出枢密。自此之后，其权渐盛。至本朝，遂号为两府，事权进用，禄赐礼遇，与宰相均。

北宋王辟之《渑水燕谈录》卷五载：

唐以中官为枢密使，与中尉谓之"内贵"。梁为崇政院使；后唐旧有带相印者，分东、西二院；晋废；国初复置，与中书为二府，亦名二院，但行东院印耳。

以上记载，简要地说清了枢密使从晚唐到宋初的演变过程。其权力之重，也是早有定评的事。北宋著名历史学家司马光说："唐末，诸司使皆内臣领之，枢密使参预朝政，始与宰相分权矣。降及五代，改用士人，枢密使皆天子腹心之臣，与议军国大事，其权重于宰相。"[1]北宋历史学家范祖禹则说："自唐室衰季，以及五代，枢密之权偏重，动为国患，由手握禁旅，又得兴发也。"[2]《资治通鉴》卷二百八十二，天福四年（939）四月也记道："梁太祖以来，军国大政，天子多与崇政、枢密使议，宰相受成命，行制敕，讲典故，治文事而已。"卷二百八十九，乾祐三年（950）十二月的胡三省注说："自后唐同光以来，枢密使任事，丞相取充位而已。"南宋王铚《默记》卷上载："五代自朱梁以用武得天下，政事皆归枢密院，至今谓之二府。当时宰相但行文书而已。"

要之，唐末五代，枢密权重，实际上取代了中书门下的地位，行使着中央的权力[3]。正因如此，五代时的主要辅臣如敬翔、郭崇韬、安重海、

---

① 《长编》卷四百三十一，元祐四年八月。

② 《范太史集》卷二十六《论曹诵劄子》。

③ 详见拙文《宋初中书事权初探》。

桑维翰、王朴诸人，都任枢密使，即使任宰相，也兼枢密使。宋初，罢范质、王溥参知枢密院事，是剥夺他们的实权；让赵普进枢密院，则是避虚就实，去掌握实权的。所以，《宋史》本传的论赞，只是就表面现象而言，没有看到问题的实质，变成了粉饰之语。

赵普进入枢密院后，范质、王溥、魏仁浦三位宰相，"自以前朝旧臣，稍存形迹"，主动请求罢免了坐论之礼，对于军国大事，很少发表意见；魏仁浦虽然仍兼枢密使，但从不过问枢密院事务；枢密使吴廷祚，也是后周旧臣，"谨厚寡言"，不会争权。所以，赵普虽然官仅枢密直学士，但实际掌管着枢密院大权。吴廷祚罢职，迟至建隆三年（962）六月；赵普就任枢密使，更晚在建隆三年十月，但这仅仅是形式而已，并不影响赵普掌大权的实质。因此，赵普在赵宋皇朝一建立时，即已实际成为主要辅臣，掌管中央大权，处理国家事务了。

建隆二年（961）七月，赵普官不过枢密副使，宰相范质就上疏说："宰相者，以举贤为本职，以掩善为不忠。所以上佐一人，开物成务。端明殿学士吕馀庆、枢密副使赵普，富有时才，精通治道，经事霸府，历岁滋深。自陛下委以重难，不孤倚任，每因款接，备睹公忠。伏乞授以台司，俾申才用。今宰辅未备，久难其人，以二臣之器能，攀附之幸会，寔之此任，孰谓不然。"[①] 奏疏充分反映出范质等三相的尴尬境地。其时，太祖的佐命功臣们咄咄逼人，根本不把三相放在眼里，王彦昇甚至乘夜间巡逻之机，到宰相王溥家中勒索白金千两而去，令王溥一家心惊肉跳[②]。范质有鉴于此，觉得与其虚居相位，不如一退了之，因此干脆要求罢去自己的职务，由幕府旧僚赵普、吕馀庆出任宰相，以摆脱虚名，得以安然自处。

与吕馀庆相比，赵普不仅才干要强，而且与太祖一家的关系也深得

---

① 《长编》卷二。
② 《丁晋公谈录》。

多。太祖对赵普"待以宗分";太祖的母亲杜太后时常召见赵普,仍呼他为"赵书记",要他尽忠于国事;甚至赵光义外出,杜太后也要他与赵书记同行才允许。太祖常到傍近宫阙的赵普家中喝酒议事,还称呼赵普的妻子为"嫂子";太祖又封赵普的女儿为郡主。赵普有机谋,通吏道,慨然以天下事为己任,于是更得太祖信任。所以,虽则范质以"吕馀庆、赵普"并提,但赵普的地位却升得更高一些。

乾德二年(964)正月,范质、王溥、魏仁浦三相两次上表求退,于是,朝廷罢免了他们的宰相职务。太祖任命赵普为宰相——门下侍郎、平章事、集贤院大学士,任命李崇矩为检校太尉,充枢密使。当时,因为没有宰相署敕,任命赵普和李崇矩的敕书无法发出。赵普因此而入奏,太祖说:"卿但进敕,朕为卿署字,可乎?"赵普却不同意,说:"此有司所行,非帝王事也。"太祖于是问翰林学士讲求故实。陶穀建议:"自古辅相未尝虚位,惟唐太和中,甘露事后数日无宰相,时左仆射令狐楚等奉行制书。今尚书亦南省长官,可以署敕。"窦仪说:"穀所陈非承平令典,不足援据。今皇弟开封尹、同平章事,即宰相之任也。"太祖依从窦仪的建议,命开封尹、同平章事赵光义署敕后,下发了敕书。这一年,赵普四十三岁。

赵普当宰相后,太祖对他说:"汝虽为相,见旧相,班立,坐起,也须让他。"赵普不同意,说:"陛下初创业,以为相,正欲弹压四方。臣见旧相,臣须在上。"[1]因此,范质等人在朝会排班时,竟排在拾遗、补阙之后。后来,虽然做了调整,提高了他们的排班地位,但宰相仍然"独出百官之上"[2]。太祖宠待赵普如左右手,"事无大小,尽咨决焉","为之不置次辅,所以责其成功"。继赵普之后出任枢密使的李崇矩,号称忠厚长者,与太祖关系又不深,于是中央事权便随着赵普的出任宰相,从枢密院又转移到了中书。枢密院虽与中书号称二府,但军国大事都取决于中

---

① 《丁晋公谈录》。

② 《长编》卷五,乾德二年八月;《燕翼诒谋录》卷一。

书。中书威权大振。

太祖专任赵普，没有任命次相，但中书事繁，太祖想为赵普配备助手，却又不想有人分赵普之权，于是，召来翰林学士承旨陶縠问道："下丞相一等者何官？"陶縠回答说："唐有参知机务、参知政事。"太祖便在乾德二年四月任命薛居正、吕馀庆担任参知政事，下令说："不宣制，不押班，不知印，不升政事堂，止令就宣徽使厅上事，殿廷别设砖位于宰相后。敕尾署衔，降宰相数字，月俸、杂给皆半之。"这样，就使参知政事地位低于宰相，不能干扰宰相为政，"此官之设，几于宰相之属"。南宋唐士耻在拟作的《吏部尚书除参知政事诰》中写道："原艺祖（即太祖）设官之意，岂惟分赵普之权？"《长编》亦曰："盖上（太祖）意未欲令居正等与普齐也。"①

从此以后，赵普便独相达十年之久，"独断政事"，"参总庙权"，"中书印唯宰相得知，事无大小，尽决于普"。薛居正、吕馀庆虽为参知政事，"但奉行制书，备位而已"。"兼权之议，谊于时论。"②太祖把赵普看作是社稷之臣，称他是"萧、曹故人，燕赵奇士，霸府早推于佐命"的"良臣"，要他"无忝股肱之寄，勉伸帷幄之谋"。③拜相制书写道：

> 阌、散同功，归马遂隆于周道，萧、张协力，断蛇因肇于汉基。必资佐命之臣，以辅兴王之业。具官赵普功参缔造，业茂经纶。禀象纬之纯精，契风云之良会。洎赞枢机之务，屡陈帷幄之谋。沃心方伫于嘉猷，调鼎宜膺于大用。俾践台衡之任，仍兼书殿之荣。尔其罄乃一心，熙予庶绩。君臣相正，勿忘献纳之规。夙夜在公，勉致

---

① 《宋会要·职官一》之六八；《长编》卷五，乾德二年四月；《却扫编》卷中；《燕翼诒谋录》卷一；《灵岩集》卷一。
② 《玉壶清话》卷六。
③ 《宋宰辅编年录》卷一，建隆三年十月拜枢密使制词。

隆平之化。往服休命，无愧前修。^①

赵普早有大志，宋朝建立后，已掌大政，拜相后深得太祖信任，实在是难逢之良机。他更加"自信不挠"，"深惟远图，利害靡不言，纤微靡不达，忠尽其力，言无转规，启心不疑，振举风俗，故得遐迩悦服，政令维新"，"英声为之间出，文物为之复兴，戮力同心，如石投水，固已萧、张让行，姚、宋推功，鱼水之欢，未足为比"^②，成为赵宋皇朝的开国元勋，为赵宋皇朝立下了汗马功劳，也在历史上留下了自己的足迹。

---

① 《宋宰辅编年录》卷一，乾德二年正月。
② 《赵普神道碑》。

第三章 投身改革大业

第一节 建策消除"腹心之患"

（一）"腹心之患"

马克思主义告诉我们，军队是一切政权的柱石，这是千真万确的真理。唐代中期以后，府兵制破坏了，各地节度使统率的军队，都是招募的职业兵，于是将领们可以长期拥有大量军队，并不断扩大队伍，安禄山因此得以起兵反抗中央，酿成唐代有名的"安史之乱"。安史之乱后，节度使们竞相扩大自己的军队，唐中央反而没有强大的军队，尾大不掉，失去了控制节度使的能力，于是形成藩镇割据混战的局面。北宋曾巩描述当时情况说[①]：

> 唐罢府兵，始置神武、神策为禁兵，不过三数万人，以备天子扈从藩卫而已。故禄山之叛，驱市人以战贼；德宗蒙尘，扈驾者四百余骑，甲兵皆散在郡国。自河朔三镇不统于京师，余可举者：太原、青社，各十万人；邠宁、宁武，各六万人；潞、徐、荆、扬，各五万人；襄、宣、寿、镇海，各二万人。而观察、团练，据要害之地者，亦各不下万人。

---

① 《元丰类稿》卷四十九《添兵》，参见《旧唐书》卷一百四十四《杨惠元传》、《玉海》卷一百三十八张洎语。

所谓"宪宗中兴",也不过是以藩镇之兵制藩镇,所以只能昙花一现。恰如《新唐书》卷六十四《方镇表·序》所言:"唐自中世以后,收功弭乱,虽常倚镇兵,而其亡也终以此。"

连绵不断的战争,藩镇拥兵自重的需要,使军队的规模不断扩大,地位更形重要,将帅遂日益骄横,士兵遂日益骄横。"兵骄则逐帅,帅强则叛上"[①],成了普遍的规律。终于,拥有强大军队的朱全忠,取代了唐朝,历史进入了五代时期。

五代时期,军事实力仍旧左右着政局,所谓"五代为国,兴亡以兵"[②],至为确论。无论是称帝的五代君主,还是各地称王称帅的割据者,无一不是拥有强大军队的。正如南宋范浚所说:"五代之所以取天下者,皆以兵。兵权所在,则随以兴;兵权所去,则随以亡。"[③]后晋时期的成德节度使安重荣,便公开宣称:"天子,兵强马壮者为之,宁有种耶!"[④]

但是,五代时期与晚唐相比,有一个显著变化,那就是中央军力的强大。自后唐庄宗李存勖灭梁以后,各地藩镇的兵力,不再能够和中央军力抗衡,左右中原政局的,主要已是中央的禁军了。五代的禁军,本是由藩镇军队演变而来,在武人得志之秋,其将帅和士兵的骄蹇之气,有增无减,逐帅易主的情况,时有发生。在后唐以后的各朝兴亡中,禁军将士的向背,成了决定性因素。后唐明宗、末帝与后周太祖,都是由禁军拥戴上台的;唐明宗李嗣源、周太祖郭威,更是由禁军统帅而登上九五之尊成为帝王的。因此,五代时期,禁军已成为统治者的腹心之患,经常变起肘腋。周世宗整顿禁军,严明军纪,淘汰老弱,招募天下勇士,使禁军士卒精强,近世无比,南征北战,所向克捷。然而,禁军将帅,平时掌管训练,战时统兵出征,很容易和士兵特别是中下级军官

---

① 《新唐书》卷五十《兵志》。
② 《新五代史》卷二十七《康义诚传》。
③ 《范香溪先生文集》卷四《五代论》。
④ 《旧五代史》卷九十八《安重荣传》。

建立牢固的关系。加上殿前和侍卫两司将校多在本司升迁，更易形成派系。禁军整顿后实力大增，精锐强悍，又给野心家以更大便利。[①] 赵匡胤的陈桥兵变，便是在野心家利用下禁军恶习的又一次大爆发。但是，赵匡胤起家时地位之低微，夺取政权的准备时期之短促，夺权之迅速成功，在五代都是仅见的。从中我们不仅看到了赵匡胤个人的才能和幕僚的谋略，而且看到了周世宗整军的效果。

从禁军小校逐步升迁到禁军将帅，再进而黄袍加身的赵匡胤，是深知禁军个中三昧的。因此，他即位后，很重视对于禁军的控制。建隆元年（960）秋天，在平定李筠、李重进之乱以后，便开始了对禁军的初步整顿。太祖首先罢去了关系较远且不属殿前司系统的侍卫马军都指挥使张光翰和侍卫步军都指挥使赵彦徽，以义社兄弟韩重赟和心腹将领罗彦瓌代之，以牢固控制侍卫司。接着，在第二年——建隆二年（961）闰三月，又罢去资深位高的殿前都点检慕容延钊和侍卫亲军都指挥使韩令坤，以义社兄弟石守信升任侍卫亲军都指挥使，太祖自己任过的殿前都点检则不再除授。这样，殿前、侍卫两司将帅，基本全是太祖的心腹和亲信了。太祖对这腹心之患的禁军，稍微放心了。但是，作为主要辅臣的赵普，却不能放心，他认为仅此尚远不足以消除腹心之患，应该采取更进一步的措施。

（二）赵普之谋

宋太祖赵匡胤出身武将，有浓厚的行伍习气，即帝位时年方三十四岁，正当年富力强之际。因此，他虽然也对武将有猜忌之心，用心腹掌握禁军，还常常微服出巡，访察情况，并且令军校史珪、周广等人博访外事，颇为信任，以防范武将。[②] 但是，他又认为，义社兄弟石守信等人"昔常比肩，义同骨肉"，不会危及自己的统治，因此，并没有更进一步

---

① 详见拙文《五代政权递嬗之考察》。

② 《长编》卷十五，开宝七年二月。

的设想和办法。

赵普则不然。他出身小吏，精通吏道，又在节度使幕府长达十余年之久，冷眼旁观，对于禁军兵变根源的认识比较深刻，对于如何消除这腹心之患，多从制度方面考虑，希望根除祸患。赵普看到过，后晋石敬瑭的开国功臣刘知远，后汉刘知远的佐命功臣郭威，在新朝建立后，久握兵权，养成势力，终于夺得政权。所以，赵普对于佐命功臣石守信等人久握兵权，不能不心怀猜忌和忧虑。同时，作为文臣来说，他也不愿看到武将权力的膨胀和持久，更不愿五代武人掌权的现象持续下去。实际情况又加重了赵普的忧虑。当时，义社兄弟多偃蹇，而一班有拥立之功的禁军将校也多骄横不法。赵普掌枢密院时，因为"国初武臣，皆百战猛士，至密院，多有所是非干请"，因此，"枢密使在院延见宾客，领武臣词讼，必以亲事官四人侍立，仍置大铁方赤一寸于领事案上"，以备不测①。甚至在太祖车驾外出时，有"飞矢中黄繖，禁卫惊骇"②。有鉴于此，赵普多次向太祖建议，要求解除石守信等佐命功臣的军权，授予其他职务，太祖不听。赵普多次陈说后，太祖说："彼等必不吾叛，卿何忧？"赵普说："臣亦不忧其叛也。然熟观数人者，皆非统御才，恐不能制伏其下。苟不能制伏其下，则军伍间万一有作孽者，彼临时亦不得自由耳。""不得自由耳"这句话，十分刺耳，太祖不禁想起陈桥兵变时自己"不自由"的情况，幡然醒悟，接受了赵普的建议，演出了著名的"杯酒释兵权"之剧，迈开了制置武将、改革兵制的步伐。③

对于赵普消弭藩镇之患和加强法制的建议，史籍载之颇多；至于他有关兵制改革的建议，却记载甚少。以理揆之，赵普一介书生，太祖则老于行伍者，对于兵制改革，赵普能提出什么有力的建议呢？实则不然。从赵普力主解除宿将兵权来看，他对于兵制改革，是自有其设想的。元

---

① 《铁围山丛谈》卷一。
② 《曲洧旧闻》卷一。
③ 《长编》卷二，建隆二年七月。

祐元年（1086）三月，御史中丞刘挚曾说："国朝承五代之弊，太祖、太宗肇基帝业，时则有若赵普，文武兼资，识时知变，辅相两朝，成太平之基。"[①] 建炎四年（1130）五月，宰相赵鼎的话更为明确："祖宗于兵政最为留意，盖自艺祖践祚，与赵普讲明利害，著为令典，万世守之不可失也。"[②] 由此可见，说宋初兵制改革出自赵普之谋，原不为过。解除石守信等佐命诸将的兵权，在宋初最为急迫，一则是太祖较难接受，要花力气说服他，二则这些人的地位、声望再加上权力，使他们有能力干扰或破坏兵制改革，因此赵普为此事不厌其烦，反复进言，终于使太祖同意并实行。此门一开，兵制的改革势在必行，易于实行，太祖与赵普也就没有大的争执，只是研究讨论后施行就是了，从而史籍上也就没有专门记载赵普有何建议了。所以，宋初的兵制改革是赵普做的一件大事，讲太祖时固然不可不讲，讲赵普时更不可不加叙述。

（三）制置武将

宋初的兵制改革，首先是对武将的制置。周世宗改革兵制，侧重于制置士兵，太祖和赵普则制置武将，对将师也加以管束和限制，可以说是对周世宗整军的弥补和完善。

首先是解除佐命诸将的兵权。太祖接受了赵普的建议后，便在建隆二年（961）七月，演出了"杯酒释兵权"的喜剧。[③]《长编》卷二的记载最为详尽：

> 于是召石守信等饮，酒酣，屏左右，谓曰："我非尔曹之力，不得至此，念尔曹之德，无有穷尽。然天子亦大艰难，殊不若为节度

---

① 《长编》卷三百七十二。

② 《中兴两朝圣政》卷七，《建炎以来系年要录》卷三十三。

③ 丁则良撰《杯酒释兵权考》一文，认为："所谓杯酒释兵权一事，全来自传闻，不足置信"，其考证有据。然丁先生亦认为建隆二年收禁军大将兵权一事则有之。如此，则杯酒释兵权一事之有无，原无关大局，仅关系其中一戏剧性情节而已。

使之乐，吾终夕未尝敢安枕而卧也。"守信等皆曰："何故？"上曰："是不难知矣。居此位者，谁不欲为之？"守信等皆顿首曰："陛下何为出此言？今天命已定，谁敢复有异心！"上曰："不然。汝曹虽无异心，其如麾下之人欲富贵者，一旦以黄袍加汝之身，汝虽欲不为，其可得乎？"皆顿首涕泣曰："臣等愚不及此，惟陛下哀矜，指示可生之途。"上曰："人生如白驹之过隙，所为好富贵者，不过欲多积金钱，厚自娱乐，使子孙无贫乏耳。尔曹何不释去兵权，出守大藩，择便好田宅市之，为子孙立永远不可动之业；多置歌儿舞女，日饮酒相欢，以终其天年。我且与尔曹约为婚姻，君臣之间，两无猜疑，上下相安，不亦善乎！"皆拜谢曰："陛下念臣等至此，所谓生死而肉骨也。"明日，皆称疾请罢，上喜，所以慰抚赐赉之甚厚。

五代时期，君主猜疑拥立有功的将帅，常加诛杀。远的不言，近如后周的王峻和王殷，即遭杀戮。眼见过二王被杀的宋初翊戴诸将，从心底里说，也是有所恐惧和忧虑的。加之宋初天下初定，各地节度使和禁军将士人心思定，禁军将帅也不易即刻称兵作乱。正是在这种情况下，当太祖在酒席上说出不能安枕而卧的原因，是害怕诸将也搞黄袍加身的兵变时，石守信等佐命将帅便大为害怕，乞求太祖给一条生路。"杯酒论心，大将解印，不赏而劝，术则何居？"[①]太祖便以"出守大藩，择便好田宅市之，为子孙立永远不可动之业；多置歌儿舞女，日饮酒相欢，以终其天年"为条件，要诸将释去兵权，以使"君臣之间，两无猜疑，上下相安"。诸将帅听到不仅可保性命，而且可保富贵，有优厚的经济利益作为交换条件，所以喜出望外，纷纷称病，请求解除兵权。太祖遂罢去殿前副都点检高怀德、都指挥使王审琦、侍卫亲军都虞候张令铎、侍卫步军都指挥使罗彦瓖的职务，分别任命为归德（治宋州）、忠正（治寿州）、

---

① 《宋史论》卷一。

镇安（治陈州，今河南省淮阳县）、彰德（治相州，今河南省安阳市）节度使。侍卫亲军都指挥使石守信，也出任天平（治郓州，今山东省东平县）节度使，虽未罢职，但也不掌兵权了。建隆三年（962）九月，石守信的空名也解除了。[①] 至此，继慕容延钊、韩令坤、张光翰、赵彦徽之后，石守信等五人也离开了禁军；禁军中资深的将帅，前后两批共九人，离开了禁军之职，禁军中资深的将帅基本上没有了。关于从陈桥兵变到释兵权后的禁军两司将帅的变化，兹列表于后，以便读者能清楚明了。

释兵权前，慕容延钊、石守信等人都是历经战阵的宿将，名位也高。释兵权后任禁军将帅者，韩重赟惯于奉命行事，张琼资浅且"性暴无机"，刘光义（廷让）是个平庸之辈，崔彦进则贪财。他们的名位也低，不再有殿前司都副点检和侍卫亲军都副指挥使了。才庸位低，不致有大的野心，也便于驾驭。这就是杯酒释兵权所欲达到的目的。

乾德元年（963）二月，太祖想任用符彦卿典掌禁军，赵普反对，多次谏争，认为符彦卿名位已盛，不能够再委以兵权。太祖不听，下敕任命符彦卿新职。赵普留下宣敕，请求进见，再度申述反对理由。太祖说："卿苦疑彦卿何也？朕待彦卿至厚，彦卿岂能负朕也！"赵普却说："陛下何以负周世宗！"一句话，使太祖默然无语，收回了成命。[②] 符彦卿"武勇有谋，善用兵"，又是周世宗和太祖之弟光义的岳父，是一位名望、地位都很高的宿将，用他典禁军，只能授予殿前都点检或侍卫亲军都指挥使的高位。这是非常危险的。位高则难制，加之名望已崇，就潜伏着策动兵变的可能，所以赵普不能不极力反对。太祖对此事的危险性看得还不是十分清楚，总以为是亲戚，又待之至厚，符彦卿是不会背叛自己的。但赵普用太祖自己背叛周世宗的事实向他敲警钟，太祖也就不能不醒悟了。

---

① 《长编》卷二，卷三。
② 《宋会要·职官三八》之一，《长编》卷四。

表 2 北宋建立前后禁军将帅变化表

机构	高级将领职衔	周恭帝即位时	大祖将代周时	大祖受禅后	建隆元年冬	建隆二年闰三月	建隆二年七月	建隆三年九月
殿前司	都点检	赵匡胤	赵匡胤	慕容延钊	慕容延钊	缺	缺	缺
	副都点检	缺	慕容延钊	高怀德	高怀德	高怀德	缺	缺
	都指挥使	慕容延钊(副)	石守信	王审琦	王审琦	王审琦	韩重赟	韩重赟
	都虞候	石守信	王审琦	赵光义	赵光义	赵光义	张琼	张琼
侍卫司	马步军都指挥使	李重进	李重进	韩令坤	韩令坤	石守信	石守信	缺
	马步军副都指挥使	韩通	韩通	石守信	石守信	缺	缺	缺
	马军都虞候	缺	韩令坤	张令铎	张令铎	张令铎	缺	缺
	马军都指挥使	韩令坤	高怀德	张光翰	韩重赟	韩重赟	刘光义	刘光义
	步军都指挥使	袁彦	张令铎	赵彦徽	罗彦瓌	罗彦瓌	崔彦进	崔彦进

注：本表据聂崇岐《宋史论丛》上册二百七十页表，稍加改动和补充。

　　从此以后，对于禁军将帅的任用，一直是以才庸无谋、忠实易制为原则的。将帅职位，还常常空缺不授。据《长编》记载，乾德四年（966）三月，殿前都虞候杨义"暴疾失音"，但因他"忠直无他肠，故上委之不疑"，仍旧掌军如故。六月，权知侍卫步军司事王继勋恃恩骄恣，太祖罢其职，命舅舅杜审琼代之。九月，杜审琼死后，又以本出外裔而又不识文字的党进继掌步军军政。自乾德五年（967）二月，到开宝六年（973）九月，殿前都指挥使一职空缺六年多不授。禁军将帅，尤其是殿前都指挥使，一般不派其领兵出征。建隆二年（961）至乾德五年，韩重赟任殿前都指挥使六年，修过城，治理过宫阙，督治过河堤，就是没有领兵出征过。而一般将帅，一旦位高望重而又被付以兵权，也常惴惴不安。乾德五年正月，忠武（治许州，今河南省许昌市）节度使王全斌率大军平蜀后驻军成都，就因为"古将帅多不能保全功名，欲称病东归，庶免悔咎"。

　　太祖时期，又严加限制，不许禁军将帅有心腹亲兵，以防养成势力。《长编》记载，乾德四年（966）闰八月，令殿前、侍卫诸军及边防监护使臣，不得选中军骁勇者自为牙队。乾德五年二月，有人向太祖报告，说殿前都指挥使韩重赟私取亲兵为腹心，太祖大怒，准备下令诛杀韩重赟，征询赵普意见，赵普说："陛下必不自将亲兵，须择人付之。若重赟以谗诛，即人人惧罪，谁敢为陛下将者。"太祖仍怒火不息，赵普再三劝解，太祖才怒火稍减，听从了赵普的话，打消了诛杀韩重赟的念头，罢韩重赟军职，调任彰德（治相州）节度使。韩重赟是太祖义社兄弟，尚且因私取亲兵而几乎被杀，对一般将帅的限制，可知是多么严格了。

　　自建隆三年九月以后，禁军将帅中，殿前都点检、副都点检和侍卫亲军马步军都指挥使、副都指挥使、都虞候都不再除授，殿前与侍卫两司统帅地位大为降低。侍卫一司无统帅，都虞候在太宗与真宗时虽或有除授，但并不统掌侍卫司军政，侍卫马军与侍卫步军各自为政，分裂为两司。于是，禁军便由两司统率变成了三衙分领，三衙之帅，均是都指挥使。三衙的兵力分散，互相钳制，更甚于两司。

表 3 太祖时期禁军将帅表
（建隆二年七月以后）

职衔 年份	殿前都指挥使	殿前都虞候	侍卫马军都指挥使	侍卫马军都虞候	侍卫步军都指挥使	侍卫步军都虞候	备　注
建隆二年	韩重赟	张琼	刘光义		崔彦进		石守信守军职，但兵权不在。
建隆三年	韩重赟	张琼	刘光义		崔彦进		张琼八月自杀。
乾德元年	韩重赟	杨义	刘光义		崔彦进		
乾德二年	韩重赟	杨义	刘光义		崔彦进		
乾德三年	韩重赟	杨义	刘光义		崔彦进		王继勋权侍卫步军司事。
乾德四年	韩重赟	杨义	刘光义		崔彦进		六月杜审琼，九月党进权侍卫步军司事。
乾德五年	韩重赟	杨义	刘光义	张廷翰	崔彦进	李进卿	
开宝元年		杨义		张廷翰	党进	李进卿	正月，张廷翰卒。
开宝二年		杨义	党进	李进卿	党进		
开宝三年		杨义	党进	李进卿	党进		
开宝四年		杨义		李进卿	党进		
开宝五年		杨义		李进卿	党进		
开宝六年	杨义		党进		李进卿	刘遇	是年，李进卿卒。
开宝七年	杨义		党进	李汉琼		刘遇	
开宝八年	杨义		党进	李汉琼		刘遇	
开宝九年	杨义		党进	李汉琼		刘遇	是年，杨义薨。
小计	五年空缺	四年空缺	五年空缺	七年空缺	三年空缺	十年空缺	侍卫步军司，有三年中，既有都指挥使，又设权步军司事。

注：本表在丁则良《杯酒释兵权考》文中之表的基础上制作而成。

太祖和赵普制置武将的措施，有效地防止了禁军将帅发动兵变，把军权牢牢掌握在中央政府手中，建立了稳固的政权基础。三衙之制，为有宋后世所奉行；对禁军将帅的严格限制，也成为有宋后世的惯例。

（四）专任边将

太祖和赵普，对于禁军将帅，制御极严，严加防范，这是其御将的一面。另一方面，又能够放手任用将领，对于边防将领，尤其是这样。

王禹偁曾指出，太祖时"所蓄之兵，锐而不众；所用之将，专而不疑"①。王安石在他有名的《本朝百年无事劄子》中说过："太祖躬上智独见之明而周知人物之情伪，指挥付托，必尽其材，变置施设，必当其务，故能驾驭将帅，训齐士卒，外以捍夷狄，内以平中国。"②南宋的叶适也说："太祖既收节度权柄，故汰兵使极少，治兵使极严，所以平一僭乱，威服海内者，太祖统纪制御之力，非恃兵以为固者也。"③宋人的这些议论，反映出太祖时期善于驾驭和使用将领，军队人数不多，却多能获胜。

作为太祖的主要辅臣，赵普虽是文臣，但也主张信任将领，放手使用。他劝太祖不杀韩重赟，是不愿因谗言而处置将帅以致造成人人自危。太祖曾秘密派人到军队中伺察外事，赵普反对这样做，太祖说："世宗朝尝如此。"赵普反问道："世宗虽如此，岂能察陛下耶？"太祖默然，无言以对，于是不再派人伺察军中事了。④太祖能够专任武将，与赵普的辅佐是密不可分的，赵普还起到了促进作用。

《宋史》卷二百七十五的论赞说："宋初诸将，率奋起草野，出身戎行，虽盗贼无赖，亦厕其间，与屠狗贩缯者何以异哉？及见于用，皆能卓卓自树，由御之得其道也。"所谓御之得道，不外采取了防范与专任的两手。如果说防范主要是针对着禁军将帅的话，那么，专任主要是施之于边防

---

① 《长编》卷四十二，至道三年十二月；《诸臣奏议》卷一百四十五《上真宗论军国大政五事》。
② 《临川先生文集》卷四十一。
③ 《水心别集》卷十一《兵总论二》。
④ 《儒林公议》卷上。

将领的。

宋初，契丹虎视北部边境，河东还有北汉。太祖要实行"先南后北"的统一战略，南下扑灭各割据政权，首先必须保障北部边防的安全，以免有后顾之忧。为此，太祖除采取人不犯我我不犯人、保境安民的正确边防政策外，主要是依靠专任边将。

建隆三年（962）十二月，太祖对近臣说："安边御众，须是得人，若分边寄者能禀朕意，则必优恤其家属，厚其爵禄，多与公钱及属州课利，使之回图，特免税算，听其召募骁勇，以为爪牙，苟财用丰盈，必能集事。"[①]在实际施政中，也确是这样做的。

宋代史籍记载和评论太祖时期任用边将政策者甚多。北宋张方平指出，太祖的御将之道是："至于将帅之人，在驾驭得术，仍宜久于其职"；"假之事任，阔略其细故，不为间言轻有移易，责其成效而已。又不与高官，常令其志有所未满，不怠于为用也"。曾巩则说："太祖之置将也，隆之以恩，厚之以诚，富之以财，小其名而崇其势，略其细而求其大，久其官顶责其成。每朝，必命坐，赐与优厚，抚而遣之。""夫宠之以非常之恩，则其感深；待之以赤心，则其志固；养之以关市之租，则其力足；小其名而不挠其权，则在位者有赴功之心，而勇智者得以骋；略其过则材能进，久其任而功利悉。自古用将之术，不易于是。"[②]概括而言，其方针是：丰财，重权，少兵，久任。

此外，在边防前线河北，军员"尽是本营迁补，不比在京及诸道，可以转员移易也"。"河北军尽是本营子弟姻娅，蔓连根固，乐土重迁，不比在京及诸道，可以选募转徙。"河北军的衣粮，也历来丰厚。[③]这种对边防军士的特殊政策，与久任边将的政策是一致的。

北宋大臣富弼曾说："将帅，国之重任，宜乎天子宠之也。然宠不可

---

① 《长编》卷三。
② 《乐全集》卷十八《对诏策》，《元丰类稿》卷四十九《任将》。
③ 《乐全集》卷十八《再对御札一道》。

常，唯在得其机耳。得其机则使之尽心死节以报，将帅尽心死节而功不成，未之有也。"① 正是由于太祖时期有较好的任将之道，所以当时的边防诸将，多能尽心死节，保境安民。

宋初，对夏州（今内蒙古乌审旗南白城子）的李彝兴、灵武（今宁夏灵武市南）的冯继业、府州（今陕西省府谷县）的折德扆父子，"皆因其部豪，许以世袭"，由他们守卫西北边防，很见成效。王全斌葺镇州西山堡障，刘过筑保州（今河北省保定市）、威虏、静戎、平塞、长城等五城，以守卫河北边防②。赵赞为彰武（治延州，今陕西省延安市）节度使，守卫西北边防，"别受密旨，许便宜从事"。韩令坤"有才略，识治道"，"镇常山凡七年，北边以宁"。③ 统而计之，镇守北部与西北边境的将领，有十三人，其驻守边境的地点和时间如下：

这些边防将领，多数长期驻守一地，虽经升迁，升其官而不易其任。董遵诲"选精甲数千人隶麾下，不复更代。隔岁以春夏令归营省妻、子"。④ 太祖向郭进戍守的西山遣戍卒，必告谕说："汝辈谨奉法，我犹贷汝，郭进杀汝矣。"给郭进修造住宅时，太祖命按亲王公主的制式，全用筒瓦。太祖还曾把自己穿的真珠盘龙衣赐给董遵诲，并派人贿赂边民，为董遵诲从幽州迎回母亲。⑤ 开宝四年（971）七月，权知镇州刘载与建武（治邕州，今广西南宁市，此处系遥领）节度使、判棣州何继筠不协，继筠向太祖投诉，贬黜刘载为山南东道（治襄州，今湖北省襄樊市）行军司马。⑥ 边防将领的待遇很是优厚，"其家族在京师者，抚之甚厚；所部州县筦榷之利悉与之，资其回图贸易，免所过征税；许令召募骁勇以为爪牙，

---

① 《宋史全文》卷二，开宝三年八月引；参见《元丰类稿》卷四十九《任将》。

② 《长编》卷二百五十九，熙宁八年正月张方平语；《元丰类稿》卷四十九《城垒》。

③ 《长编》卷三，建隆三年四月；《宋史》卷二百五十一《韩令坤传》；《长编》卷九，开宝元年四月。

④ 《宋朝事实类苑》卷七引《杨文公谈苑》。

⑤ 《宋史》卷二百七十三《郭进·董遵诲传》。

⑥ 《长编》卷十二。

表 4　太祖时期边防将领表

姓名	驻守地区		驻守时间		资料来源
	地名	今地	起	讫	
韩令坤	镇州	今河北省正定县	建隆二年（961）	开宝元年（968）四月	《宋会要·礼四四十一》之一,《长编》卷九,《宋史》卷二百五一本传。
李继勋	潞州	今山西省长治市	建隆元年（960）六月	开宝三年（970）春	《长编》卷一、卷十八,《宋史》卷二百五十四本传。
	大名府	今河北省大名县	开宝三年（970）春	太平兴国二年（977）闰七月	
赵赞	延州	今陕西省延安市	建隆三年（962）四月	开宝元年（968）	《长编》卷三,《宋史》卷二百五十四本传。
	晋州	今山西省临汾市	开宝元年（968）	开宝四年（971）	
	鄜州	今陕西省富县	开宝四年（971）	太平兴国二年（977）	
郭进	洺州	今河北省永年县东旧永年	建隆元年（960）五月	开宝九年（976）十一月	《长编》卷一、卷十七,《宋史》卷二百七十三本传。
贺惟忠	易州	今河北省易县	守易州十余年	开宝六年（973）六月	《长编》卷十四,《宋史》卷二百七十三本传。
何继筠	棣州	今山东省惠民县	居北边前后二十年	开宝四年（971）七月	《长编》卷十二,《宋史》卷二百七十三本传。
武守琪	晋州	今山西省临汾市	其事迹不详	开宝八年（975）五月	《长编》卷十三、卷十六,卷十七。

姓名	驻守地区		驻守时间		资料来源
	地名	今地	起	讫	
李谦溥	隰州	今山西省隰县	乾德元年（963）	开宝三年（970）八月	《长编》卷四、卷十一、卷十四,卷十七,《宋史》卷二百七十三本传。
			开宝六年（973）六月	开宝九年（976）正月	
李汉超	关南	在今河北省河间市境内	乾德二年（964）	太平兴国二年（977）九月	《长编》卷五、卷十八,《宋史》卷二百七十三本传。
马仁瑀	瀛州	今河北省河间市	开宝四年（971）六月	开宝九年（976）十一月	《长编》卷十二、卷十七,《宋史》卷二百七十三本传。
姚内斌	庆州	今甘肃省庆阳市	建隆三年（962）十二月	开宝七年（974）二月	《长编》卷三、卷十五,《宋史》卷二百七十三本传。
董遵海	通远军	今甘肃省环县	开宝元年（968）七月	太平兴国六年（981）三月	《长编》卷九、卷十七,卷二十二,《宋史》卷二百七十三本传。
王彦昇	原州	今甘肃省镇原县	开宝二年（969）十二月	开宝七年（974）	《长编》卷十、卷十七,《宋史》卷二百五十本传。

凡军中事悉听便宜处置；每来朝，必召对，命坐，赐以饮食，锡赉殊异遣还"。边将掌握当地的租赋，掌握了商税、盐利、专卖等项收入，又得进行回图贸易，焉能不富于财？边将们将这些财富用来奖励将士，用于侦察敌方消息。"是以死力之士贪其金钱，捐躯命，冒患难，深入敌国，刺其阴计而效之，至于饮食动静无不毕见，每有入寇，辄先知之"；"设伏掩击，多致克捷。故终太祖世无西北之忧，诸叛以次削平，武功盖世"。①

太祖时期，一直在进行统一战争，专任西北边将，解除了后顾之忧。在统一战争中，太祖和赵普也注意使用宿将和侍卫司将帅。据《长编》记载，进攻荆湖时，领兵统帅是宿将慕容延钊，枢密副使李处耘为都监。平蜀统帅，是节度使王全斌，副将是侍卫步军都指挥使崔彦进和侍卫马军都指挥使刘光义。开宝元年（968）八月进攻北汉时，节度使李继勋为河东行营前军都部署，侍卫步军都指挥使党进副之；节度使赵赞为汾州路部署。开宝二年（969）二月，进攻北汉，令宣徽南院使曹彬、侍卫马军都指挥使党进等将领兵先赴太原；太祖随后亲自督军出征，以节度使李继勋为河东行营前军都部署，节度使赵赞为马步军都虞候，先赴太原。开宝七年（974）十月，进攻南唐，以宣徽南院使曹彬为统帅，太祖因曹彬"性仁厚，故专任"，授予匣剑，下令："副将以下，不用命者斩之！"所部诸将，有侍卫马军都虞候李汉琼、侍卫步军都虞候刘遇，都监是节度使潘美。

在统一战争中，也充分利用了在宋初还有战斗力的各州之兵。进攻湖南时，在乾德元年（963）正月，"遣使十一人，发安、复、郢、陈、澧、孟、宋、亳、颍、光等州兵会襄阳"；慕容延钊进攻湖南时所率领的军队，就是这十州之兵。开宝二年（969），准备进攻北汉，"遣殿中侍御史李莹等十八人分往诸州，调发军储赴太原"；"遣使四十九人发诸道兵，屯于潞、

---

① 《长编》卷十七，开宝九年十一月；《栾城集》卷二十一《上皇帝书》。参见《长编》卷二百五十九，熙宁八年正月张方平语；《东都事略》卷二十九论和《宋史》卷二百七十三论；《历代兵制》卷八和《挥麈后录馀话》卷一；《元丰类稿》卷四十九《任将》，卷三十《请西北择将，东南益兵》。

晋、磁等州"。进攻南汉时，在开宝三年（970）九月，"仍遣使发诸州兵赴贺州城下"，由统帅潘美调遣使用。进攻南唐时，主要调发禁军，大约其时各州可用之兵已无几了；下江南后，"虑人心未一，分禁旅以戍之，岁月寖久，与州郡之兵无别"[①]。

在统一战争中任用宿将、侍卫司将帅及征调各州军队，是战争的需要，但只是临时性措施。太祖朝主要信任和放手使用的，还是边防将领。

对于太祖御将之道，严防与专任两手，宋人颂之不绝。其实，这仅仅是事情的一面，事情还有另一面。庆历三年（1042）十月，御史中丞贾昌朝在奏疏中就说："太祖所命将帅，率多攀附旧臣、亲姻贵胄，赏重于罚，威不逮恩，而犹仗神灵，禀成算，出师御寇，所向有功。自此以来，兵不复振。"[②]"仗神灵，禀成算"，不过是一派吹捧之言，各国对手多不堪一击，才是"所向有功"的真正原因；使用亲旧，赏重于罚，却是事实。由此看来，太祖的御将和武功，是被宋人夸大和美化无疑了。

（五）改革兵制

御将御兵有方，可能振奋一时，但不能行之久远，更不能说是就已经消除了禁军兵变这个"腹心之患"，可以长治久安了。宋初在兵制的改革方面，做出了卓有成效的成绩，才真正地避免了成为短命皇朝，消除了腹心之患。

南宋史学家陈傅良曾批评后唐庄宗，灭梁后"恃功而骄，兵制不立，弗知内外之患"。[③]其实，何止唐庄宗，五代时期，兵制一直未能确立。唯其如此，强帅和骄兵之患就一直消灭不了。一批又一批的强帅、骄兵被杀掉，一批又一批的强帅、骄兵又产生出来，甚至为患更烈。走马灯似的轮换的五代君主们，大都来不及考虑确立兵制的问题。

从客观上讲，五代的统治者们没有能够确立新的兵制，是有其历史

---

① 见《长编》和《宋史》卷一《太祖一》，《燕翼诒谋录》卷五。
② 《长编》卷一百三十八。
③ 《历代兵制》卷八。

原因的。唐代的府兵制破坏以后，兵制就陷于混乱之中。当时，均田制崩溃，破产和失业农民数量激增，占募军籍成为其重要出路。随着割据战争愈演愈烈，对于士兵的需求日益增加，士兵不但数量激增，并且成为世袭的职业。节度使们依靠士兵们进行割据和兼并，士兵们便日益骄横起来，成为骄兵。由破产流亡农民组成的军队，是藩镇割据的武力基础；而由破产农民转化而来的士兵，就成了藩镇割据的社会基础。因此，士兵不可能不成骄兵，而藩镇便也不能不日益受军士支配了。[①]南宋学者叶适指出："自唐至德以后，节度专地而抗上令，……未久而将擅于兵，将之所为，惟兵之听，而遂以劫制朝廷。""大历、贞元之间，节度使固已为士卒所立，唐末尤甚。而五代接于本朝之初，人主之兴废，皆群卒为之。拥戴一出，天下俯首听命而不敢较。"[②]

唐末农民战争以后，生产关系在一定程度上得到了一些调整。进入五代以后，一些统治者如后唐明宗和后周世宗，实行了一些有利于生产恢复和发展的政策，士兵们已经开始有可能归农了。周世宗整军时，即曾下令："诸军将士年老病患不任征行情愿归农者，本军具以名闻，给凭繇放免。"[③]随着生产关系上租佃制的确立，兵制的改革和新的兵制的确立，也就势在必行了。同时，经过了二百年动乱，人心思定，将士们也希望摆脱混乱局面，对于兵制改革持欢迎态度。统治者经过反复的摸索，也开始找到了防止骄兵悍将的办法，对于兵制也摸索到了新的形式。统治者认识到："天下事莫重于兵，社稷安危所系。措兵既定，则其他皆粉泽而已。""周世宗高平之退，中国兵制始修列焉。"[④]宋初太祖时期，对五代以来的治兵措施加以改革、完善，确立了新的兵制，终于抑制了五代祸乱之源。《宋史纪事本末》卷二《收兵权》说："自是将不得专其兵，而

---

① 参见杨志玖《试论唐代藩镇割据的社会基础》。

② 《水心别集》卷十一《总论》，参见吕中《宋大事记讲义》卷三《严阶级》。

③ 《册府元龟》卷一百三十五《帝王部·愍征役》。

④ 《长编》卷三百二十七，元丰五年六月神宗语；《元丰类稿》卷四十九《添兵》。

士卒不至于骄惰，皆赵普之谋也。"确实，宋初兵制的确立，是与赵普分不开的。宋初的兵制改革，应该、也可以算作是赵普的作为。

宋人林駧说过："天下有二权，兵权宜分不宜专，政权宜专不宜分。政权分则事无统，兵权专则事必变，此善计天下者所宜审处也。"[①]因此，宋初的兵制改革，遵循的一条最重要原则是彼此相维相制，不使兵权集中于一处、一人，以此来防止兵变的发生。

在军队的统率上，宋初实现了兵权的分散。

"宋朝兵制，凡禁兵之亲近者，号诸班直，隶于军头，皇城内守外备征戍；其出戍边或诸州更戍者曰屯驻，非戍诸州而隶总管者曰驻泊，非屯驻、驻泊以粜贱而留之者曰就粮。诸司募者曰役兵，诸州募者曰厢兵，什伍其民教之武事谓之民兵，蕃夷内附纠而用之谓之蕃汉兵，此制兵之大略也。"[②]这是宋朝军队的组成及名目。

禁军的统率机构是三衙。三衙本是由两司——侍卫亲军司与殿前司演变而来，自从侍卫亲军都副指挥使及都虞候不再除授，侍卫马军与传卫步军独自成司，与殿前司合称三衙，而地位在殿前司之下。宋代，厢兵、蕃兵等也从属于侍卫两司，于是天下兵柄尽在三衙矣。"禁卫之军统于武臣，则不出于宦者之手，诸道之兵籍于禁卫，则不专于节度之权；殿前为一司，侍卫马、步各为一司，则有南北相制之意。"[③]三衙之下，又有"四卫"之说。"捧日、天武四厢属之殿司，龙卫、神卫四厢属之马、步二司，谓之主四军，谓之八抗梯。"[④]还设有捧日、天武四厢都指挥使和龙卫、神卫四厢都指挥使，以分三衙之帅的权，与三衙之帅抗衡。

三衙的职责是：统制训练，番卫戍守，迁补赏罚；而天下的兵籍，武官的选授，军队的调发更戍及兵符的颁降，则由枢密院掌管。这样，

---

① 《古今源流至论》续集卷一。
② 《群书考索》续集卷四十四《兵制门·宋朝兵》。
③ 《宋大事记讲义》卷一《制度论》。
④ 《群书考索》续集卷四十四《兵制门·宋朝兵》。

握兵权与调兵权分开了。北宋历史学家范祖禹指出："祖宗制兵之法，天下之兵，本于枢密，有发兵之权而无握兵之重；京师之兵，总于三帅，有握兵之重而无发兵之权。上下相维，不得专制，此所以百三十余年无兵变也。"宋人何坦称此法是兵制之善处，"历数百年而无兵患，可为法于天下后世，愈久而愈无弊也"。宋人汪藻说："祖宗于兹，盖有深意焉。"①这个深意不是别的，就是防止三衙之帅和枢密使拥兵自重。

兵权的分散还不止此。禁军出征时，往往另外任用其他官员作统帅，而不用三衙将帅；事定之后，兵归三衙，将还本职。这样，统兵权又分离出来。北宋末年，李纲指出："在祖宗之时，枢密掌兵籍、虎符，三衙管诸军，率臣主兵柄，各有分守，所以维持军政，万世不易之法。"握兵权、调兵权和统兵权开开，三者不相统属，无人从而操纵，"彼此相制，罔敢异志，内安得不固乎"。这是宋初兵制改革的要害措施。②

对于三衙将帅，"功臣勋爵，优视公卿，官至检校仆射、台宪之长，封父、祖，荫妻、子，荣名崇品，悉以与之"。但是，"武臣莫尊三衙，见大臣必执梃趋庭，肃揖而退"。"见宰执而声揖，礼也，至其后则推横杖矣；见两制则联骑通名，至其后则又分道矣。""非文具也，以为等威不如是之严，不足以相制。"③

在军队的管理上，宋初严阶级之法，申明军纪，以便上下相制，兵不至于犯上作乱。

宋人曾巩说："天宝以后，彍骑立而募兵之法行，自是之后，纲纪大失序。天子之势，屈于方镇之兵。方镇之势，屈于所部之兵。至其极也，

<hr>

① 《范太史集》卷二十六《论曹诵劄子》，参见《玉海》卷一百四十一《兵法·建隆军律》所引；《西畴老人常言》，《浮溪集》卷一《行在越州条具时政》。参见《群书考索》续集卷四十四《兵制门·宋朝兵》。

② 《宋史》卷一百六十二《职官二》，参见金毓黻《宋辽金史》第一册第二章"三"；《古今源流至论》续集卷一。

③ 《历代兵制》卷八，《挥麈后录馀话》卷一，《浮溪集》卷一《行在越州条具时政》，《群书考索》续集卷四十四《兵制门·宋朝兵》。

将之废置出于兵。至于五代，而国之废置出于兵。兵之祸天下，未有甚于此也。宋兴，拨乱世反之正。太祖外削藩服而归之轨道，内操师旅而束以法制，天下之恶子，非黥之以刑而自列于行伍，非驱之以暴而自就于绳墨，以镇城邑，以戍疆场，非独为朝廷之用，其于天下之良民，得以乐职而安业者，实赖其力。况又其费少于古，其便多于民，近世以来，制兵之善，未有及此者也。"①宋初制兵有效，靠的就是阶级法。

所谓"阶级"，是指军队内部的等级关系。《群书考索》后集卷四十《宋朝兵制》载："又峻其等级相犯之刑，谓之阶级，以绝其犯上之心。"

太祖时期的军法规定："一阶一级，全归伏事之议。敢有违犯，上军当行处斩，下军徒三年，配五百里。"北宋著名史学家司马光，在治平元年（1064）十一月十五日上过《言阶级劄子》，内言："臣闻，治军无礼则威严不行。礼者，上下之分是也。唐自肃、代以降，务行姑息之政，是以藩镇跋扈，威侮朝廷，士卒骄横，侵逼主帅，下陵上替，无复纲纪。以至五代，天下大乱，运祚迫蹙，生民涂炭。祖宗受天景命，圣德聪明，知天下之乱，生于无礼也，乃立军中之制曰：一阶一级，全归伏事之仪，敢有违犯，罪至于死。于是，上至都指挥使，下至押官、长行，等第相承，灿然有叙，若身之使臂，臂之使指，莫敢不从。故能东征西伐，削平海内，为子孙建久大之业。至今百有余年，天下太平者，皆由此道也。"南宋学者王应麟称颂说："'一阶一级，全归伏事之仪。'发于圣训，著于令甲。于是上下之分定，朝廷之体尊，数百年陵犯之习，片言而革。"②简而言之，阶级法就是要求军队之中，下一级服从上一级的管理，听从上级的命令与指挥，不得违犯。宋初，严明军纪，"令以威驾，峻其等为一阶一级之法，动如行师，俾各服其长"。对禁军长吏，"付以生杀，寓威于阶级之间，使不得动"。太祖"每有事，亲之，俱枢府大臣侍便殿，专主簿员外，三

---

① 《元丰类稿》卷三十《请西北择将东南益兵》。
② 《宋会要·刑法七》之二八，《司马温公文集》卷十八，《皇朝文鉴》卷四十九，《困学纪闻》卷十五《考古》。

日毕事；命出之后，一日迁徙，不得少留"。^①要之，阶级法即是禁军内部的管理法，尊卑等级法。各级军校，各司其职，"使士知有校，校知有帅，帅知有朝廷矣"。^②南宋时，孝宗说，太祖设为阶级法，"二百年军中不变乱，盖出于此"。^③阶级法不仅防止了军中变乱，而且利于用兵，进行统一战争。南宋学者吕祖谦即说："太祖方欲以兵定天下，故严阶级之法，明抚御之道。"^④

宋初，制兵之法，除阶级法外，还采取了其他一些措施。

宋初，严禁军士结社。从北朝末年到五代的约四百年间，在社会的各个阶层，都盛行结成义兄弟的风气。后周太祖郭威有十兄弟，宋太祖赵匡胤也有义社十兄弟。这种带有结社化即集团化倾向的结义兄弟的行为，是对既成权力的重大威胁。^⑤所以，太祖于开宝四年（971）十一月下令，禁止军民男女结义社^⑥，开始禁绝这延续了四百年的恶习，以防其不利于自己的统治。

对于禁军中的不逞分子，即予严惩。"卫士之无赖则冶铁以锢其颈"。建隆三年（962）七月，诏搜索内外诸军不逞者，悉配隶登州（今山东省烟台市蓬莱区）沙门岛（今长岛）。乾德四年（966）闰八月，索殿前诸军亡赖者，得十数人，敕黥配通州（今江苏省南通市）义丰监。乾德五年四月，阅殿前承旨，不逞者百二十人，分别发配到郓（今山东省东平县）、齐（今山东省济南市）、冀（今河北省冀州市）、博（今山东省聊城市）、德（今山东省陵县）、沧（今河北省沧县东南）等州。开宝四年（971）十一月，因赏御马直而不及川班内殿直，川班内殿直相率击登闻鼓上诉，援御马直例乞赏，太祖大怒，把为首的四十多人全部斩首，其余全部配

---

① 《历代兵制》卷八，《挥麈后录馀话》卷一，《曲洧旧闻》卷九。
② 《宋大事记讲义》卷三《严阶级》。
③ 《中兴两朝圣政》卷五〇，乾道七年五月。
④ 《历代制度详说》卷十一《兵制详说》。
⑤ 参见谷川道雄『北朝末～五代の義弟結合しについて』。
⑥ 《长编》卷十二。

隶许州龙捷军，都校决杖降职，川班内殿直也被撤销了。"雄武兵白昼略
人于市，至杀数百辈而后止"。"禁军逃亡满一日者斩。"[1]

在派军出征时，太祖必先申明军纪，严禁暴掠生民，违者以军法从
事，不用命者斩之。这样，可以减少对民众的骚扰，取得同情和支持；
同时，将士们也不易在出征中乘机作乱。乾德五年（967）元月，忠武节
度使王全斌和武信节度使、侍卫步军都指挥使崔彦进及枢密副使、左卫
大将军王仁赡等人，因在平蜀时豪夺子女玉帛、擅发府库、隐没货财和
擅克削兵士衣装钱、杀降致寇等原因，百官集议，于法当死，太祖以其
有平蜀大功，又不愿杀戮大将，才免死，予以责降[2]。太祖曾说："我于三
军，亦不惜财，敢犯我，唯有剑耳。"因此能够令行禁止，军士也钱财
足用[3]。

在禁军的训练方面，宋初注意选拔、补充和教阅，因此军旅益显
精锐。

为加强禁军，宋初继续采用后周的淘汰老弱、令其归农的办法。《通
考》卷一百五十二《兵四》记载："国朝初平伪国，合并所得兵，别为军额，
其愿归农者，解其籍，或给以土田。"但是，中唐以来，士兵职业化，与
农业生产的分离已久，有一部分士兵，既不能作战，又不愿归农，便设
置剩员来安置他们。吕中说："夫兵之冗不难于汰而难于处。藉其力于强
壮之时，而欲去其籍于老弱之后，何以慰其心者？太祖所以能去冗兵者，
以有剩员以处之也。""苟无以处之，岂不速之为盗哉？"剩员"给官符、
官观、园苑、寺庙、庐廪之役"，不再担负作战任务。建隆二年（961）五月，
"令殿前、侍卫司及诸州长吏阅所部兵，骁勇者升其籍，老弱怯懦者去之。
初置剩员，以处退兵"。同年，又下令释放镇州诸县弓箭手凡一千四百人，

---

① 《群书考索》后集卷四十二《兵门·用兵》；《长编》；《宋史》卷一百九十三《兵七》。

② 《长编》卷八。

③ 《乐全集》卷十八《再对御札一道》；参见《元丰类稿》卷四十九《军赏罚》，《通考》卷
一百五十二《兵四》，《群书考索》后集卷四十二《兵门·用兵》。

放其归农。乾德元年（963）平定荆南以后，于五月下诏：荆前军士年老者听自便。六月，下诏：荆南兵愿归农者听，官为葺舍，给赐耕牛、种食；愿留者分隶复（今湖北省天门市）、郢州（今湖北省钟祥市）为剩员。平定湖南后，十月，尽索湖南行营诸军所掠生口，遣吏分送其家；放潭州（今湖南省长沙市）、邵州（今湖南省邵阳市）乡兵数千人归农。乾德二年（964）六月，释放俘虏的北汉军数千人，赐衣履，分隶畿县民籍。乾德三年（965）四月，放洋州（今陕西省洋县）义军八百人归农①。载兵归农，设置剩员，使禁军老弱被淘汰，大为精锐，减少了禁军及厢军兵额，同时又增加了农业劳动和服役的人手。

宋初选拔禁军，有两个来源：一是诸州之兵，一是割据政权之兵。

宋初，多次派遣使者到各地去选择精兵，凡是才力技艺有过人者，都收补入禁军。史籍明确记载，这是赵普提出的办法。《长编》卷六，乾德三年（965）八月，详细记载了这项办法：

> 令天下长吏，择本道兵骁勇者，籍其名送都下，以补禁旅之阙。又选强壮卒，定为兵样，分送诸道。其后又以木梃为高下之等，给散诸州军，委长吏、都监等召募教习，俟其精练，即送都下。上每御便殿亲临试之。用赵普之谋也。

九月，诸道送兵到京城，太祖在讲武殿亲自检阅，挑选出一万多人，以马军为骁雄，步军为雄武，均隶侍卫司。

从割据政权之兵中选拔的部队：川班内殿直一百二十人；江南降卒立为归化、归圣军，一千三十九人；北汉降卒立为效顺指挥，二百六十六人②。还有数目不详者："取太原兵以为龙卫，取幽州兵以为

① 《宋大事记讲义》卷三《处冗兵》，《通考》卷一百五十二《兵四》，《长编》。
② 《乐全集》卷二十三《再上国计事》，《宋史》卷一百八十七《兵一》。

神武，左右员寮本藩镇厅头也，左射拱圣本诸州骑兵也，忠节之军升自川陕，虎翼之军选自江淮。"[1]

通过淘汰、补充、选拔，禁军军力大为加强，宋初又重视训练，经常教阅，故部队益显精锐。"五代承唐，卫兵未尝训练。宋太祖首议教阅击刺骑射，尝令步骑数百挽强觳弩，视其进退，发矢如一。太祖喜曰：'此殿庭间数百人耳，犹兵威可观，况堂堂之阵，数万成列乎？'建隆初，选天下骁骑集阙廷，亲御近郊阅武。自是飞山、岳台之驾，新池、玉津之幸，曾无虚岁。"建隆二年（961）正月，幸造船务，阅水战；二月，幸飞山营阅炮车。建隆三年十一月辛酉（7），大阅西郊，甲子（10）又阅；九月，御讲武殿阅兵。乾德元年（963）四月，出内库之资，盛募诸军子弟数千人，凿大池于京城之南，引蔡水注之；造楼船百艘，选精卒，号水虎捷，习战池中。命神武上将军陈承昭督其役。太祖又幸玉津园阅骑射。乾德四年（966）闰八月，命殿前、侍卫将校大阅戎事于军中；十二月，太祖在后苑亲阅殿前诸班，把武艺不中选的三百多人全部授以外职，不再留在诸班内[2]。太祖"顺时令而讲武"，"居常躬自按阅训练"，对于提高禁军战斗力，起了很大作用。吕中说："我太祖当天下战争之始，日练军实以为定天下之资尔，故汰之使极少，治之使极严，教之使极精。少则无冗兵，严则无骄兵，精则无弱兵，此京师之兵止十万，所以制诸道而有余也。"[3]

为防止禁军士兵骄惰，提高其吃苦耐劳之能力，宋初为禁军规定了许多清规戒律，要使"士卒衣食无外慕，安辛苦而易使"。这些规定有：军人只许穿褐色衣服，不许穿皂色衣服，衣服长不得过膝，红紫之服更不许穿。葱韭不得入军营，买鱼肉和酒入军营者有罪。不许赌博。禁军将士，无故不令出班，每班置市买二人。每月给禁军发粮时，营在城西者，必给城东仓之米，营在城东者，即于城西给，以远其途，不许雇车或人

---

[1]　《群书考索》续集卷四十四《兵制门·宋朝兵》。

[2]　《群书考索》后集卷四十二《兵门·教阅》，《宋大事记讲义》卷三《阅武》，《长编》卷七。

[3]　《宋大事记讲义》卷三《阅武》。

帮助，必须士兵自己背负，负粮两石，不得雇代，以阅其力。太祖还曾登上右掖门，观看士兵领粮的情况^①。

太祖时还制定了"更戍法"，禁军少曾在京，常分番往缘边及诸路屯驻驻泊，三年一出，更出迭入，欲使之均劳逸，知艰难，识战斗，习山川。"更出迭入，无顾恋家室之意，殊方异邦，不能萌其非心，仅及三年，已复更戍。为转员之制，定其功赏，超转资给，以彼易此，不使上下人情习熟"，"将不得专其兵，而兵亦不至骄惰"。"欲其习山川劳苦，远妻孥怀土之恋，兼外戍之日多，在营之日少，人人少子而衣食易足。"此外，禁兵出屯，可以增强地方力量，使之能与京师"内外相制，无轻重之患"。^②

南宋朱弁吹捧说："艺祖平定天下，悉招聚四方无赖不逞之人，刺以为兵，连营以居之，什伍相制，束以军法。厚禄其长吏，使自爱重，付以生杀，寓威于阶级之间，使不得动。无赖不逞之人，既聚而为兵，有以制之，无敢为非，因取其力，以卫养良民，使各定田里。所以太平之业定，而无叛民也。"^③由此可以看出，对禁军士兵严加约束，归根结底，是为了维护封建秩序，保卫封建政权。《两朝国史志》说："于时天下山泽之利悉入县官，以资廪赐；将帅之臣入奉朝请，以备指踪；犷悍之民，收隶尺籍，以给守卫。兵无常帅，帅无常师，内外相维，上下相制，等级相轧，虽有暴戾恣睢，无所厝于其间。是以天下晏然，虽百年而无犬吠之惊，此制兵之得其道也。"^④这正是太祖和赵普等最高统治者希望出现的太平局面。

---

① 《乐全集》卷十八《再对御札一道》；《玉海》卷一百四十一《兵法·建隆军律》；《长编》卷七十四，大中祥符三年十月真宗语；《历代兵制》卷八；《续墨客挥犀》卷八；《梦溪笔谈》卷二十五；《群书考索》续集卷四十四《兵制门·宋朝兵》；《宋大事记讲义》卷三《籍禁兵·正军法》。

② 《司马温公文集》卷三十七《乞罢将官劄子》；《群书考索》后集卷四十《宋朝兵制》；《梦溪笔谈》卷二十五；《通考》卷一百五十二《兵四》引《两朝国史志》，卷一百五十三《兵五》；《历代兵制》卷八；《续墨客挥犀》卷八；《清波别志》卷上。

③ 《曲洧旧闻》卷九，参见《长编》卷三百二十七，元丰五年六月神宗语。

④ 《通考》卷一百五十二《兵四》。

　　唐末五代的骄兵废逐主帅，拥立君主，一个重要原因是为了养活父母妻子而追求自己的经济利益。宋初的统治者太祖和赵普等人注意到了这一点，在严厉地用军法管束士兵的同时，"郊祀赦宥，先务赡军缢士，金币绢钱，无所爱惜"。此外，"厚其赐粮"，还常有额外赏赐，如乾德三年（965）五月，诏：禁军小校以上，死者官给赙物，或嗣绝及孤幼不能申请者，令中使就赐之。又赐侍卫诸军内库衣服钱帛有差。[①]

　　宋初，重视禁军的器械装备。太祖时，中都二坊制造兵器，旬一进视，谓之旬课。列置五库，深在禁中，岁输所作于五库，故器械精明，后世鲜及。尝令试床子弩于郊外，矢及七百步，又令别造步弩以试。戎具精致犀利，近代未有。其工署则有南北作坊，有弓弩院，诸州皆有作院，皆役工徒而限其常课。南北作坊岁造涂金脊铁甲等凡三万二千，弓弩院岁造角弝弓等凡千六百五十余万，诸州岁造黄桦黑漆弓弩等凡六百二十余万。南北作坊及诸州别造兵幕、甲袋、梭衫等什物，以备军行之用。[②]

　　开宝三年（970）五月，兵部令史冯继昇等进火箭法，太祖命试验，赐衣物束帛。[③]

　　宋初对于装备骑兵的战马的牧养，也很重视。五代监牧多废，官失其守，虽左右飞龙院仍存，但国马无蕃息。建隆三年（962）十二月，太祖始置养马二务，岁遣中使诣边州市马。自是闲厩始充矣。太祖还常到飞龙院视察，如乾德六年（968），就曾在八月、九月、十月三次视察飞龙院[④]。

　　在兵力的配置上，宋初实行了"强干弱枝""内外相维"的政策。

　　宋初禁军约二十万，其中十万驻守京城，十万分屯各地。"太祖盛时，

<hr>

①　《历代兵制》卷八，《挥麈后录馀话》卷一，《涑水记闻》卷一，《长编》卷六。

②　《群书考索》后集卷四十三《兵门·兵器》，《宋史》卷一百九十七《兵十一》。

③　《宋史》卷一百九十七《兵十一》；《群书考索》后集卷四十三《兵门·兵器》，《群书考索》所载时间为"开宝二年"。

④　《群书考索》后集卷四十四《兵门·马政类》。

皇城之内，有诸班之兵；京城之内，有禁卫之兵；京师之外，列营犹数十里。""太祖常谓，虽京师有警，皇城之内已有精兵数万，况天下乎！"正如北宋名臣包拯所说："京师者，天下之本也。强本者，畿兵耳！本固且强，繇中制外，则天下何患焉。"[①] 京城兵强马壮，各地方自知兵力不敌，一般不敢萌生异心，这就是"强干弱枝"。驻屯各地的禁军，主要是侍卫马军和侍卫步军，两军的精锐虽不及主要屯驻京城的殿前军，但相去不远，加上各地的厢兵、蕃兵、乡兵等部队，其数量则要超过京城兵力至少一倍以上。如京城有变，各地军马联合起来，足以抑制京城之变。这样，"内外相制，无轻重之患"。这就是"内外相维"。

"内外相维"原则的运用，尚不止此。京城之内，有亲卫诸兵；京城之外，诸营列峙相望，此京师内外相制之兵也。府畿之营，云屯数十万众，其将副视三路者，以虞京城与天下之兵，此府畿内外之制[②]。各地的驻屯禁军，与各地的厢军有主客之形，也隐含相制之意。在京城之内，"殿前一司虽统摄诸班禁卫，而皇城之司亦判然不相关，亦汉南北军相统之意。而皇城、殿前，直相维持"。皇城的守卫，也是内外相维。"禁卫凡五重：以亲从官为一重，宽衣天武官为一重，御龙弓箭直、弩直为一重，御龙骨朵子直为一重，御龙直为一重。凡入禁卫一重，徒一年至三年止，误者减二等。"[③]

这样的处处防制，真可谓煞费苦心矣。

在军队的统率上，实现了兵权分散；在军队的管理上，严阶级、明军法；在军队的训练方面，注意选拔、补充和教阅；在军队的装备方面，重视器械制造和战马的牧养；在军队兵力的配置上，"强干弱枝"，"内外相维"，这些就是太祖和赵普在宋初进行的兵制改革的主要内容。

---

① 《群书考索》续集卷四十四《兵制门·宋朝兵》，《包孝肃公奏议》卷八《请留禁军不差出，招置士兵》。

② 《历代兵制》卷八，《挥麈后录馀话》卷一。

③ 《乐全集》卷十八《再对御札一道》，《古今源流至论》续集卷一《卫兵下》。参见《朱子语类》卷一百二十八《本朝法制》，《东斋记事》卷二。

（六）兵制改革的评价

太祖和赵普所进行的兵制改革，确立了北宋一代的兵制，基本为后世遵行，在北宋一代没有大的改变。宋初的兵制改革是成功的、有效的。

首先，宋初的兵制改革，成功地消弭了腹心之患，结束了百多年武人左右政局的局面，使赵宋皇朝没有变成继五代之后的第六个短命朝代，达到了改革的目的。

其次，宋初的兵制改革，保证了军队的长期稳定，从而实现了宋初统治者所期望的长治久安。在北宋一百六十多年的统治中，大的兵变没有再发生过，尤其是禁军无兵变，军士们不再能够危及统治者了。

再次，宋初的兵制改革，使宋初统治者有了一支精锐可靠的军队，太祖和赵普指挥它，剪灭了南北八个割据政权，基本实现了统一。

从以上三个方面来看，应该肯定宋初的兵制改革。然而，宋初的兵制改革，有没有给后世带来不好的影响呢？答案是肯定的，当然有。

宋初兵制改革措施所产生的心理上的影响，以及由此形成的某些惯例，是宋初兵制改革所带来的不利影响。从某种程度上讲，这可能是太祖和赵普等人所没有料到的。宋初兵制改革所遵循的最高原则是相维相制，可说是处处渗透着一个"防"字，提防将领，钳制士兵，充分反映了心有余悸的宋初统治者对于五代历史的深刻反思。由此形成了猜忌和压制武将的惯例，形成了重用庸将的惯例，使用亲旧，赏重于罚，有能力的将领难以出头，懦弱无能的将领得以稳居高位，因此，军力的衰弱是不可避免的。宋太祖是颇有军事天赋的，加上足智多谋的赵普，所以宋初指挥有方，武功卓著，南征北战，多所成功，对契丹作战也未处下风。自信而豁达的太祖，虽则猜忌武将，倒也还能专任边将，虽则攀附者、亲贵者任将者多，但还能够打几仗的。从他的继任者宋太宗赵光义开始，变本加厉地强化这套政策，对将领，要求忠实循谨而不求有勇有谋，甚至颁发阵图，训令按图作战，从而使北宋一代，几乎找不到什么名将可言。狄青善战，也遭猜忌而死。这一切，不能说与宋初兵革改革无关的。

宋初，虽则给予了军士们优厚待遇，但刺字为军，多方钳制束缚，使士兵为社会所歧视，成为一种下贱的职业。这种情况对士兵们心理上的影响是不能低估的，从而使他们对社会产生了对抗情绪。加之招募对象的影响，更加剧了这种情绪。于是，战而胜之时，军士易恃功而骄，抢劫财物，欺凌百姓；平居无事时，又常因军官虐待，或地方官不抚恤，起而为乱，危害地方。北宋一代，大的兵变较少，小规模的兵变，则时有发生。这一切，也不能就说与宋初兵制改革无关。

话又说回来，我们不能要求宋初兵制改革做到十全十美，这是不可能的。太祖与赵普等最高统治者，针对五代的弊政，进行了切实的、有成效的改革，从而对社会的稳定和生产的发展，都带来了有利的影响，这是必须予以肯定的。至于其不利影响，更多地应苛责于后来的统治者。"江山代有才人出"，他们为什么不能够发展或完善宋初的兵制改革，以避免其不利影响呢？

第二节　加强中央集权

（一）"三大纲领"

在相继消灭了李筠和李重进之后，太祖和赵普就开始商讨长久之计了。太祖问道："天下自唐季以来，数十年间，帝王凡易十姓，兵革不息，苍生涂地，其故何也？吾欲息天下之兵，为国家建长久之计，其道何如？"赵普回答说："陛下之言及此，天地神人之福也。唐季以来，战斗不息，国家不安者，其故非他，节镇太重，君弱臣强而已矣。今所以治之，无他奇巧也，惟稍夺其权，制其钱谷，收其精兵，天下自安矣。"这就是赵普提出"三大纲领"的著名谈话[①]。

---

① 《涑水记闻》卷一；参见《长编》卷二，建隆二年七月；《邵氏闻见录》卷一；《太平治迹统类》卷一。

　　宋初的最高统治者，有意于长治久安，希望自己的皇朝能够出现太平盛世景象。太祖除与赵普常常讨论治国大计外，还广泛征求意见。建隆三年（962）二月，诏："自今每五日内殿起居，百官以次转对，并须指陈时政得失，朝廷急务，或刑狱冤滥，百姓疾苦，咸采访以闻，仍须直书其事，不得广有牵引。事关急切者，许非时诣阁上章，不须候次对。"七月，诏："朝臣出使，还日，具所见民间利病以闻。"太祖还常常详延故老，问以前朝兴废之由，铭之于心，以为鉴戒。[①]但是，说到对唐末五代乱因的分析，对于为患二百年之久的藩镇之患的消除办法，则以赵普的论述最为透彻和精辟，所提措施也最切中时弊。太祖基本是按赵普的办法，去矫正五代之弊，加强中央集权的。

　　赵普的"君弱臣强"四字，道出了藩镇割据的原因，所谓"君弱"，指的是中央的权力不强。赵普的办法，就是三条：削夺其权[②]，制其钱谷，收其精兵。言简意赅，可称为"三大纲领"。实施三大纲领以后，藩镇的基本权力已经丧失，节度使无割据之基础，迟废罢还是早废罢，就无足轻重，无关大局了，因为"君弱臣强"的局面已完全改观。

　　三大纲领，并非赵普凭空提出的，他是在前人的基础上总结出来的。

　　中唐以后，节度使领有数州之地，自相雄长，拥兵自重。其财赋有留使、留州之名，上交中央者少，多为节度使所截留；节度使因而拥有经济实力，能够养活大批军队。节度使都拥有大批军队，兵强马壮者便得以吞并他镇，反之则易为人吞并，所以都极力保持一支强大的军队，并不断扩大。陈亮指出："唐自肃、代以后，上失其柄，而藩镇自相雄长，擅其土地人民，用其甲兵财赋，官爵惟其所命，而人才亦各尽心于其所事，卒以成君弱臣强、正统数易之祸。"于是，"藩镇诸州，听命帅府，如臣

---

　　①　《长编》卷三，《宋史》卷一《太祖一》，《春明退朝录》卷下。
　　②　诸书所载，均作"稍夺其权"，此据《宋大事记讲义》卷二《处藩镇，收兵权》。按所施行之措施，非"稍夺"，而系"削夺"也。

之事君，虽或因朝命除授，而事无巨细，皆取决于帅，与朝廷几于相忘"。①
张方平曾描述藩镇在中唐以后的发展情况："唐失御于藩师，至于一道百
城，跨制千里，列郡长吏，出其所署，戮二千石而不请，专地继世，仅
如战国。自安、史起衅，河北非王土；德、顺姑息，河南皆寇壤；章武
（宪宗）勤劳，夙夜拔材练谋，极力十年，粗夷险阻；懿、僖之后，寝微
益削；朱氏兼领十镇，遂行窥逼而受终矣。五代圮坏，颠危相逐，皆由
强诸侯拥重兵而夺取焉。"②

　　从唐代后期开始，就有人提出过消除藩镇割据的办法，尝试加强中
央集权。唐宪宗时，中央权威曾一度上升，帅臣乌重胤就建策"欲杀节
镇之权"。乌重胤认为，藩镇能够割据，原因是刺史失职，各州没有军队，
不能管辖本州事务。因此，在元和十三年（818）时，他提出建议，让刺史、
县令各司其职，把军队交给各州刺史管辖，企图以此消除藩镇割据的局
面。当时，乌重胤做横海军（治沧州，今河北省沧县东南）节度使，率
先在辖区内实行了这两条办法，受到宪宗的奖赏。③乌重胤之策及其试行，
是唐代统治者削夺藩镇的一次尝试，其结果却是不能实行下去，失败了。
因为当时藩镇之势方兴未艾，唐中央的军力日益衰落，河朔拒朝命六十
年而力不能平。宪宗的所谓中兴，主要依靠的还是藩镇兵力，用藩镇去
进攻藩镇；其结果，各地藩镇在表面上虽然都表示听命于朝廷，实际上
专权如故，势力多未受到影响。军力上内轻外重的局面不改变，客观上
就没有削夺藩镇的可能，更谈不上消除藩镇割据的局面。在这种情况下，
即使让刺史和县令领其政事，刺史统兵，他们也仍然唯藩帅的马首是瞻；
而藩帅也不会真正把政权、财权和军权交出去的。更何况当时朝政紊乱，
党争不已，宦官专政，唐中央的力量正在衰落，削藩更无可能实现。

---

　　①　《陈亮集》卷一《上孝宗皇帝第一书》，参见《宋史》卷四百三十六《陈亮传》；《燕翼诒谋录》
卷一。
　　②　《乐全集》卷七《藩镇》。
　　③　《旧唐书》卷一百六十一《乌重胤传》。

五代时期，中央军力强大，压倒藩镇的兵力，禁军已成为唯一可以左右时局的力量，离开了禁军，藩镇与中央的对抗必定归于失败。所以，藩帅虽因武夫得志，骄蹇之气没有丝毫减少，但力量衰弱，不足与中央抗衡，对于中央政权的更替，已经不起决定作用了[①]。因而禁军成为腹心之患，而藩镇只是肢体之患。由于有了这样的基础，五代各朝在削弱藩镇上，都程度不同地做出了贡献。五代时期削弱藩镇的主要措施有：1. 军队屯戍措施。禁军进驻地方，方镇兵遣屯外镇，形成禁军、方镇兵同驻一地，一军分屯数地的情况。2. 由诸道选募骁勇。后唐末帝清泰初年和周世宗时都实行过。3. 移易方镇。方镇调动频繁，在镇长则四五年，一般一二年，短则数月。4. 分割方镇地盘和支郡"直属京"。昭义、护国、魏博、忠武、宣武等镇都被分割为几个镇。5. 隳城湟，拆城防之具。后唐庄宗同光二年（924）曾实行过。6. 举荐用人及州县行政方面：限制了方镇举荐州县官的人数，对方镇举荐奏辟主要幕僚的权力作了限制，采取措施，提高州县官地位，明确其职权。7. 征收两税，收回财权。[②] 经过这一系列削藩制置，藩镇被削弱了，到周世宗整军经武以后，藩镇更无力对抗中央。这时，削夺藩镇的时机已经成熟。周世宗在位六年，致力于统一事业，对于藩镇这肢体之患，还没有来得及着手消除。宋太宗曾对近臣说起："前代武臣，难为防制，苟欲移徙，必先发兵备御，然后降诏。若恩泽姑息，稍似未遍，则四方藩镇，如群犬交吠。周世宗时，安审琦自襄阳来朝，喜不自胜，亲幸其第。"周世宗征淮南返回时，有许州百姓向他告发节度使向训的不法之事，世宗竟把此人交给向训鞫问，向训便把告发者活活沉入水中。[③] 李筠在潞州有种种的不法之事，世宗也予以容忍。于此可见，直到五代末年，藩镇的气焰还是比较嚣张的。

到了宋初，统治者们不能继续容忍藩镇的嚣张，着手消除藩镇之患

---

① 详见拙文《五代政权递嬗之考察》。

② 详见李昌宪《五代削藩制置初探》。

③ 《长编》卷三十二，淳化二年正月；卷三十八，至道元年十二月。

了。宋初的统治者们总结了前代统治者削藩的经验教训，作为宋初统治集团中的谋略之士、太祖的主要辅臣，赵普便提出了三大纲领来消除藩镇之患。乌重胤之策，在五代时便很有名。《旧五代史》卷一百四十九《杂录》记载，后梁开平四年（910）四月，敕："诸州镇使，官秩无高卑，并在县令之下。"其年九月，诏许魏博管内刺史得以专达。议者认为是合于唐乌重胤之策。于此可见，乌重胤之策在士大夫中间是有影响的，因此，它对宋初的统治者们无疑是有启发和帮助的。乌重胤的办法——夺取节度使的行政权和兵权，也是赵普三大纲领中的两条。因此，北宋哲学家程颢说："赵普除节度使权，便是乌重胤之策，以兵付逐州刺史。"南宋的孙之弘也说："乌重胤欲杀节镇之权，我宋实用以弭五代之祸。"[①]事实上，赵普的办法，比乌重胤之策更周密，更全面。且不说财权之夺，是乌重胤没有提出的；就是对于行政权和兵权的处置，也是乌重胤之策不能望其项背的。

（二）消除藩镇之患

吕中曾指出："天下之所以四分五裂者，方镇之专地也；干戈之所以交争互战者，方镇之专兵也；民之所以苦于赋繁役重者，方镇之专利也；民之所以苦于刑苛法峻者，方镇之专杀也；朝廷命令不得行于天下者，方镇之继袭也。太祖与赵普长虑却顾，知天下之弊源在乎此，于是以文臣知州，以朝官知县，以京朝官监临财赋，又置运使，置通判，置县尉，皆所以渐收其权。"进而又罢免一些资深望隆的节度使，授散官留京，而代之以文臣。于是，为患二百年之久的藩镇势力，便基本消除了。"朝廷以一纸下郡县，如身使臂，如臂使指，无有留难，而天下之势一矣。"[②]这就是宋初实行三大纲领的基本情况。

"削夺其权"：先是收回节度使对属下的生杀予夺之权；然后以常参

---

① 《程氏遗书》第三《谢显道记忆平日语》，《习学记言序目》附录一《孙之弘序》。

② 《宋大事记讲义》卷二《处藩镇，收兵权》；又见《宋史全文》卷一，乾德三年三月引吕中曰；《宋史纪事本末》卷二《收兵权》引吕中曰。

官做节度州直属县的知县，以文臣为支郡的知州；又设通判，行州府之政，分节度之权；有些州县，干脆命令直属中央管辖。

早在建隆元年（960）十月，就下令，把原来由将吏担任的两京军巡及诸州马步判官，改用文人担任，由吏部流内铨注拟选人①。

建隆三年（962）三月，下达录案闻奏令，节度使不能再对属下行大辟（即死刑），要由中央的刑部详复。太祖下令时，对宰臣说："五代诸侯跋扈，多枉法杀人，朝廷置而不问，刑部之职几废。且人命至重，姑息藩镇当如此耶！"②从此以后，生杀大权即出自中央了。开宝三年（970）时，再次重申这个命令："诸道州府，应大辟案罪决论，录其案，朱书格律、断辞、禁仪、月日、官典、姓名以闻，委刑部复视。"③更详细地规定了报告的格式、内容。

乾德三年（965）七月，命令诸州的录事参军与司法掾一同断狱。开宝五年（972）七月，下诏说："颇闻诸州州司、马步院置狱外，置子城司狱，诸司亦辄禁系人，甚无谓也。自今并严禁之，违者重议其罪，募告者赏钱十万。"到了开宝六年（973）七月，下令不许诸道州府的马步都虞候及判官断狱，因为二者都是任命牙校担任的，所以罢去了这两种官职；同时，把马步院改为司寇院，用新及第的进士、九经、五经以及选人资序相当者做司寇参军，掌管司寇院，参与审理案件。④这样，一般案件的审理权也被中央掌握了。节度使的生杀大权没有了。

五代时，节度使把自己的亲随派到县里做镇将，与县令抗礼，凡是公事，都直接报告到州里，县里的官吏失去了职掌。建隆三年（962）十二月，按照赵普的建议，在诸县设置一员县尉，任命初赐第的人担任，地位在县主簿之下，俸禄则与主簿相同。盗贼、斗讼等事，以前由镇将

---

① 《长编》卷一。

② 《长编》卷三。《宋朝事实》卷十六同，时间作建隆二年。又见《宋史》卷一百九十九《刑法一》。

③ 《通考》卷一百七十《刑九》。

④ 《长编》卷六、卷十三、卷十四。

掌管，现在都交县令和县尉掌管。镇将的权力便不出城廓了。[①]乾德元年（963）九月，下令禁止州府长吏以仆从人干预公事。乾德二年（964）三月，又下令，节度使幕府中不许召署幕职，幕职人员都由中央铨授。七月，下令藩镇不许用初任官职的人做掌书记，必须是历经两任并且有文学才能的人，才许奏辟。乾德三年（965）三月，下诏："诸州长吏或须代判，许任宾席公干者，勿得使用元从人。"其原因是，"五代以来，领节旄为那守者，大抵武夫悍卒，皆不知书，必自署亲吏，代判都政，一以委之，多擅权不法"。乾德四年（966）七月，下诏说："自今诸州吏民不得诣京师举留节度、观察、防御、团练使、刺史、知州、通判、幕职、州县官。"防止节度使等利用这种手段达到长期在一地的目的，发展其势力。九月，窜逐受贿的武宁节度使高继冲（原荆南主）的元从军将高从志，重申乾德三年三月的诏命，要求"诸藩侯、州牧等，其谨守前诏，勿自贻悔"。到开宝四年（971）正月，下令不许诸道州县再派摄官，官吏有阙时，马上闻奏，由中央选派。在此以前所派的摄官统统罢免。采取以上措施后，节度使的予夺大权大都被削夺，连幕府中也是中央选派的人了。[②]

乾德元年（963）六月，因为符彦卿任天雄军节度使，长期镇守大名（今河北省大名县），专恣不法，属邑颇不治，于是特地选派了一批精明强干的人去做知县：大理正奚屿知馆陶县，监察御史王祐知魏县，杨应梦知永济县，屯田员外郎于继徽知临清县。从此以后，便开始用常参官知县了。馆陶等四县，都是魏州天雄军的直辖县；派常参官做知县，知县的地位大为提高，自恃是中央官吏，便与节度使分庭抗礼，不受役属了。后来，右赞善大夫周渭知永济县，符彦卿到城郊迎接他到任，周渭连马也不下，只在马上作揖，到了公馆后，才和符彦卿相见，平礼相待，不肯作为下属。永济县内有人杀伤人逃走了，周渭捕获后，宣布其罪状，

---

① 《长编》卷三，《燕翼诒谋录》卷一。
② 均见《长编》。参见《隆平集》卷二《革弊》。

处以死刑，也不送到节度使府上，符彦卿也毫无办法。^①

乾德元年（963）四月，湖南平定以后，"始令潭、朗等州直属京，长吏得自奏事"。这是不在新平定地区设置节度使而采取的新办法，防止在这些刚平定的地区再形成藩镇。这以后，西北和川陕的一些州县，也逐步直属中央管辖。乾德二年（964）七月，阶、成二州直隶京师。乾德五年（967）二月，庆州直隶京师；三月，商州直隶京师；五月，兴元府三泉县因大县屯兵，直隶京师。开宝二年（969）十月，归、峡二州直隶京师。开宝三年（970）三月，泽州直隶京师；五月，通远军直隶京师。这些州军，都属于支郡，直隶京师即是剥夺节度使的管辖之权。^②

通判的设置，也是在平定湖南以后。当时，所谓的"伪命官"大半留用，于是设置了通判，既不是知州的副职，也不是属官，派京官去担任，实际是监视知州，掌握大权。乾德二年四月，"始命刑部郎中贾玭等通判湖南诸州"。乾德三年（965）平蜀后，在蜀地也设置了通判。到乾德四年（966）十一月，因为通判权力过大，举动过分骄横，所以又稍加压抑，下令："自今事无巨细，须长吏、通判金议连书，僚属方得奉行。"开宝四年（971）十月，诏应州有公使处，知州与通判同上历支破。这样，知州和通判能够互相牵制，不致有一方独揽大权。后来，通判一职逐渐从川、湖推向全国，各州依事务的繁简不同，设置了一到二员通判。开宝四年正月，在诸州府专门设置了形势（即有势力人家）版簿，命令通判专门掌管其租税。此后，通判的主要任务是掌管一州的财政，同时也带有监视知州的任务^③。

通过以上的各种措施，节度使的行政权力已被削夺殆尽。

"制其钱谷"，宋初的主要措施是：设转运使掌一路之财，由通判掌一州之财，取消留使、留州的名目，各州的财政盈余全部运往京师。

---

① 《长编》卷四。参见《渑水燕谈录》卷五。
② 均见《长编》。
③ 见《长编》。参见《归田录》卷二，《隆平集》卷一《官名》，《宋会要·职官四十七》之二。

财权的收夺是非常重要的，一可改善中央财政状况，二可防止节度使豢养心腹、收买军队。叶适说："唐末藩镇自擅，财赋散失，更五代而不能收。加以非常之变屡作，排门空肆以受科敛之害，而财之匮甚矣。故太祖之制诸镇，以执其财用之权为最急。既而僭伪次第平一，诸节度伸缩惟命，遂强主威，以去其尾大不掉之患者，财在上也。"①

收夺财权，也是从符彦卿身上开始的。五代时期，藩镇派亲信小吏掌管租税收入，概量增溢，公取余羡；符彦卿在天雄军用这种办法盘剥民众特别厉害。太祖听知后，在建隆三年（962）二月，即派遣常参官去天雄军主管租税之事。到乾德二年（964）赵普为相后，便开始大规模收夺节度使的财权了。

从唐代天宝（742—756）以来，各地的赋税就有了留使、留州的名目，上调给中央的很少。进入五代以后，藩帅"率令部曲主场院，厚敛以自利。其属三司者，补大吏临之，输额之外辄入己；或私纳货赂，名曰贡奉，用冀恩赏"。太祖初年，节度使来朝见时，还循常制，都有贡奉。赵普为相后，力劝太祖革去这个弊病。于是在乾德二年，第一次命令各州，每年的民租和筦榷之课，除了留下州里的支度给用以外，缣帛之类全部送到京师，各州不许占留；官府没有牛车运送的，就租老百姓的充用。乾德三年（965）三月，再次命令各州，除度支经费外，凡是金帛之类，全部要送到京师，作为军费，不许占留。五月，派遣常参官十八人分往诸道受民租，不由州县官吏过问。同年，开始设置转运使；九月，以度支郎中苏晓为淮南转运使，掌淮南路财赋收入。乾德五年（967）六月，下令：诸州通判及钤辖、都监、使臣，毋得受所在州官赐外添给钱物。开宝元年（968）五月，诏：诸道州府追属县租，"自今令录事参军躬按文簿，本判官振举之"。又诏：诸道当辇送上供钱帛等，舟车并从官给，勿以扰民。当月，根据淮南转运使苏晓的请求，下诏："诸州通判、粮料官至任，并

---

① 《水心别集》卷十一《财总论二》。

须躬自检阅帐籍所列官物，不得但凭主吏管认文状。主库吏每三年一易。"这时，通判已在掌管一州财政了。开宝三年（970）五月，下令："诸州长吏，毋得遣仆从及亲属掌厢镇局务。"

在实行上述措施的同时，又派京朝官廷臣监临各处的场院，条禁、文簿渐为精密。场务监官，是宋代的发明。《曲洧旧闻》卷一载："五代以前官制及士大夫碑碣，并不见有场务监官。太祖亲见所在场务多是藩镇差牙校，不立章程法式，公肆诛剥，全无谁何，百姓不胜其弊。故建隆以来，置官监临，制度一新，利归公上，官不扰而民无害。"《宋大事记讲义》卷三《蠲租省刑》说："遣使监输民租，其意将以利农民耳，亦所以革方镇擅赋之弊。"于是，"节度、防御、团练、留后、观察、刺史者，皆不预签书金谷之事"，"利归公上而外权削矣"。[①]

另外，有一条削夺财权的措施，似未被人注意，《宋史》卷一《太祖一》和《长编》卷一均未记载。《宋大事记讲义》卷三《蠲租省刑》记载："建隆元年二月，宽商征。自唐末藩镇擅利，其后诸国分据，故征筭尤繁。是年，诏所在毋得苛留旅人，非有常算之币，勿搜其箧。""宽征税，其意将以利商旅耳，亦所以革方镇擅利之弊。"[②]这条措施有利于工商业的发展，也削夺了藩镇的商税收入。

节度使的财权被收夺以后，作为安抚和交换，"诏给侯伯随使公使钱，虽在京亦听半给。州县租赋悉归公上"[③]。

宋初把地方的财权收归中央以后，地方上不再有掌握财权的节镇大僚，因而也就没有了赏赐将士的权力和能力，无法用发财的办法鼓动士兵们闹事。这样，即使发生兵变，也不会和地方大僚相结合，"自择留后"，

---

① 以上未注者，均见《长编》。参见《宋朝事实》卷九，《东都事略》本传，《名贤氏族言行类稿》卷三十八《赵普》。

② 宽商征事，《宋史》卷一百八十六《食货下八》不载。《通考》卷十四《征榷一》记载，未注月。《宋会要》食货一七之一〇载："太祖建隆元年四月，诏诸州勿得苛留行旅，赍装除货币当输算外，不得辄发箧搜索。"当即《大事记讲义》所言事。唯《讲义》作"二月"，《会要》作"四月"，有不同。

③ 《闻见近录》。

而只会直接反对朝廷。因此，更戍或就粮的禁军不会变成割据力量。藩镇割据的社会基础消除了。

"收其精兵"。宋初通过选拔精兵到禁军，使藩镇自知兵力的精锐不是中央的对手，不敢萌生异念。各地尚能作战的厢军，又经常被抽调参加统一战争和服各种差役。厢军一般不进行训练，战斗力越来越弱。开宝元年（968）十一月，又诏：以盗贼渐息，减诸县弓手有差，令、尉辄占留者，重置其罪。各地的州县城池不许修缮，以防有人据以起事，甚至连都城也不缮修。《后山谈丛》卷四载："赵普请缮都城，太祖不可，曰：'使寇至，此其谁驻足耶？'"节度使拥兵自重的可能性没有了。

三大纲领的实施，使节度使的权力基本都被削夺了，藩镇之患也就基本消除了。其结果，正如北宋史学家范祖禹所说："收乡长、镇将之权，悉归于县；收县之权，悉归于州；收州之权，悉归于监司；收监司之权，悉归于朝廷。""上下相维，轻重相制，如身之使臂，臂之使指，民自徒罪以上，吏自罚金以上，皆出于天子。藩方守臣，统制列城，付以数千里之地，十万之师，单车之使，尺纸之诏，朝召而夕至，则为匹夫。是以百三十余年海内晏然。"南宋哲学家陈亮也说："艺祖皇帝一兴，而四方次第平定，藩镇拱手以趋约束。使列郡各得自达于京师，以京官权知，三年一易。财归于漕司，而兵归于郡，朝廷以一纸下郡国，如臂之使指，无有留难，自管库微职，必命于朝廷，而天下之势一矣。"[1]

（三）宋初的节度使

宋初，经过三大纲领的实施，节度使的情况在建隆、乾德年间（960—967）和开宝年间（968—976）有明显的不同。

《宋史》卷二百七十一的论赞说："太祖有天下，凡五代之臣，无不以恩信结之，既以安其反侧，亦藉其威力，以镇抚四方。"所以，五代后周

---

[1] 分见《范太史集》卷二十二《转对条上四事状》及《长编》卷四百六十八，元祐六年十二月；《陈亮集》卷一《上孝宗皇帝第一书》，参见《宋史》卷四百三十六《陈亮传》。

时的节度使，在建隆、乾德年间大都没有罢免，只是移镇而已。据《长编》记载，这一时期中，只有义武节度使孙行友，在建隆二年（961）八月被削夺官爵，禁锢私第；滑州节度使张建丰，在建隆三年（962）二月因甲仗军资库失火被免官，发配唐州。其余节度使，除死去的外，没有被罢免的。当时，节度使还颇受优礼。从建隆二年闰三月以后，节度使以上官出使赴镇，都要在广政殿设宴送行。建隆三年三月，有司上重定合班仪制，原来节度使班在诸司三品之下，这时改为在六曹侍郎上，中书侍郎下，排班的地位被提高了。《燕翼诒谋录》卷一说，原因是太祖"以节度使受禅"。乾德二年（964）二月，安远节度使兼中书令王晏致仕，为表示优礼，太祖下诏："自今藩镇带平章事求休退者，每遇朝会，宜令缀中书门下班。"乾德五年（967）正月，又改变原来"节度使不带平章事者，皆位在卿监下"的故事，"升节度使班在龙墀内金吾将军上"。这些与削夺三权同时采取的优礼行动，是对节度使的一种安抚。

在太祖时期，节度使还保留了一些经济权益，如一直可以回图贸易，可以取管库钱。开宝八年（976），韩重赟在相州为节度使，仍以笔牍私取管库钱，相州录事参军钱文敏不与，重赟大怒，召文敏廷责之。[1]

吕中曾说："禁卫之兵骄，方镇之权重，五代以下，以智力取之而不足，太祖以杯酒宴笑收之而有余。又徒见其收之易，而不知其收之者，固自有本也。""太祖之所以能收其权者，正孟子所谓为政不得罪于巨室，裴度所谓处置得宜，有以服其心。不然，无故而行削权之策，岂不动七国之变哉！"[2]吕中的话，吹捧太祖，是英雄史观，看不到历史的必然性，看不到时代和人民的要求，这原是不足怪的。他的话却也说出了一个事实，宋初无论是改革兵制也好，削夺节度使也好，都保护了大官僚大地主们的权益。收禁军兵权和削夺节度使，都以扩大其经济利益为交换，

---

① 《长编》卷十六，开宝八年九月。
② 《宋大事记讲义》卷二《处藩镇，收兵权》。

就是明证。宋初对节度使的优待，也是有力证明。

三大纲领的实施，主要是在建隆、乾德年间。同时，早在建隆元年建国不久开始时，就已根据赵普的建议，用文臣来代替武臣了。据《国老谈苑》卷上记载，太祖曾经问赵普："唐室祸源，在诸侯难制。何术以革之？"赵普回答："列郡以京官权知，三年一替，则无虞。"太祖便按赵普的建议去做了。对于武臣，"或因其卒，或因其迁徙致仕，或因其遥领他职"，总之，在藩镇有阙的时候，便多任命京官权知。而京官则毫无例外地都是文臣。后来平定南方各国以后，也都用文臣权知州府事。为提高文臣知州的权威，他们往往带着中枢职衔出知州事。这种不罢中枢政事而去地方权知州府的情况，在太祖以后的北宋各朝，似乎再没有出现过了。

建隆元年（960）七月，成德节度使郭崇入朝，太祖命宣徽南院使昝居润权知镇州。十一月，平定李重进的反抗后，以宣徽北院使李处耘权知扬州。宣徽南、北院使，是地位相当于执政的高官，有职掌，不是如三省的官职而已；昝、李二人都没有罢职。

建隆二年（961）七月，令李处耘自扬州还朝，命内客省使王赞权知扬州军府事。

建隆三年（962）六月，吴廷祚罢枢密使，为雄武节度使，知秦州。吴是文臣。

乾德元年（963）正月，命太常卿边光范权知襄州。平定荆湖以后，三月，命户部侍郎吕馀庆权知潭州；四月，命枢密直学士、户部侍郎薛居正权知朗州。五月，凤翔节度使王景死后，命枢密直学士、尚书左丞高防权知凤翔府。六月，命枢密承旨王仁赡权知荆南军府事。枢密直学士一职，自赵普在宋初首先当过以后，简直就成了预备执政；而枢密承旨也是枢密院有实权的职位。

乾德二年（964）六月，以左羽林军大将军杜审进权知陕州，命殿中侍御史阎丕通判州事。

乾德三年（965）平蜀后，二月，命参知政事吕馀庆权知成都府，不罢政事；枢密直学士冯瓒权知梓州。后来，又以枢密直学士赵逢权知阆州。

开宝元年（968）正月，吕馀庆自成都回朝，又以兵部侍郎刘熙古为端明殿学士，权知成都府。六月，以右补阙辛仲甫权知彭州。[1]

由于在建隆、乾德年间实施了三大纲领，节度使的权力所剩无几，开宝以后，罢免节度使，代以文臣，就易如反掌了。

开宝二年（969）正月，天雄军节度使符彦卿等十二位节度使到京师朝见太祖。二月，征伐北汉时，太祖命户部员外郎、知制诰王祐权知潞州。七月，"因军府久不治"，符彦卿由天雄军节度使调任凤翔节度使；八月，以户部员外郎、知制诰王祐权知大名府（即天雄军）。十月，太祖一举罢去在五代时已为节度使、资历比太祖还深的五位节度使：安远节度使兼中书令武行德为太子太傅，护国节度使郭从义为左金吾卫上将军，凤翔节度使兼中书令王彦超为太子太师，定国节度使白重赞为左千牛上将军，保大节度使杨廷璋为右千牛上将军。这些节度使被罢免后，所授职均是散官，并无职掌；官至中书令的武行德和王彦超，也不过才任东宫官[2]。这些老资格节度使的威望大大压低了。《宋大事记讲义》卷二《处藩镇，收兵权》载此事，明言："用赵普之谋也。"

开宝五年（972），太祖曾对赵普说："五代方镇残虐，民受其祸，朕令选儒臣干事者百余，分治大藩，纵皆贪浊，亦未及武臣一人也。"实际上，更重要的是因为文臣易制，不大可能与军队结合罢了。当时，赵普曾推荐文臣辛仲甫，称其有武干，于是太祖命辛仲甫为西川兵马都监。太祖并召见他，对他说："汝颇忠淳，若公勤不懈，不日亦当为牧伯也。"[3]宰相范质是不同意用儒臣知大藩的办法的，早在乾德元年（963）十二月，

---

① 均见《长编》。

② 《长编》卷十，参见《容斋四笔》卷十五《节度使改东宫环卫官》。

③ 《长编》卷十三；《太平治迹统类》卷二，"令选儒臣"作"今选儒臣"。

范质在奏疏中就说过："臣窃见七八处大藩方，皆要害之处，即日并未有主帅，皆是儒士，懦弱权轻力小。"[1]藩臣"懦弱权轻力小"，正是太祖与赵普希望达到的目的，所以虽则范质以宰相身份反对，而以文臣知州的现象有增无已。太祖开宝五年的话，只不过是冠冕堂皇地把自己打扮成为民谋利的圣主罢了。

宋初实施三大纲领，以文臣知州，消除了藩镇割据的基础，仍然做节度使并握有一定权力的开国功臣们也大大收敛，不再偃蹇了。开宝三年（970），王审琦在寿春为忠正节度使，"所部邑令以罪停其录事史，幕僚曰："令不先谘府，请按之！'审琦曰："五代以来，诸侯强横，令宰不能专县事。今天下治平，我忝守藩，而部令宰能斥去黠吏，诚可赏，何按之有！'"而早在乾德二年（964）六月，郭从义由武宁节度使移护国节度使时，就常郁郁不乐，对僚属叹息道："从义龌龊藩臣，摧颓若是，当为英雄所笑矣。"郭从义已在哀叹昔时节度使的地位一去不复返了。到了开宝以后，藩帅的摧颓更日甚一日，虽是开国功臣的王审琦，也不敢放肆。于是，"虽大藩府，不敢臣属其下，使之拜伏于庭。而为小官者，亦渐有陵慢其上之意"。[2]这样，武臣的地位大为降低，逐渐发展为重文轻武、武臣受压抑的局面。王安石在《上仁宗皇帝言事书》中说："今之学者，以为文武异事，吾知治文事而已，至于边疆宿卫之任，则推而属之于卒伍。""天下学士，以执兵为耻，而亦未有能骑射行阵之事者。"[3]这也可以说是矫枉过正的结果吧。

有一点需要指出，以中央官出典外州，宋初盛行，但这种现象在后周时就已有了。《宋会要·职官四十七》之一记载："周朝州镇有阙，或遣朝官权知。"[4]说明这种措施在后周时已采用过，但成为制度，还是在宋初。

---

① 《诸臣奏议》卷一百二十《上太祖谏伐河东》。

② 《长编》卷十一、卷五；《燕翼诒谋录》卷一。

③ 《临川先生文集》卷三十九。

④ 此乃金毓黻先生之发现，见金毓黻：《宋代官制和行政制度》。

第四章　宋初统一事业中的赵普

第一节　赵普与统一战略

（一）统一的历史条件

赵宋政权建立的时候，天下分崩离析，北方有北汉，南方有南唐、吴越、南汉、湖南、南平（荆南）、后蜀等割据政权。同时，占据燕云一带、控制长城以北广大地区的契丹（辽）政权，是赵宋政权的劲敌，严重威胁着北部边境的安全。消灭割据、统一全国的历史使命，摆在赵宋统治者面前。

五代以来，随着南方经济的发展，北方经济的恢复，南北之间的经济联系进一步加强。中原地区常有商人到南方的吴越、南唐、楚（湖南）等国购买茶叶，运回中原销售。周世宗柴荣在少年时，曾做过茶商，贩运茶叶。吴越和闽从海路到登州（今山东省蓬莱市）和莱州（今山东省莱州市）登陆，与中原做生意。湖南在楚王马殷统治期间，不征商税，四方商贾辐辏，用境内的余剩物资，交易天下百货，使楚政权富裕起来。马殷还派人在开封等处设立"回图务"，从湖南运茶到中原，交易缯纩战马，岁收几十万，使得国用充足。① 这是南北经济交流的一个典型例证。南北经济交流的发展，使开封和南京（今河南省商丘市）成为繁华的商业都市。《闻见近录》记载："南京去汴河五里，河次谓之河市。五代国初，官府罕至，舟车所聚，四方商贾孔道也。"开封则早在后晋时，即已被称

---

① 《十国春秋》卷六十七《武穆王世家》。

为"水陆都会，资用富饶"，[①]到后周时，就更繁华了。《玉壶清话》卷三记载：

> 周世宗显德中，遣周景大浚汴口，又自郑州导郭西濠达中牟。景心知汴口既浚，舟楫无壅，将有淮浙巨商贸粮斛，贾万货，临汴无委泊之地。讽世宗，乞令许京城民环汴栽榆柳，起台榭，以为都会之壮。世宗许之。景率先应诏，踞汴流中要，起巨楼十二间。方运斤，世宗辇辂过，因问之，知景所造，颇喜，赐酒犒其工，不悟其规利也。景后邀巨货于楼，山积波委，岁入数万计。

这个故事，充分反映出开封的商业繁荣情况，说明以开封为中心的商业网已经形成。这样的经济形势，使割据不能再长久持续下去，而统一则成为时代的要求。

人民受战乱之苦最深，要求统一的愿望特别强烈，拥护和支持统一事业。在当时的历史条件下，人民也只能把统一的希望寄托在比较开明的帝王身上。这就是历史的局限性。

属于统治阶级的帝王、将帅、地主、商人等等的人们，为了保持和扩大自己的地位和势力，也都强烈希望统一能够实现。

否定割据、要求统一的呼声日益高涨，使各割据小国的君臣们也都感觉到，割据局面不能再维持下去了。据《长编》卷四、卷五记载，荆南的节度判官孙光宪，对荆南主高继冲说："中国自周世宗时，已有混一天下之志。圣宋受命，凡所措置，规模益宏远。""不若早以疆土归朝廷，去斥堠，封府库以待，则荆楚可免祸，而公亦不失富贵。"继冲以为很对。后蜀的宰相李昊对蜀主孟昶说："臣观宋氏启运，不类汉、周。天厌乱久矣，一统海内，其在此乎？"南汉的内常侍、禹馀宫使邵廷琄，也多次对

---

① 《资治通鉴》卷二百八十一《后晋纪二》，天福二年二月。

南汉主刘鋹说："夫天下乱久矣，乱久必治，今闻真主已出，将尽有海内，其势非一天下不能已。"这些宋人的记载，美化和吹捧赵宋政权是必然的，但从中也多少可以反映出统一已是大势所趋，人心所向，成为不可阻挡的历史潮流。

公元907年，朱全忠建立后梁政权，中原地区新的政权中心已经形成，割据局面开始呈现出走向统一的趋势。当时除盘踞太原的李克用、凤翔的李茂贞、淮南的杨渥、西川的王建以外，其他藩镇"皆禀梁正朔，称臣朝贡"。王建和杨渥企图串联各地藩镇，"会兵兴复唐室"，但"卒无应者"。[①] 李存勖灭梁后，北部中国已基本统一，统一的趋势更加强了。

周世宗的改革，使政治和经济上都出现了一派新气象。赵宋政权继承了周世宗经营的成果，拥有一百十一州的版图[②]和九十六万户的人民，大大超过了南北各小国；经过周世宗选练的禁军，士卒精强，屡战屡胜，士气高昂；太祖及其一班战将，能征惯战，久经战阵，因此，统一的希望和重任，自然就落在了赵宋政权身上。这是赵宋政权得以基本实现统一的历史条件。而当时历史发展的趋势和要求，则是赵宋统一实现的根本原因之所在。

（二）王朴的统一计划

在宋初，要完成统一大业，有两种选择：一是先南后北，即先消灭南方各国，再回兵向北，灭北汉，收复燕云十六州之地；一是先北后南，即挥兵北上，收复燕云，拒契丹于长城以外，再回兵南下，消灭南方各国。太祖和赵普在选择统一战略时，参考和借鉴了后周大臣王朴的统一计划，以至元代历史学家胡三省说："世宗用兵，以至宋朝削平诸国，皆如王朴

---

① 《资治通鉴》卷二百六十六《后梁纪一》。

② 按，《新五代史》卷六十《职方考》言宋初有一百一十八州，而《宋会要·方域七》之二五、《元丰类稿》卷四十九《户口版图》、《玉海》卷十八《开宝较州县数》、《宋史》卷八十五《地理一》等处均言一百一十一州。据聂崇岐《宋代府州军监之分析》考证，宋初实有者，为一百一十一州也。见《宋史丛考》上册，第19—121页。

之言。"①

周世宗即位不久，命群臣计议统一之策。王朴在显德二年（955）四月上书，建议实行先南后北的统一计划。王朴建议，由易入手，先易后难。具体步骤是：先取江南（南唐），再下岭南（南汉）、巴蜀（后蜀）；南方既定，移兵攻燕云，最后以强兵制伏北汉。周世宗看后很赏识王朴，决定采用他的统一计划。但在实际执行过程中，并没有能够完全按照王朴的建议去做，以致清初著名历史学家全祖望在《周世宗论》中说，世宗"固未尝用朴之言"②。其实，说周世宗全如王朴之言也好，说他固未尝用王朴之言也好，都不对。周世宗先攻后蜀，再攻南唐，是依照王朴之言去做的；收取淮南十四州后，即北上攻取关南之地，与王朴之言不合，其原因是契丹时时窥测后周边境，出兵南下，使北方形势紧张，世宗不得不根据客观实际而改变计划。但无论如何，作为周世宗最为倚重的股肱大臣王朴，也受到宋初君臣的崇仰；王朴提出统一计划的著名的《平边策》，受到周世宗的重视和采用，也就不能不给宋初君臣以很大影响。

（三）赵普与统一战略

太祖即位不久，建隆元年（960）八月，忠武节度使兼侍中张永德徙武胜节度使，到京师朝见。当时，太祖刚平定李筠在泽、潞的反抗，打算乘胜进攻北汉，因此私下向张永德征求意见。永德说："太原兵少而悍，加以契丹为援，未可仓卒取也。臣愚以为每岁多设游兵，扰其田事，仍发间使谍契丹，先绝其援，然后可图。"太祖听后称善。接着，九月李重进反，征北汉一事遂搁了下来。③

当年十一月，平定李重进的反抗。不久之后，有一天，天下着大雪，太祖和其弟、殿前都虞候光义来到了赵普家。赵普在堂上铺设重裀，三人席地而坐，炽炭烧肉。赵普的妻子和氏行酒，太祖呼之为嫂。赵普问

---

① 《资治通鉴》卷二百九十二，显德二年四月注。
② 《鲒埼亭集外编》卷三十七。
③ 《长编》卷一。

太祖："夜久寒甚，陛下何以出？"太祖说："吾睡不能着，一榻之外，皆他人家也，故来见卿。"赵普说："陛下小天下耶？南征北伐，今其时也。愿闻成算所向。"太祖曰："吾欲收太原。"赵普默然不语，过了许久才说："非臣所知也。"太祖追问他为什么这样说，赵普回答："太原当西北二边，使一举而下，则边患我独当之，何不姑留以俟削平诸国。彼弹丸黑子之地，将何所逃。"太祖笑着说："吾意正尔，姑试卿耳。"于是，决定了先南后北的战略。[①] 这就是有名的"雪夜访普"故事。

决定采取先南后北的统一战略的原因及其具体步骤，《东都事略》卷二十三《孟昶等传》的论赞中，记载了太祖对光义说的一段话，正好回答了这个问题。太祖说："中国自五代以来，兵连祸结，帑廪虚竭，必先取西川，次及荆广、江南，则国用富饶矣。今之劲敌，只在契丹，自开运以后，益轻中国。河东与契丹接境，若取之，则契丹之患我当之也。姑存之，以为我屏翰，俟我富实则取之。"[②]

光义曾在场听过太祖与赵普讨论统一战略，太祖的这段话，是对光义的一番解释和说明。从这段话可以看出，太祖和赵普决定采取先南后北的统一战略，有两个原因：一个是经济原因，一个是实力原因。从具体步骤来看，胡三省"宋朝削平诸国，皆用王朴之言"的话，也就不完全对了。

太祖的话里没有提到燕云，并不是忘记了或有意不提，而是把收复燕云放在了平定北汉以后。在太祖时期，对于收复燕云，一直是在积极准备的。据《长编》记载，乾德元年（963）闰十二月，龙捷军校王明"诣阙献阵图，请讨幽州"，太祖"赐以锦袍、银带、钱十万"。太祖时期设置封桩库，贮积钱帛，就是为了攻取燕云。《渑水燕谈录》卷五记载："艺祖贮财别库，欲事攻取（燕云），会上仙乃寝。"《避暑录话》卷下记载："祖宗

---

① 《长编》卷九，开宝元年七月；《邵氏闻见录》卷一。按，李焘未明言此事在何年，附见于开宝元年。然此段记载首言"上自即位"云云，又"一榻之外"之言，当在平李重进后不久。

② 参见《东轩笔录》卷一。

澶渊未修好以前，志在取燕，未尝不经营。故流俗言甚喜而不可致者，皆曰：如获燕王头。"《宋会要·帝系一》之三记载，开宝九年（976）——即太祖死的那一年，正月二十六日，晋王光义率群臣上表，请加尊号曰：广天应运一统太平圣文神武明道至德仁孝皇帝。太祖以汾晋未平，燕蓟未复，不欲称"一统太平"，诏答不允。于此可见，太祖直到其临终的那一年，也没有忘记收复燕云，而且把收复燕云放在平定北汉以后。积极准备攻取而又暂时不提燕云，是因为当时的力量不足以对抗契丹，战而胜之，所以把收复燕云放到消灭北汉以后去了。

张永德建议先搁置北汉，太祖虽称善而仍不忘北汉。赵普雪夜之言，才使太祖定下了先南后北的统一战略。"吾意正尔，姑试卿耳"，虚言而已。这个故事，后来被称为"雪夜访普"，成为流传很广的一个故事。明代还有描绘这个故事的画作，现藏北京故宫博物院。

第二节　统一的进程与战略指导

赵普为太祖确定了先南后北的统一战略后，即付诸实施，对北方的契丹和北汉采取了守御态势，而专力于向南用兵。

为保证北部和西北边境的安全，以赵赞屯延州，姚内斌守庆州，董遵海屯环州，王彦昇守原州，冯继业镇灵武，镇遏西北；以李汉超屯关南，马仁瑀守瀛州，韩令坤镇常山，贺惟忠守易州，何继筠领棣州，以拒契丹；又令郭进控西山，武守琪戍晋州，李谦溥守隰州，李继勋镇昭义，以御北汉。如本书第三章第二节所述，这些将领很受优待，有经济特权，能自专号令，所以在太祖时期一直保证了北部和西北边境的安全，使南征没有后顾之忧。

在向南用兵的过程中，太祖和赵普并没有拘泥于既定的战略计划，而是根据实际情况的变化，作了适当的调整。

建隆三年（962）十月，割据湖南的武平节度使周行逢故亡，他的年方 11 岁的儿子周保权继位。大将张文表不服，起兵反抗，湖南陷入内乱之中，周保权向赵宋朝廷求援。十一月，荆南节度使高保勖也死去了，他的侄子高继冲继位，年纪是二十九岁。当时，荆南的情况是："甲兵虽整而控弦不过三万，年谷虽登而民困于暴敛。南迩长沙，东距建康，西迫巴蜀，北奉朝廷，其势日不暇给，取之易也。"于是宋太祖制订了"出师湖南，假道荆渚"的"万全之策"，在乾德元年（963）正月，派遣慕容延钊和李处耘率军，假道荆南，声称去讨伐张文表，企图一举灭两国。结果，高继冲投降，周保权被擒，到三月就完全平定了荆湖两地。

乾德二年（964），太祖得到后蜀政权约北汉共同举兵攻宋的蜡书，笑道："西讨有名矣！"便在十一月派王全斌等人率领大军进攻后蜀。仅六十六天的时间，宋军便击败蜀军，迫使蜀主孟昶在乾德三年（965）正月投降。后来，虽有全师雄等人起兵反抗，到乾德四年（966）十二月也全部被消灭，巴蜀之地就此平定。

乾德二年，太祖派丁德裕与潘美、尹崇珂等率兵经营南方。九月，攻下了南汉的郴州。开宝三年（970）九月，太祖派潘美、尹崇珂率军，从湖南进攻南汉。开宝四年（971）二月，南汉主刘鋹投降，南汉平定。

南汉灭亡后，南唐主李煜十分恐惧，上表请求去国号，改"唐国主"为"江南国主"，"唐国印"为"江南国印"，并且请求赐诏呼名。在其国内，贬损制度，下书称教，改中书、门下省为左、右内史府，尚书省为司会府，其余官称多所更定。同时，又派人贿赂朝内大臣，给赵普就送了五万两银子。李煜采用了种种手法，以便延长割据政权的寿命。但是，太祖雄心勃勃，正思完成统一大业，"卧榻之侧，岂容他人鼾睡耶！"赵普也将送银之事报告了太祖，获准收下，而统一的进程，照样进行。太祖与赵普商议收取江南之事，对赵普说："王全斌平蜀，多杀人，吾今思之，犹耿耿，不可用也！"赵普便推荐曹彬、潘美可用。[①] 开宝七年（974）九月，

---

① 　《东都事略》本传，参见《长编》卷九，开宝元年七月。

准备就绪，太祖要进攻江南而师出无名，便派人去要李煜入朝。李煜称病固辞，太祖就出兵下江南了。此时，赵普虽已罢相，太祖仍然依照他的推荐，派曹彬、潘美率军下江南，并且授给曹彬一柄剑，下令："副将而下，不用命者斩之！"要求曹彬严加约束军队。开宝八年（975），宋军接连击破江南军，吴越钱俶也出兵夹击，到十一月，终于攻破江南都城金陵，俘获李煜。江南情况，不比荆湖、后蜀与南汉，军队也有一定的战斗力，所以宋军经一年多战斗，才平定江南。因此，在诸小国之王中，太祖独给李煜一个恶号——违命侯。[①]

在平定荆湖和后蜀后，太祖一度想先平定北汉，在开宝元年（968）八月和二年（969）二月，两次出兵进攻北汉。开宝二年，太祖和赵普还亲自出马，督师进攻，围攻太原达两月之久。开宝元年，契丹派挞烈发诸道兵救北汉，宋军退回。开宝二年出师前，老臣魏仁浦反对，说是欲速则不达，太祖不听；屯兵太原城下，时逢暴雨，军士多疾，太常博士李光赞又上书请班师，太祖问赵普，赵普赞同班师，于是下令班师。大军返回时，被北汉军出袭，后军战败，北汉夺得宋军所弃军储，得粟三十万，茶、绢各数万，"丧败罄竭，赖此少济"。此后，太祖采纳了薛化光之策，迁徙北汉境内居民，骚扰北汉田事，以削弱北汉。开宝八年，南汉和南唐均已平定，吴越和漳泉已俯首听命，成为囊中之物。于是，太祖在开宝九年（976）八月，又命令党进、潘美、杨光美、牛思进、米文义率兵，分五道进攻太原；又派郭进等分攻北汉的忻、代、汾、沁、辽、石等州。契丹又出兵援救北汉。十月，太祖突然死去，于是罢兵还师。太祖时期，终于没有能够平定北汉，但北汉屡经攻打，大量民众被宋军迁走，力量大大削弱，灭亡已是不可避免的了。

南方平定以后，赵宋政权的版图大为扩展，物质财富也大大增加。宋人说："乾德初，国用未丰"，"及取荆湖，下西蜀，储积充羡，始于

---

① 以上未注者，均见《长编》，参见《宋史·太祖本纪》。

讲武殿别为内库，号封桩库，以待岁之余用"。[①] 平定巴蜀后，宋军曾经拆毁后蜀的宫殿，采取木材，造了二百艘船，专门用来运送后蜀的物帛、铜钱、器皿和银腰带等战利品，应付江南军前；其余的珍珠细软，则经由陆路运到京师。南汉亡国后，虽经大火焚烧，宋军还获得了美珠四十六瓮。[②] 至于南唐的财物，不会少于后蜀的。这些财物，大大充实了赵宋政权的府库。

在平定南方的战斗过程中，太祖和赵普的战略指导是得宜的，这与赵普的运筹帷幄、精心策划是分不开的。这主要表现在以下几个方面：

第一，平定各国的次序得当。首先利用矛盾，"假途灭虢"，一举消灭了两个最弱小的小国，并且使南唐与后蜀被宋军从中隔断，不能互通消息。其次消灭后蜀，保障了西北边防的后方安全。然后，消灭残暴的南汉政权，从而对最强大的南唐形成三面包围，再加上完全听命于宋朝的吴越，南唐便处在赵宋政权的四面包围之下，虽欲不亡，也不可得了。吕中说："盖取天下者，先易而后难，先近而后远，先瑕而后坚。""周世宗欲平天下，王朴以为先江南而后河东。太祖之规模，先泽潞、淮南，次湖南、荆襄，而后及于江南广蜀之地；诸国既平，而后及于河东，盖得后先攻取之机矣。"[③]

第二，在战斗中注意安民，不扰民众，平定各国后，废除了一些苛捐杂税，有调发供亿之劳的地区，往往免租或减租，以示恩惠，以争取民心。进攻巴蜀时，太祖就叮嘱王全斌"勿害良民"；后来又严厉处置了违反约束的王全斌以下诸将，奖赏军纪较好的曹彬等人。进攻江南时，又嘱咐曹彬："切勿暴掠生民，务广威信"，"城陷之日，慎无杀戮"。正因为如此，宋军在平定各国时，大都没有遇到多大反抗，使统一战争得以比较顺利地进行。

---

① 《玉壶清话》卷二；《通考》卷二十三《国用考一》；《长编》卷六，乾德三年三月。

② 《十国春秋》卷四十九《蜀后主本纪》，卷六十《南汉后主本纪》。

③ 《宋大事记讲义》卷二《平荆南，平湖南》。又见《宋史全文》卷一，建隆四年二月，引吕中曰。

第三，平定各国以后，处理措施比较得当，收精兵入禁军，其余的或解散归农，或入剩员，既防止了各国的残余势力拥兵反抗，又增加了农业劳动力，有利于发展农业生产。

第四，优待降俘及各国的统治者，地方官吏大都留任，争取了各国统治集团的合作与归顺。如，乾德元年四月，平定荆湖后，管内文武官吏并依旧，仍加恩，立功者优其生。乾德四年七月，下诏：自京至成都沿路州县，有伪蜀职官将吏及其亲属疾病者，所在给医药，赐以钱帛。开宝三年七月，令西川官考满得替，更不守选。开宝四年六月，灭南汉后，命学士院试"广南伪官"，取书判稍优者，授上佐、令录、簿尉。平江南后，在开宝八年十二月，下令："伪署文武官吏现厘务者，并仍其旧。"同时，对于反抗破坏者，予以严惩，如诛杀放火烧毁宫殿财物的南汉大臣龚澄枢等人。为患唐朝后期一百多年的大害——宦官，南汉政权最多，有一百多人，全部被杀掉，以免再危害朝廷，此举受到一般士大夫的欢迎。[①]

第五，作战之前，准备比较周密。《元丰类稿》卷四十九《兵器》记载："宋兴，太祖将平定四方，命魏丕主作，责以称职。每造兵器，十日一进，谓之旬课，上亲阅之，作治之巧尽矣。国工署有南北作坊，岁造甲铠具装、枪剑刀锯、器械、箭䨱篦、皮笠、弩橦、床子弩凡三万二千；又有弓弩院，岁造弓、弩、箭、弦、镞等凡千六百五十余万。诸州岁造弓、弩、箭、剑、甲、兜鍪、甲叶、箭镞等凡六百二十余万。又别造诸兵幕、甲袋、钲、鼓、炮炒锅、锸、行槽、锹、镬、镰、斧等，谓之什器。凡诸兵械，置五库以贮之。戎具精劲，近古未有焉。"另外，重视侦察工作，如先派人了解荆南的情况；派人了解和侦察各国的地形险易情况；进攻江南以前，先在京师训练了水军。正因为谋虑周到，谋定而后动，所以能够马到成功。

第六，注意保护经济发达地区。对江南用兵以前，慎择主帅，严格

---

① 以上事例，均见《长编》。

表五　宋初被灭诸国情况一览

国名	州府	军	县	兵（人）	人口（户）	被灭时间	建置
荆南	①②③⑤⑥⑦⑧ 3		①②③⑤⑥⑦⑧ 17		①③④⑤ 142300 ⑥ 143300	乾德元年（963）二月	荆湖路
湖南	①②⑥⑦ 14 ③⑤⑧ 15	1监	①②③⑤⑦⑧ 66 ⑥ 58		①③④⑤⑥ 97388	乾德元年（963）三月	荆湖路
后蜀	①③⑤⑦⑧ 46 ②⑥ 45		①⑤⑦⑧ 240 ②③ 198 ⑥ 189		①④⑤⑥ 534029 ②③ 534039	乾德三年（965）正月	西川路
南汉	①②③⑤⑦⑧ 60 ⑥ 41		①②③⑤⑦ ⑧ 214 ⑥ 65		①②③④⑤ 170263 ⑥ 75139	开宝四年（971）二月	广南路
南唐（江南）	①②③⑤⑥⑦⑧ 19	3	①③⑤⑥⑦ ⑧ 108 ② 180		①③④⑤⑥ 655065 ② 655060	开宝八年（975）十一月	江南路

续表

国名	州府	军	县	人口（户）	兵（人）	被灭时间	建置
漳泉	①②③⑤⑥⑦⑧ 2		①②③⑤⑦⑧ 14 ⑥ 12	①③④⑤ 151978 ⑥ 110021 户 314932 口	18727	太平兴国三年（978）四月	并入福建路
吴越	①②③⑤⑥⑦⑧ 13	1	①②③⑤⑦⑧ 86 ⑥ 87	① 550608 ②③ 550680 ⑤ 550684 ⑥ 334932 户 724700 口	115036	太平兴国三年（978）五月	两浙路
北汉	①②③⑤⑥⑦⑧ 10	1	①⑤⑥⑧ 41 ②③⑦ 40	①②③ 35220 ⑤ 35227 ⑥ 305320	30000	太平兴国四年（979）五月	河东路

所引史籍：①《长编》，②《宋史》本纪，③《宋史》卷八十五《地理一》，④《通考》卷十一《户口二》，⑤《通考》卷三百一十五《舆地一》，⑥《隆平集》卷十二，⑦《东都事略》本纪，⑧《十朝纲要》。军、兵两栏，各书所载同，不另加注。

约束将领，从而大大减少了对富庶的江南的破坏。由此，江南和两浙两道，得以在北宋时期迅速成为中央财政收入的主要来源。[1]

第三节　赵普与燕云

（一）宋初统一战略评议

宋代以后，数百年来，对赵普确立的宋初统一战略，一直褒贬不同，争执颇大。大致来说，不外有三种意见。

第一种意见，以清初学者王夫之和全祖望为代表，认为先南后北的统一战略是错误的，从而导致宋初无法收复燕云。详见《读通鉴论》卷三十《五代下》和《鲒埼亭集》外编卷三十七《周世宗论》。当代史学家范文澜《中国通史简编》第三编第一册，韩国磐《柴荣》一书，汪槐龄《柴荣与宋初政治》一文，史苏苑《略论周世宗北征》一文等，都持相同意见。

第二种意见，以明代学者陈邦瞻为代表，认为先南后北的统一战略是正确的，但在向北用兵的先后次序上，则认为王朴之策最为切实可行，应当先燕云，后北汉。详见《宋史纪事本末》卷十二《平北汉》。

第三种意见，以宋人王称和王柏为代表，认为宋初统一战略是正确的，"风雪夜计，一新乾坤"。详见《东都事略》卷二十三《孟昶等传》论赞和《鲁斋集》卷八《赵普赞》。当代史学家邓广铭《论赵匡胤》一文和张家驹《赵匡胤论》一文，王煦华、金水高《宋辽和战关系中的几个问题》一文等，均持相同意见。

平心而论，三者各有理由，但以第三种意见的理由最为充分。我们评价宋初统一战略，应当看到，其结果是基本完成了统一；如果反其道而行之，赵宋皇朝建立后，即挥兵北上，那不过是一种军事冒险，"其结果，

---

[1]　以上几条，是在《中国历代战争史》第11册论述的基础上写成的，参见该书169页。

不但燕云诸州之地不能收复，割据局面的结束也必然又要推迟若干年了。"

三种意见争论的关键，在于如何看待宋辽（契丹）双方的实力；而其焦点，又在于如何看待周世宗北伐及其班师。

据史籍记载，周世宗北伐，是因生病才班师的，所以王夫之说："其有疾而竟不克者天也，其略则足以一天下而绍汉唐者也。"全祖望亦有同样观点①。王夫之和全祖望都夸大了周世宗北伐的胜利，又没有看到周世宗退兵的真正原因，故执论不免偏颇，从而也就不可能正确评价宋初统一战略。

但是，王夫之和全祖望的说法渊源有自，并非他们的发明。早在景德四年（1007）八月，宋真宗就曾对侍臣说过，周世宗"性虽严急，而智算雄武。当时亲征，下瀛、莫，非遇疾班师，则克服幽蓟矣"。②其后，在大中祥符五年（1012）成书③的陶岳的《五代史补》，在卷五《世宗上病龙台》，就有"契丹闻其（指周世宗）亲征，君臣恐惧"，"凡蕃部之在幽州者，亦连宵遁去"的记载。欧阳修撰《新五代史》，在卷七十三《四夷附录二》，便有"乘其胜威，击其昏殆"，惜"世宗遇疾，功志不就"之语。南宋著名爱国诗人陆游在《渭南文集》卷二十五《书通鉴后·又》中写道："世宗之谋，诚奇谋也。盖先取淮南，去腹心之患；不乘胜取吴、蜀、楚、粤，而举胜兵以取幽州，使幽州遂平，四方何足定哉！甫得三关而以疾归，则天也。其后中国先取蜀、南粤、江南、吴越、太原，最后取幽州，则兵已弊于四方，而幽州之功卒不成。故虽得诸国而中国之势终弱，然后知世宗之本谋为善也。"

上述的宋人说法，影响颇大，王夫之、全祖望之论，盖源于此。

宋人记事，多浮夸，尤其在有关宋辽关系的记载中，更是如此，往往把契丹写得不堪一击，力小势微；而对宋朝的实力，则多所夸大，失

① 《读通鉴论》卷三十《五代下》，《鲒埼亭集》外编卷三十七《周世宗论》。
② 《长编》卷六十六。
③ 《清波杂志》卷十二，《四库全书总目提要》卷五十一《史部·杂史类》。

败予以粉饰，胜利极力吹嘘，不可信的记载实在不少。宋代后周而立，太祖曾为周世宗大将，所以对后周与辽关系的记载亦出一辙。对于宋（包括后周）辽关系，必须参看宋辽双方的记载，比较分析，才能够比较接近实际情况。相比之下，《辽史》的记载比宋人的记载可信得多。上述的宋人一面之词，可疑的地方很多；仔细比较分析一下，不仅可疑，而且不可信。

首先看看双方的兵力对比。辽方的兵力，据《辽史》卷三十五《兵卫志中》记载："合骑五十万，国威壮矣。"其中，"大帐皮室军三十万，属珊军二十万"。有人认为这个记载夸大失实，应当是大帐皮室军三万，属珊军二万[①]。但是，《新五代史》卷七十二《四夷附录一》载："梁将篡唐，晋王李克用使人聘于契丹，阿保机以兵三十万会克用于云州东城。"《资治通鉴》卷二百六十六，在开平元年（907）五月记载了此事。《资治通鉴》卷二百八十六天福十二年（947）正月，《旧五代史》卷五十二《李嗣本传》、《李嗣昭传》、卷五十九《阎宝传》及卷二十六《武皇纪下》、卷二十八《庄宗纪二》，也都记载契丹有兵三十万。《长编》卷二十七引雍熙三年（986）春宋琪奏疏，卷五十五引咸平六年（1003）七月自契丹降宋的供奉官李信语，都讲到契丹屯驻幽州一带准备南侵的军队即超过十万人。上述这些记载，与《辽史》的有关记载是吻合的。《辽史》卷三十四《兵卫志上》载，耶律阿保机在即位前，"总兵四十万伐代北"；又载："若帝（阿保机）不亲征，重臣统兵不下十五万。"由此看来，《辽史》记载辽方总兵力达五十万，大致可信。据《辽史》卷三十一《营卫志上》和卷三十五《兵卫志中》的记载，辽方可以随时调遣的诸宫骑军即达十万一千人之多。后周世宗和宋太祖时的兵力，据北宋中期做过三司使的张方平和王拱辰说，禁军有十二万[②]。这十二万禁军当然不能扫数出征御敌了。

<hr>

① 张正明：《契丹史略》，第155页注③。
② 《乐全集》卷二十三《再上国计事》；《长编》卷一百五十九，庆历六年七月。

下面，再看看双方的战斗力对比情况。《旧五代史》卷一百十二《周太祖纪三》记载，广顺二年（952，辽应历二年）九月，镇州奏："契丹寇深、冀州，遣龙捷都指挥使刘海、牙内都指挥使何继筠等率兵拒之而退。时契丹闻官军至，掠冀部丁壮数百随行，狼狈而北。冀部被掳者望见官军，鼓噪不已，官军不敢进，其丁壮尽为蕃军所杀而去。"《资治通鉴》卷二百九十一记载相同。《资治通鉴》卷二百九十二记载，周世宗在高平击败北汉军后，乘胜进攻北汉，辽兵来援，周世宗派遣符彦卿、李筠、张永德等人率兵一万三千人迎敌，与辽军交战，结果，勇将史彦超被杀，"筠仅以身免，周兵死伤严重"。周世宗"数日忧沮不食，遂决还京之意"。[①]令人注目的是，这两次参战的周将都是为宋人称道的名将，甚至说何继筠为"契丹人畏服，多画像拜之"[②]。这两战，很能反映辽强周弱的军力。

如果说，以上两次战斗均在周世宗整军前，尚不能反映宋初军队的战斗力，那么再看看《长编》卷一，建隆元年十月的记载吧。当时，身为兵马钤辖、郑州防御使的著名勇将荆罕儒，与北汉大将郝贵超所率军激战，被北汉军杀死，宋军大败。宋军尚不能战北汉军而胜之，更遑论辽军。这时的军队，已是世宗整军后的精锐部队了。因此，周末宋初之际，军队的战斗力是不如辽军的。

周世宗北征能够获胜，整军经武，战斗力提高，世宗又奋发有为，深明韬略，都是重要原因。但是也要看到，在关南之地，辽方并没有部署重兵驻守，周军到来，望风归降，只有易州是攻下来的，这也是北征军迅速推进的一个原因。再有，辽方的战略，是固守城高池深、易守难攻的南京（即幽州），消耗周军的力量，待后援大军到来，再与周军进行决战，所以周军得以迅进。《辽史》卷四十《地理志四》记载，南京城方三十六里。《契丹国志》卷二十二《四京本末》记载，南京户口三十万，

---

① 参见《辽史》卷六《穆宗上》。
② 《长编》卷十二，开宝四年七月。

106

大内壮丽，城北有市，陆海百货，聚于其中。由此可见，幽州是有可能有实力坚守一段时间的，因此辽方采取固守南京的战略。后来宋太宗太平兴国四年北征时，辽方也采取固守南京的办法。再次，世宗北征时，辽的南京留守萧思温"非将帅才"，只因为是皇后的父亲才至此高位的。在周军的进攻面前，他惧战不出兵，"麾下士奋跃请战，不从"，只是集中兵力据守南京。①

由于以上四方面的原因，周军得以迅速推进，夺取了关南之地。周军夺取关南以后，辽国方面的情况已经发生了变化。辽穆宗亲率大军前来支援，已到达南京幽州，并击败周前军二千余人，夺回了容城县。②同时，辽方又"遣使者日驰七百里，诣晋阳，命北汉主发兵挠周边"。③辽军主力屯聚幽州，准备决战，怎么会有蕃部从幽州连宵遁去的事出现呢？当其时，周军面对辽军主力部队，背后又有北汉部队骚扰的忧虑，所以世宗在收复关南以后，议攻幽州的时候，诸将就提出："今虏骑皆聚幽州之北，未宜深入"，"以为不可"。这不仅仅是诸将怯战的缘故，实在是决战未见可胜之机。世宗也有见于此，又因生病不能够上阵指挥作战，于是下令班师。同时，留大将，统重兵，镇守三关之地，反客为主，以逸待劳。这样，既占有了三关之险，把北部边防线向前推进，使收复燕云有了前进基地，京城开封的威胁有所减轻；同时又避免了屯兵幽州坚城之下，在不利情况下与辽军主力决战，这正是周世宗高明之所在。④恰逢辽朝正当睡王穆宗时期，周军退兵后，也就班师回朝了。因此，周军得以安稳地收复了关南之地。若说周世宗只是因为生病才退兵，燕云因而没有收复，那是没有看到世宗退兵的真正原因，因而必然会夸大世宗北征的胜利，过高地估计后周的军力，过低地估计辽的军力。北宋的钱若

---

① 《辽史》卷七十八《萧思温传》。
② 《辽史》卷八《穆宗上》。
③ 《资治通鉴》卷二百九十四，显德六年五月。
④ 参见张正明：《契丹史略》，第38—39页。

水曾经说过："石晋割地之后，由定武达沧海，千里受敌，虽设三关，镇之以重兵，莫可以御。故晋末度长河，汉初复扰边徼，以周世宗之英武，曾未能绝其寇中山，窥上党。"[①] 这反映出，直到后周末年，辽强中原弱的形势尚未能改观。

宋初，内部的稳定不及世宗时，统治者刚夺得政权，忙于巩固其统治，安定内部；同时，军力、物力又不超过后周时，其实力自然不足以击败辽军，夺回燕云之地。太祖曾随周世宗北征，对于这一点是清楚的。《长编》卷四记载，乾德元年（963）闰十二月，太祖奖励了献图请讨幽州的王明以后，"或言上将北征，大发民馈运。河南民相惊逃亡者四万家。上忧之。丙寅，命枢密直学士薛居正驰传招集，逾旬乃复故"。这就反映出，当时北征是不会得到民众支持的。在这种情况下，先易后难，先消灭散处南方而力量弱小的各国，增强实力，免除后顾之忧，然后再经营北方，是切实可行的战略计划。而先取北汉，包围燕云，也不是失策。实行先南后北的统一战略，结果是统一了南方，进而基本统一了全国。如果先北后南，在宋初即北进与辽决战，"只会是一种军事冒险"，其结果，"不但燕云之地不能收复，割据局面的结束，也必然又要推迟若干年了"。[②] 至于以后燕云的终于未能收复，以及北宋积贫积弱局面的形成，自有其原因，并不是因为统一战略的失误造成的。[③]

（二）赵普与燕云

在太祖和赵普制订的先南后北的统一战略中，"北"是包括两个方面的内容的，即先北汉，后燕云。在太祖时期，曾经三次进攻北汉，都没有能够消灭北汉，所以虽然设置了封桩库，贮积了钱帛，准备收复燕云，但终于没有能够着手进行。但在宋人的记载中，有一种说法很流行，说太祖之所以没有着手去收复燕云，其原因是赵普的劝阻。

---

① 《东都事略》卷三十五《钱若水传》。
② 邓广铭：《论赵匡胤》。
③ 徐规、方如金《评宋太祖"先南后北"的统一战略》曾详论宋初统一战略，可参见该文。

《春明退朝录》卷上记载：

> 孙之翰言：太祖一日召对赵中令，出取幽州图以视之。赵令详观称叹曰："是必曹翰所为也。"帝曰："何以知之？"普对："方今将帅材谋，无出于翰，此图非翰，他人不可为也。翰往，必可得幽州。然既得幽州，陛下遣何人代翰？"帝默然，持图归内。

《随手杂录》、《邵氏闻见录》卷六、《宋朝事实》卷二十等处也都记载了此事，与《春明退朝录》的记载大致相同。王夫之评论此事说，因为赵普是蓟人，"有乡人为之居间，以受契丹之饵，而偷为其姻亚乡邻免兵戈之警"，"遂绌曹翰之成谋"。[①]

说太祖因为赵普的一席话就不再提燕云问题，与历史事实不符。毕沅《续资治通鉴》卷六，太祖开宝三年，有考异即说："太祖志在取燕，不以赵普一言而辍谋也。今不取。"说赵普反对收复燕云，也与历史事实不符；"乡人居间"之说，则纯属臆测，并无根据可言。曹翰献图事，不见于《宋史》卷二百六十《曹翰传》和《长编》等史籍。《玉壶清话》卷七载："曹翰有诗：曾因国难披金甲，耻为家贫卖宝刀。他日燕山磨峭壁，定应先勒大名曹。"此诗的前两句，《宋史·曹翰传》也有记录。于此可见，曹翰献讨幽州图之事，是可能会有的。但是，《长编》有乾德元年王明献图请讨幽州受赏的记载，当时正是赵普当政之时。所以，曹翰之谋为赵普所沮，不大可信，当是传闻而已。

幽州，是赵普的故乡和出生地，他曾在那里生活过十几年，曾受过契丹侵扰之苦，以乡情人情而论，他应该是赞成并支持收复燕云的。赵普的同乡密友、曾中过辽朝进士的宋琪，就力主收复燕云，并积极出谋划策。赵普晚年的忘年交、奏折的代笔者王禹偁，在赵普挽歌中说："九

---

① 《读通鉴论》卷三十《五代下》。

原何所恨？犹未灭匈奴！"实际是说赵普始终以收复燕云为念，因而至死犹遗此恨。王禹偁是主张收复燕云的，他的《射弩》[①]诗道：

> 安得十万枝，长驱过桑干，
> 射彼老上庭，夺取燕脂山，
> 不见一匈奴，直抵瀚海还，
> 北方尽纳款，献寿天可汗。

由这首诗可以更清楚地看出，王禹偁挽赵普的诗，确实是指赵普对于燕云及契丹的态度的。《青箱杂记》卷六说："禹偁诗多记实中的。"李焘也说："禹偁褒赞（赵普），谅不为私。"[②] 以王禹偁的为人及他与赵普的关系，他的诗是比较可信的，完全可以说明赵普对燕云问题的态度。至于在太宗雍熙三年，赵普上疏反对当时的北征，另有原因，留待后面分析，此处就不赘述了。

---

① 以上二诗分见《小畜集》卷九《赵普挽歌五》和卷五。
② 《通考》卷二百三十三《经籍六十·集部别集类》引巽岩李氏《赵韩王遗稿序》。

第五章 建法立制，长治久安

第一节 建法立制

（一）赵普与法制建设

北宋学者曾巩指出："盖唐之敝，自天宝已后，纪纲寝坏，不能自振，以至于失天下。五代兴起，五十余年之间，更八姓，十有四君，危亡之变数矣。"[①] 所谓纪纲，即指法制。曾巩是把法制的破坏作为唐朝灭亡和五代危亡的原因，很能反映一般宋代士大夫的看法。这是宋初以来重视法制建设的社会反映。

唐末五代时，君权衰弱，上下失序，武人得志，强臣跋扈，根本无所谓法制可言。最能反映这种状况的，是后汉时，枢密使郭威竟然用枢密院行遣小事的头子，就可以罢去西京（今河南省洛阳市）留守王守恩，任命新留守白文珂。欧阳修指出："自古乱亡之国，必先坏其法制，而后乱从之，此势之然也，五代之际是已。（白）文珂、（王）守恩皆汉大臣，而周太祖（即郭威）以一枢密使头子而易置之，如更戌卒。是时太祖未有无君之志，而所为如此者，盖习为常事，故文珂不敢违，守恩不敢拒。太祖既处之不疑，而汉廷君臣亦置而不问，岂非纲纪坏乱之极而至于此欤！"[②] 后汉隐帝与大臣杨邠、史弘肇等人商议政事的时候，提出再商量一下，以免外边有议论，杨邠竟说："陛下但禁声，有臣等在。"后周时，

---

① 《元丰类稿》卷十《太祖皇帝总叙》。
② 《资治通鉴》卷二百八十八，乾祐二年八月。

枢密使王峻跋扈，"每言事，帝从之则喜，时或未允，辄愠怼，往往发不逊语"。他身典枢机，复兼宰相，又求重镇，以致太祖郭威泣曰："王峻陵朕太甚"，"肉视群后，孩抚朕躬"，"无君如此，谁则堪之！"[①]皇帝的权威尚且被蔑视，制度、法律等就更不在话下了。后周宰相范质曾对周太祖郭威说过："先王所恤，莫重于刑。今繁苛失中，轻重无准，民罹横刑，吏得侮法。"[②]他清楚地指出了五代时的法律混乱状况。不仅于此，当时的武夫牧守还常常滥用重刑。南宋的叶适说："五代暴乱，承用重刑。盗一钱以上径坐死，而茶盐、榷酤升合铢两之犯，至无生出者。"[③]

五代的统治者，多次企图加强君权。汉隐帝杀掉杨邠、史弘肇、王章，周太祖郭威杀掉王峻、王殷，就是其中的两例。周世宗在高平之战以后，"政事无大小，皆亲决，百官受成于上而已"，也是在加强君权。法制建设方面，五代时不断编制了许多敕、统类，周世宗时又制订了《大周刑统》，但法令始终没有裁定和统一起来，更遑论执行和实施了。

到了宋初，才扭转了这种状况。

北宋名相富弼曾说过："臣历观自古帝王理天下，未有不以法制为首务。法制立，然后万事有经而治道可必。宋有天下九十余年，太祖始革五代之弊，创立法度。太宗克绍前烈，纪纲益明。"[④]南宋的吕中也说："圣人之治天下，固以仁意为本，而其施之于政，则必有纪纲法制，截然而不可犯，然后吾之所谓仁意者，得以随事及人，而无颓敝不举之处。我朝治体之所以远过汉唐者，盖其仁意常浑然于纪纲整肃之中，而纪纲常粲然于仁意流行之地。"[⑤]

赵普出身小吏，精通吏道，在宋初又执掌大政十余年，不能想象，

---

① 分见《资治通鉴》卷二百八十九，乾祐三年十一月；卷二百九十一，广顺三年二月。

② 《玉壶清话》卷六。

③ 《水心别集》卷一《国本下》。

④ 《长编》卷一百四十三，庆历三年九月；又见《诸臣奏议》卷十二《上仁宗乞编三朝故典》。

⑤ 《宋大事记讲义》卷一《治体论》。

他和宋初的法制建设关系不大。南宋文学家杨万里曾记载了一件事，多少能反映一些赵普与宋初法制建设的关系：

> 太祖皇帝尝令后院造一薰笼，数日不至。帝责怒，左右对以事下尚书省，尚书省下本部，本部下本寺，本寺下本局，复奏，又得旨，依方下制造，乃进御。以经历诸处故也。帝怒，问宰相赵普曰："我在民间时，用数十钱可买一薰笼。今为天子，乃数日不得，何也？"普曰："此是自来条贯，不为陛下设，乃为陛下子孙设。使后代子孙若非理制造奢侈之物，破坏钱物，以经诸处行遣，须有台谏理会。此条贯深意也。"太祖大喜曰："此条贯极妙。"[①]

这个故事反映出赵普对法制建设持更积极的态度，而太祖多少还要靠赵普推动。太祖对赵普论事劄子的批示也可以说明这点："朕与卿平祸乱以取天下，所创法度，子孙若能谨守，虽百世可也。"[②]太祖都承认，法度是他和赵普所创，那么实际上赵普发挥的作用必然是主要的。南宋史臣洪迈，把"建法立制"作为赵普辅佐太祖的"至于今是赖"的主要施为之一[③]；《宋史》本传的论赞说赵普"三百余年之宏规，若平昔素定，一旦举而措之"，都反映出赵普是"建法立制"的主要筹划者和执行者。因此，如果在叙述赵普事迹时，遗漏了宋初法制建设的话，那将是一个很大的缺陷。

（二）建法立制

宋初的法制建设，是从重详定《刑统》开始的。或者说，大规模系统的法制建设，是由《刑统》肇其端的。

宋初，法律条文是比较混乱的。《宋会要·刑法一》之一记载：

---

① 《诚斋集》卷六十九《轮对劄子》。
② 《建炎以来系年要录》卷六十一，绍兴二年十二月，吕颐浩言。
③ 《容斋随笔》卷七《佐命功臣》。

国初，用唐律令格式外，又有《元和删定格后敕》《太和新编后敕》《开成详定刑法总要格敕》，后唐《同光刑律统类》《清泰编敕》《天福编敕》，周《广顺续编敕》《显德刑统》，皆参用焉。

法令繁多则容易混乱，无所适从，实际等于无法，不利于以法治天下，从而达到长治久安。

建隆四年（即乾德元年，963）二月，工部尚书、判大理寺窦仪上言，认为：“《周刑统》科条繁浩，或有未明。请别加详定。”太祖于是令窦仪等人修订。窦仪等人“参酌轻重”，“网欲自密而疏，文务从微而显”，[1]“凡削出令或宣敕一百九条，增入制十五条，又录律内余条准此者凡四十四条，附于名例之次，并目录成三十卷。别取旧削出格令宣敕及后来续降要用者一百六条，为《编敕》四卷。其厘革一司、一务、一州、一县之类不在焉”。经过中书门下裁酌，太祖批准后，在七月将重定的《刑统》三十卷和《编敕》四卷，一同刊板模印，颁布天下。乾德四年（966）三月，又从大理正高继申言，改正“刑统敕律有错误条贯未周者，凡三事”。三事是：“准《刑统》，三品、五品、七品以上官，亲属犯罪，各用荫减赎。伏恐年代已深，子孙不肖，为先代曾有官品，不畏宪章。欲请自今犯罪人用祖父亲属荫减赎者，即须祖父曾任皇朝官，据品秩得使；前代官，即须有功及国，有惠及民，为时所推，官及三品以上者方可。”[2]平定各国以后，都立即颁布《刑统》和《编敕》于新平定诸州，命令依此执行。这样，天下断刑，有统一之法典可依，“国有常科，吏无敢侮”。

《刑统》与《唐律》相比，自有其特点。体例方面，《刑统》篇下分门，《唐律》所无；律敕并重，为明清律令所本；汇集“余条准此”的规定为一

---

[1]　《刑统》卷首，窦仪等《进刑统表》。
[2]　以上见《宋会要·刑法一》之一，《长编》卷七。

门，首创综合性的律文规定；司法官员得适用成例作为判决的依据。司法方面，《刑统》规定的对农民起义者的处分重于《唐律》，对徒、流刑附加杖刑，开创了后世附加刑的先例。[①]

值得注意的是，北宋初年把《编敕》与《刑统》共同颁发，律敕并重。在此以前，《编敕》之类是单行的，而且不经常编集。而整个宋代，编集《编敕》的工作一直是经常进行的。朱熹说："律是历代相传，敕是太祖时修。"[②]反映出宋代编集《编敕》是由太祖时开创先例的。宋代的皇帝即位以后，一般都要修敕，把前朝的敕令编集起来，删定后颁布下去。其分量越来越大。太祖时的《编敕》才四卷。太宗太平兴国三年（978），编纂《太平兴国编敕》十五卷，颁行全国。淳化二年（991）三月，新定《淳化编敕》三十卷。到宋神宗时的《元丰编敕》，竟多达二千零六卷。

《宋史》卷一百九十九《刑法一》记载：

> 宋法制，因唐律令格式，而随时损益，则有《编敕》；一司、一路、一州、一县，又别有敕。

唐代法典中，有律令格式，"凡律以正刑定罪，令以设范立制，格以禁违止邪，式以轨物程事"。[③]宋代完全承袭了唐代的律令格式，"宋因唐法，故《刑统》于《律疏》（即唐律）引用无遗"，以示历代相承的正统地位。宋人叶大庆说："今所传《刑统》一书，历代相承良法美意，我朝建隆初又加修正。尝试观其梗概，其得帝舜遗意多矣。"[④]然而，唐宋之间，社会情况已发生了剧烈变化，复杂的社会现象层出不穷，唐代法典的许多条文，到宋代实际上已经不符合客观实际了，而许多社会问题又不是《唐律》

---

① 详见杨廷福《唐律初探》，第152—155页。
② 《朱子语类》卷一百二十八《本朝法制》。
③ 《唐六典》卷六《尚书刑部》。
④ 《考古质疑》卷六。

所能解决的，所谓"律准乎礼旨，要而文简，情罪万变，律条何足尽之"。于是《编敕》应运而生，成了《刑统》的补充。敕作为现行法令，与《刑统》是并行的，律条不适合或者是没有包括的情况，就由敕来规定。"若律所未备者，随时以编敕济之。""《刑统》所附之令、格、式、敕，则又唐时及五代所颁，经窦氏等详定，有削有增，以所削为新《编敕》，与《刑统》并行，盖皆以辅翼律文，求尽事变，为刑章之所必不可缺也。"于是，"修敕所之设，终宋世不废"。[1]

咸平元年（998）十二月，奉命重详定新《编敕》的给事中柴成务等人，曾上言真宗，谈到《编敕》的编集工作情况。他们说："取刑部、大理寺、京百司、诸路转运使所受《淳化编敕》及续降宣敕万八千五百五十五道，遍共披阅。凡敕文与《刑统》令式旧条重出者及一时机宜非永制者，并删去之；其条贯禁法当与三司参酌者，委本部编次之；凡取八百五十六道，为新删定《编敕》。其有止为一事前后累敕者，合而为一；本是一敕，条理数事者，各以类分取。其条目相因，不以年代为次，其间文繁意局者，量经制事理增损之；情轻法重者，取约束刑名削去之。凡成二百八十六道，准律分十二门，并目录为十一卷。又以仪制、车服等十六道别为一卷，附仪制令，违者如违令法，本条自有刑名者依本条。又以续降敕书、德音九道别为一卷，附淳化敕书合为一卷。其厘革一州、一县、一司、一务者，各还本司。令敕称依法及行朝典勘断，不定刑名者，并准律、令、格、式；无本条者，准违制敕，分故失及不躬亲被受条区分。臣等重加详定，众议无殊，伏请镂板颁下，与律令格式、《刑统》同行。"[2] 所谓一州、一县、一司、一路的编敕，真宗时就有景德二年（1005）九月雕印颁行的《三司新编敕》，十月雕印颁行的《景德农田敕》等。

由于敕是统治者根据形势和需要而随时颁布的，具有很大的灵活性，

---

① 嘉业堂本《刑统》附录之"案"语。
② 《长编》卷四十三。

于是为统治者乐于运用。因此，《编敕》的内容越来越繁多，越来越细微，广泛应用。当敕与律、令、格、式有冲突时，则舍律令格式而从敕。"神宗以律不足以周事情，凡律所不载，一断以敕。乃更其目曰：敕令格式，而律恒存乎敕之外。曰：禁于未然之谓敕，禁于已然之谓令，设于此以待彼之谓格，使彼效之之谓式。凡入笞、杖、徒、流、死，自名例以下至断狱，十有二门，丽刑名轻重皆为敕；自品官以下至断狱，三十五门，约束禁止者皆为令；命官之等十有七，吏、庶人之赏等七十有七，又有倍全分厘之级，凡五等，有等级高下者，皆为格；表奏、帐籍、关牒、符檄之类，有体制模楷者为式。"本来律是量刑依据，如今代之以敕了，所以明代的丘浚说："所谓敕者，兼唐之律也。"[1] 南宋的朱熹即说："今世断狱，只是敕，敕中无，方用律。"[2]《宋史》卷十七《哲宗一》记载：元祐二年十二月颁《元祐敕令式》；元祐六年五月，后省上《元祐敕令格》。卷二十六《高宗三》记载：绍兴元年八月，张守等上《绍兴重修敕令格式》；绍兴三年十月，朱胜非上《重修吏部七司敕令格式》。卷三十四《孝宗二》记载：乾道八年正月，班《乾道敕令格式》；淳熙四年七月，班《淳熙重修敕令格式》。据此可知，朱熹的话反映了当时的实际情况。

吕中说："任人而不任法，以处他事则可，以处刑狱则不可，此《刑统》之不可无也。夫律令之明，条章之具，使罪应其法，法应其情，奸吏犹且为之轻重，况无法乎！本朝格式律令皆有常书，张官置吏，所以行其书耳。然有有司所执之法，有人主所操之权，宽缘坐而严故入，命士人以典狱，责御史以无冤民，此太祖用刑之权。"[3] 这段话，道出了太祖欲以法治天下的意图。朱熹说："或言太祖受命，尽除五代弊法，用能易乱为治。曰：不然，只是去其甚者，其他法令条目，多仍其旧。大凡做事底人，

---

① 《大学衍义补》卷一〇三《慎刑宪·定律令之制下》。前一段，丘浚实抄自《宋史》卷一百九十九《刑法一》。参见《容斋三笔》卷十六，《朱子类语》卷一百二十八。

② 《朱子语类》卷一百二十八《本朝法制》。

③ 《宋大事记讲义》卷二《御史恤刑》；又见《宋史全文》卷一，建隆四年七月引。

多是先其大纲，其他节目，可因则因。"① 这段话，则反映了宋初法制建设的特点。

太祖时期，除了《刑统》以外，还制定和颁布了其他不少法律规定。据《宋史·太祖本纪》和《长编》，主要有以下这些法规：

《通考》卷十四《征榷一》载：建隆元年（960）诏榜《商税则例》于务门，无得擅改更、增损及创收。

建隆二年（961）二月，定《窃盗律》。旧制，窃盗赃满绢三匹者，弃市。改为钱三千，其陌八十。四月，班《私铸货易盐及货造酒律》。后汉初年，犯私曲者并弃市，后周太祖时始令至五斤死。宋初以为周法仍然太苛刻，改为：民犯私曲十五斤，以私酒入城至三斗者，始处极典，其余论罪有差，私市酒曲，减造者之半。前朝的盐法也被放宽，定为：官盐阑入禁地贸易至十斤，煮硷至三斤者，乃坐死。民所受蚕盐以入城市，三十斤以上者，奏裁。这就是首次宽盐曲法。八月，诏刑部，应诸道州府有犯盐曲人合配役者，只令本州充役，示宽典也。这是第二次宽盐曲法。

建隆三年（962）二月，更定《窃盗律》。诏：窃盗赃满五千足陌者乃处死。十月，有司上新删定《循资格》《长定格》《编敕格》各一卷，诏选人三十以下依旧不得入令录，余皆可。十二月，班《捕盗令》。旧制，强盗赃满十匹者绞，改为钱三千足陌者处死。又颁行《捕贼条》，定捕贼限及赏罚之规。

乾德元年（963）三月，班新定律，定五刑之制："凡流刑四：加役流，杖二十，配役三年；流三千里，杖二十，配役一年；二千五百里，杖十八，配役一年；二千里，杖十七，配役一年。徒刑五：徒三年，杖二十；二年半，杖十八；二年，杖十七；一年半，杖十五；一年，杖十三。杖刑五：杖一百，为杖二十；九十，为十八；八十，为十七；七十，为十五；六十，为十三。笞刑五：笞五十，为笞什；四十、三十，

---

① 《朱子语类》卷一百二十七《本朝太祖朝》。

为八；二十、一十，为七。"旧据狱官令用杖，至是定《折杖格》："常行官杖长三尺五寸，大头阔不过二寸，厚及小头径不过九分。小杖不过四尺五寸，大头径六分，小头径五分。徒、流、笞、杖，通用常行杖。流罪决讫，役一年；加役流决讫，役三年。徒罪决而不役。徒、流皆背受，笞、杖皆臀受，讯杖如旧制。"

乾德二年（964）二月，翰林学士窦仪等上新定《四时参选条件》，从之。四月，定《内外群官相见仪》，颁行之。七月，中书门下上《少尹幕职官参选条件》，从之，自是铨选渐有伦矣。九月，根据后周显德时的制度，定《发解条例》及《殿罚之式》，"以惩滥进"，颁行之。

乾德四年（966）十一月，诏重宽盐曲法："官盐阑入至百斤，煮硷至五十斤，主吏贩易及阑入百斤以上，乃死。蚕盐入城市及商人阑入至三百斤以上，加役、流、杖、徒之等，亦从厘减。私造酒曲至城郭五十斤以上，乡闾一百斤以上；私酒入禁地二石三石以上，至有官署处四石五石以上者，乃死。"史称："法益轻，而犯者鲜矣。"这是第三次宽盐曲法。

开宝元年（968）三月，增修《县令、尉捕贼功过令》。

开宝四年（971）六月，命令御史中丞刘温叟、中书舍人李昉等人重新修定《开元礼》，并把宋初以来的沿革附在后面。到开宝六年（973）四月，翰林学士卢多逊等人修定好《开宝通礼》二百卷，《义纂》一百卷，太祖下令，交付有司施行。

开宝六年（973），又令参知政事卢多逊、知制诰扈蒙、张澹以见行《长定、循资格》以及泛降制书，考正违异，削去重复，补其阙漏，参校详议，取悠久可用之文，为《长定格》三卷。有旨限选数集人取解出身科目，铨司检勘注拟加选减选之状，南曹检勘用阙年满伎术考课春闱杂处分。涂注乙凡二十条，总二百八十七事，《循资格》一卷，《制敕》一卷，《起请条》一卷。书成上之，颁为永式。自是铨选益有伦矣。这时，赵普业已罢相，但太祖仍在完善法令，一如赵普为相之时。

开宝八年（975）十二月，重详定《推状条样》，凡三十三条，颁于天下。

此外，宋初还制定了许多"家法"，以约束皇室、外戚、宦官，不使其乱政。"其待外戚也，未尝少恩，然在内不得预政，在外不得为真刺史，则无吕、霍、上官之祸。其于宦官也，未尝滥杀，然内侍官不过留后，虽有功不除宣徽，则无伯牙专恣之祸。"①元祐八年（1093）正月，宰相吕大防就曾历举事亲之法、事长之法、治内之法、待外戚之法、尚俭之法、勤身之法、尚礼之法、宽仁之法等，说是"但行家法，足以为天下"②。这些"家法"，大致起自太祖时期，而为后世奉行。

太祖时期，比较重视法令，常常下令，要求各地按法令办事，诏中常有"论如律"之句。后世以敕代律，是太祖始料未及的，但这是历史发展的必然。史称，范质为相时，所下制敕，未尝破律。据《长编》记载：建隆三年（962）三月，令诸道州、府依法断狱，毋得避事，妄奏取裁。违者量罪停罚。乾德五年（967）二月，太祖下诏：巡检、监押捕得贼盗及犯盐曲人，并送本属论如律，毋得率意擅断。四月，又因"州吏弛怠，靡或遵守"，严敕川、峡诸州，遵奉公宪，敢弗从者，令有司纠举。直到开宝八年（975）七月，还下诏："诸州所上案牍，令大理寺、刑部共裁断以闻。诸道巡检捕盗使臣，凡获寇盗，不得先行考讯，即送所属州府。"一再地下令训戒，使法令的执行多少受到重视，法制得到加强。

宋初，还提倡士大夫学习法律，以通吏道，使其逐渐形成社会风气，来推进法制建设。

《宋史》卷一百五十七《选举三》载，太祖时设置了律学博士，掌授法律。又设"刑法试"，"奏补人愿试刑法者，兼治两小经，如中选，即入大理评事，或是刑司检法官，次第可至刑部尚书"③。建隆三年（962）八月，诏：注诸道司法参军，皆以《律疏》试判。后来，又下诏，要求

---

① 《宋大事记讲义》卷一《治体论》。
② 《长编》卷四百八十，《清波杂志》卷一。
③ 《朝野类要》卷二《刑法试》。

为吏者皆明法令，考绩之日，用是为殿最。^①乾德三年闰八月，太祖下诏，献书人要试周吏理，堪任职官者，具以名闻。开宝四年（971）六月，命学士院试广南伪官，取书判稍优者，授上佐、令录、簿尉。^②太祖时期采取的这些措施，有力地促进了学法之风。太宗时继续推动此风，太宗也说过："法律之书，甚资政理，人臣若不知法，举动是过，苟能读之，益人知识。"雍熙二年（985）四月，太宗下诏说："法家之学，最切于时，废之已久，甚无谓也。可复置明法一科，亦附以三小经（指《论语》《尔雅》《孝经》），庶使为学精专，用功均一。"端拱二年（989）九月，太宗下诏：京朝官有明于律令格式者，许上书自陈，当加试问，以补刑部、大理寺官属，三岁迁其秩。^③这些言论和措施，对于学习法律，起了很大的促进作用，一般士大夫都趋而向之，逐渐形成了社会风气。宋初著名文学家王禹偁说："予自幼服儒教，味经术，尝不喜法家者流，少恩而深刻。泊擢第入官，决断民讼，又会诏下，为吏者皆明法令，用是为殿最，乃留意焉。"北宋中期的文坛盟主欧阳修，"多教人吏事"，并说："大抵文学止于润身，政事可以及物。"^④于此可知，北宋一代，学习法令、吏事已蔚然成风。有宋一代的文豪，如范仲淹、欧阳修、王安石、苏轼、辛弃疾等人，无不精通吏道、明习法令者，为政都有善绩。这与宋初提倡学习法律，以通吏道，从而形成社会风尚，是很有关系的。

法制健全以后，还必须维护法制的严肃性和权威性，有奖有罚。宋初，对推行法制有成效者，予以褒奖，如《涑水记闻》卷一记载："周渭为白马县主簿，大吏有罪，渭辄治之。太祖奇其材，擢为赞善大夫。后通判兴州事，有外寨军校，纵其士卒，暴犯居民。渭往，责而斩之，众莫敢动。上闻，益壮之，诏褒称焉。"而违法的官吏，则严惩不贷。仅据《宋史·太

---

① 《宋史》卷一《太祖一》，《长编》卷三，《小畜集》卷十五《用刑论》。
② 《麟台故事·拾遗》卷上，《长编》卷七系于乾德四年；《长编》卷十二。
③ 分见《宋朝事实》卷十六，《太宗实录》卷三十三，《长编》卷三十。
④ 《小畜集》卷十五《用刑论》，《能改斋漫录》卷十三《欧阳公多谈吏事》。

祖本纪》的记载，就有下面数例：

乾德元年（963）四月，兵部郎中曹匪躬弃市，海陵、盐城屯田副使张蔼除名，并坐不法。

乾德二年（964）九月，周易博士奚屿责乾州司户，库部员外王贻孙责左赞善大夫，并坐试任子不公。

乾德三年（965）正月，吏部郎中邓守中坐试吏不当，责本曹员外郎。

乾德五年（967）十一月，供奉武仁海（《长编》作武仁诲）坐枉杀人，弃市。

开宝元年（968）九月，监察御史杨士达坐鞠狱滥杀，弃市。

开宝三年（970）三月，殿中丞张颙坐先知颍州政不平，免官。

开宝六年（973）六月，雷有邻告宰相赵普党堂吏胡赞等不法，赞等并杖，籍没；诏参知政事与宰相分知印、押班、奏事，以分普权。

开宝七年（974）八月，殿中丞赵象坐擅税，除名。

开宝八年（975）二月，太子中允徐昭文坐抑人售物，除籍。

赵普是极力主张加强法制的，他也主张执法无私，这些将在第九章中详加论述。但在位高权重之时，赵普却不能率先奉法，反而包庇堂吏，引起太祖的疑心和不满，终致被罢相。

太祖时期，对于五代酷刑，多有减轻。《宋朝事实》卷十六记载："太祖尝读《虞书》，叹曰：'尧舜时，四凶之罪，止从投窜。何近代宪网之密耶？'盖有意于措刑也。"为此，太祖"留意听断，专事钦恤，御史、大理官属尤加选择"。[①]在他感情用事之际，又有赵普这位心腹重臣提醒和谏诤，如韩重赟之事即是一例。因此，宋初的刑法，比五代时减轻了不少。《长编》记载：

建隆二年四月、八月和乾德四年十一月，曾三次宽盐曲法。乾德五年（967）四月，诏：比者强盗持杖，虽不伤人者，皆弃市。自今虽有杖

---

① 《长编》卷十四，开宝六年五月。

棒，但不伤人者，止计赃以论其罪。开宝二年（969）五月，诏西京诸州，令长吏督掌狱掾五日一检视，洒扫狱户，洗涤杻械，贫困不能自存者给饮食，病者给药，轻系小罪即时决遣，无得淹滞。从此以后，每年的仲夏，都一定要重申此诏。开宝三年（970）二月，宽矾法。先是，禁商人私贩幽州矾，犯者没入之。其后定令，私贩河东及幽州矾一两以上，私煮矾三斤及盗官矾至十斤者，弃市。至是，始命增私贩至十斤，私煮及盗满五十斤者死，余论罪有差。开宝八年（975）四月，广州言："窃盗赃满五贯至死者，准诏当奏裁。岭表遐远，覆按稽滞，请不候报决之。"太祖恻然曰："海隅之俗，习性贪冒，穿窬攘窃，乃其常也。"诏：广南民犯窃盗赃满五贯者，止决杖、黥面配役，十贯者弃市。史称："自开宝以来，犯大辟，非情理谋害者，多贷其死。"从开宝二年（969）到开宝八年（975）的七年之间，所贷死罪凡四千一百八人。

宋初法制的加强，对于广大人民是有利的。人民的生命财产，比起五代时无法无天的情况，有了一些保障，官吏多少也受到一些约束。这样，社会的稳定与安全感加强了，人民可以比较安心地从事生产，从而推动了宋代经济的发展。

太祖时期，建立和完善法制，强调依法办事，严惩不法官吏，对于有宋一代影响是很大的。实行法制，使宋初能够很快地拨乱反正，真正结束了五代的混乱局面，使社会走向和平和稳定，使赵宋政权走向长治久安。北宋王安石在《上仁宗皇帝言事书》中说："今朝廷法严令具，无所不有。"南宋陈亮指出："本朝以儒道治天下，以格律守天下，而天下之人，知经议之为常程，科举之为正路，法不得自议其私，人不得自用其智，而二百年之太平，繇此而出也。"叶适说："今内外上下，一事之小，一罪之微，皆先有法以待之；极一世之人志虑之所周浃，忽得一智，自以为甚奇，而法固已备之矣。是法之密也。"[1] 明代史学家陈邦瞻在《宋史纪

---

[1]　分见《临川先生文集》卷三十九，《陈亮集》卷一《戊申再上孝宗皇帝书》，《水心别集》卷十《实谋》。

事本末叙》中说，宋代"举一世之治而绳之于格律，举一世之才而纳之于准绳规矩，循循焉守文应令，雍容顾盼，而世已治"。

列宁指出，封建社会的法律，"基本上都是为了一个目的——维持地主统治农民的权力"[1]。宋代的法律也不例外。《窃盗律》和《捕盗令》的颁发及修改，除含有维护治安的因素外，主要还是为了维护封建秩序，对付人民的反抗。法网的严密，即意味着对人民的控制与镇压更加强烈。这就是封建法制的鲜明阶级性。

第二节　择人用吏

择人用吏，讲的是宋初行政方面的改革，即对官吏的选任、考察等方面的制度。这和法制建设是相辅相成，不可分离的。任何优良的法制，必须要靠各级官吏去贯彻执行，才能发挥其作用，而且需要各级官吏率先守法。因此，对官吏的选择、使用和管理是非常重要的。北宋大臣文彦博说："先儒之解，以为任官得其人，故无为而治。"要让官吏尽力尽职，必须正确地运用爵赏与刑罚两种办法。"爵赏当，则奸邪无功者不敢侥幸而希进；刑罚当，则贵近有罪不敢请求而苟免；纪纲正而朝廷尊，号令行而天下服。"[2]

赵普在太祖时期独相十年，执掌朝政十四年，仅仅三年置身中枢之外。中书的主要职责，就是择人用吏。宋代的宰相，直接掌握了最重要的文官任免大权，京官以上都由中书特除，封爵之制和勋劳之赏也出中书。因此，择人用吏的种种作为，都是和中书宰相密切相关的。太祖时期的择人用吏，更和赵普有关。以赵普在太祖朝的地位，可以说，择人

---

[1]　《列宁全集》第29卷，第438页。
[2]　《诸臣奏议》卷八《上仁宗论治必有为而后无为》。

用吏方面的政策和办法，主要出自赵普，反映了他的思想。因此，不谈谈这方面的情况，就会使我们对赵普的了解有缺陷和不足。

宋初，还沿用后周的官印。赵普到中书担任宰相以后，才在乾德三年（965）九月，由太祖下令，重新铸造中书门下、枢密院、三司使及台、省、寺、监的印，开封尹和兴元（今陕西省汉中市）尹也铸造了新印，新印比旧印增大。铸造新印，表明彻底摒弃五代陋弊，开始了一个新局面。开宝四年（971）十月，又改铸中书门下之印，使之与众不同，显示出中书门下的独尊地位。

（一）选任官吏

太祖时期，很重视官吏的选择使用。太祖曾说过："贵家子弟，惟知饮酒弹琵琶耳。安知民间疾苦！"于是下令，凡是以资荫出身的，都先派去监当场务，不许做地方长官。[①] 在宋初，也没有纳粟补官的办法。"太祖不以法吏为微官，畏其迁情而就法也。"[②] 赵普同样很重视官吏的选择，为此不怕触怒太祖。《宋史》本传记载："尝奏荐某人为某官，太祖不用。普明日复奏其人，亦不用。明日，普又以其人奏，太祖怒，碎裂奏牍掷地，普颜色不变，跪而拾之以归。他日补缀旧纸，复奏如初。太祖乃悟，卒用其人。"正因为如此，宋初对官吏的任用很慎重，有两个显著特点。

第一个特点，是精择专任。《长编》卷五记载，乾德二年（964）七月，诏吏部南曹，自今常调赴集选人，取历任多课绩而无阙失，其人材可副升擢者，具名送中书门下引验以闻，当与量材甄奖。选择之精，可以从窦仪重为翰林学士一事上看出。《长编》卷四记载，乾德元年（963）十一月，选择翰林学士，太祖说："北门深严，当择审重士处之。"宰相范质说："窦仪清介忠厚，然在前朝已自翰林迁端明。"太祖说："禁中非此人不可。卿当喻朕意，勉再赴职。"还是任命窦仪为翰林学士。《燕翼诒

谋录》卷一记载:"国初,士大夫往往久任。"如刘温叟为御史中丞十二年,屡求解职,太祖因为难以找到继代之人,终不许,直到刘温叟死在任上。又如赵普为相十年,薛居正、吕馀庆为参知政事十年,这种例子是很多的。专任则如李符之事。据《长编》卷十三记载,开宝五年(972)八月,因为京西诸州钱币不登,命李符知京西南面转运事,太祖写下"李符到处,似朕亲行"八个字赐给他,令揭于大旗,常以自随。李符前后条奏便宜,凡百余条,其四十八事皆施行著于令。所以,吕中说:"盖其始也择之精,其终也任之久。择之精,则小人不得以滥其选;任之久,则君子举得以任其职。"①

第二个特点,是擢升官吏,不依资序,而依才能。北宋的张方平说:"我太祖、太宗之朝,擢贤任能,使人以器。才略奇杰,或数年而至公相;猥昧无庸,或逾纪而不改。或卑品而处要重,或高秩而居冗散,升沈取含,惟才是视。"又说:"祖宗之时,文武官不立磨勘年岁,不为升迁资序,有才用名实之人,或从下位,便见超擢;无才用名实之人,有守一官至十余年不改转者。故当时人皆自勉,非有劳效,知不得进。故所在职次,率多修举,以其用人无定格,惟才是用。"②《涑水记闻》卷一引《三朝训鉴图》记载:"太祖聪明豁达,知人善任使。擢用英俊,不问资级,察内外官有一材一行可取者,密为籍记之。每一官缺,则披籍选用焉。是以天下无遗材,人思自效。"如开宝四年(971)五月,太祖使军器库使楚昭辅校左藏库金帛,数日而毕,条对称旨。太祖嘉其心计,授左骁卫大将军,权判三司。③宋初颁行了《循资格》等法令规定,但并未妨碍以才用人。吕中指出:"既罢岁月序迁法而复颁《循资格》,既命陶谷定选法而

① 《宋大事记讲义》卷二《中丞久任》;又见《长编》卷十二,开宝四年七月注引;《宋史全文》卷二,开宝四年七月引。
② 《乐全集》卷九《用人体要》,卷十八《对诏策》。
③ 《长编》卷十二。

又命吏部取选人堪升擢者上之，诚以资格固不可拘亦不可废也。"① 用人不问资序，惟才是举，则人才不致埋没，无所作为的官僚不能够凭年资高升，从而有利于天下的治理。

宋初，还对官吏规定了任期；赵普还提出，该退休的就应当退休，不要妨贤。

宋太祖时，中央的宰执等官，是久任的，并无任期的限制。与此同时，对不少的官员是规定任期的。据《长编》记载，即有如下几种：

建隆三年（962）十一月，有司上言："自今请有曹局料钱，京官并以三十月为满。内有合校考籍，以此为限，其料钱一依旧例月数支给。"太祖并从之。这是京官任期之限。

乾德四年（966）八月，诏：应御史台、吏部铨南曹、刑部、大理寺，自知杂御史、郎中、少卿以下，本司莅事满三岁者迁其秩。御史中丞、尚书、侍郎、大理卿，别议旌赏。其奏补归司勒留官令史、府史，各减一选。这是规定执法官的任期。

地方官吏的任期，唐代已有规定，唐代大诗人白居易在《西湖留别》诗中，已有"皇恩只许住三年"之句。② 宋初，赵普提出"列郡以京官权知，三年一替"的办法，并予以实施。③ 此后，知州、通判一般都是三年一替了。其他有关地方官吏任期的规定，据《长编》记载，有下面这些：

开宝元年（968）五月，诏：诸州主库吏每三年一易。

开宝五年（972）十月，诏：边远官岁才三周，即与除代，所司专阅其籍，勿使逾时。又诏：诸州场院官、粮料使、镇将，并以三周年为任。这样，边远之官安心治事，粮料等官不得长期专财。

赵普在《求致仕第四表》中说："臣闻上天之育万物，各使得其时，是以春则发生，秋则肃杀，示有成也。明君之驭百官，各使得其所，是

---

① 《宋史全文》卷二，开宝六年十二月引。
② 《白氏长庆集》卷五十三。
③ 《国老谈苑》卷上。

以壮而入仕，老而悬车，明有终也。"① 这反映出他对退休的看法，说明他主张年富力强者为官执政，老弱者则应及时退休，以免妨碍贤路。

为加强对官吏的选择，太祖时期针对唐代科举制的流弊也采取了一些初步的改革措施。②

禁止结成座主、门生的关系。建隆三年（962）九月，太祖下诏：

> 国家悬科取士，为官择人，既擢第于公朝，宁谢恩于私室，将惩薄俗，宜举明文。今后及第举人不得辄拜知举官子孙弟侄，如违，御史台弹奏。……兼不得呼春官（指知举官）为恩门、师门，亦不得自称门生。③

严禁朝臣公荐举人。据《长编》卷四，乾德元年（963）九月，太祖下诏：

> 礼部贡举人，自今朝臣不得更发公荐，违者重置其罪。

令食禄之家子弟覆试。据《长编》卷九，开宝元年（968）三月，太祖下诏：

> 造士之选，匪树私恩；世禄之家，宜敦素业。如闻党与，颇容窃吹，文衡公器，岂宜斯滥！自今举人凡关食禄之家，委礼部具析以闻，当令覆试。

实行殿试。据《长编》载，乾德四年（966）五月，太祖亲试制科举人姜涉等于紫云楼下。乾德五年（967）二月，权知贡举卢多逊奏进士合

---

① 《小畜集》卷二十三。
② 详见徐规、何忠礼：《北宋的科举改革与弥封制》。
③ 《宋会要·选举三》之二，《长编》卷三。

表六　太祖时期登科人数表

年号	公元	月份	权知贡举官	合格进士	榜首	诸科	赐本科出身
建隆元年	960	二	中书舍人扈蒙	19	杨砺		
建隆二年	961	二	工部尚书窦仪	11	张去华		
建隆三年	962	三	翰林学士王著	15	马适		
建隆四年	963	二	枢密直学士薛居正	8	苏德祥		
乾德二年	964	三	翰林学士承旨礼部尚书陶穀	8	李景阳	制科人1	
乾德三年	965	二	知制诰卢多逊	7	刘察		
乾德四年	966	二	礼部员外郎王祜	6	李肃	制科2人③	
乾德五年	967	二	知制诰卢多逊	10	刘蒙叟		
乾德六年	968	三	王祜①	11	柴成务		
开宝二年	969	二	枢密直学士赵逢	7	安德裕		
开宝三年	970	三	知制诰扈蒙	8	张拱		106
开宝四年	971	二	知制诰卢多逊	10	刘寅		
开宝五年	972	闰二	知制诰扈蒙	11	安守亮	17	
开宝六年	973	二	翰林学士李昉	26	宋准	101④	
开宝八年	975	二	知制诰王祐等四人	31②	王嗣宗	34	

　　本表据《宋会要·选举一》之一、之二作；诸科据《选举七》之一、之二，但仅开宝六年、八年而已。诸科以后两栏，余据《通考》卷三十二《选举五》。

　　①此及月份据《长编》卷九补，合格进士，《长编》作十人。

　　②《宋会要·选举一》之二作：合格奏名进士王式已下二百九十人。注云：一本作取进士王嗣宗等三十一人。《通考》卷三十二《选举五》、《宋史》卷三《太祖三》同作三十一人。《长编》卷十六作：王嗣宗以下三十人。按：此年知贡举官奏名以王式为首，殿试后取王嗣宗以下三十一人也。

　　③《长编》卷七：诸科合格者九人。

　　④《通考》卷三十二《选举五》作九十六人。《长编》卷十四同《宋会要》，作一百一人。

格者十人。复诏参知政事薛居正于中书复试，皆合格，乃赐及第。开宝六年（973）三月，太祖在召对及第进士时，发现权知贡举李昉有舞弊的嫌疑；正在这时候，落第的举人徐士廉等人击登闻鼓，伏阙求见。太祖当晚召见。徐士廉控告李昉取士不公，建议实行殿试，由皇帝亲自主持。徐士廉说："为国家天下，止文与武二柄取士耳，无为其下鬻恩也。"[①]太祖立即采纳了徐士廉的建议，登讲武殿覆试进士。从此以后，每次省试完毕，即由皇帝亲自覆试，成为制度。通过殿试，进士就直接成为"天子门生"了。

控制知贡举官的权力。太祖时期，改变知贡举官多由礼部侍郎担任的做法，由皇帝临时任命知贡举官。从开宝八年（975）二月起，又增设权同知贡举若干人，使其互相牵制。

此外，太祖时还严禁举人挟书、传义、举烛等越轨行为，以防止作弊。

太祖时期，进士一科特严，多者才取三十多人，少者不过六人。

经过以上的改革，在一定程度上改变了唐代那些取士不公的现象，有助于人才的选拔，官吏的简择。慎重地选择官吏，谨慎地委以职务，有了好的开端和基础，对官吏又有所奖劝，就使吏治有可能搞得好一些。

（二）考核官吏

宋初，还很重视对官吏的考核。赵普为相前，据《长编》卷三载，在建隆三年（962）十一月，曾对州县官考校有过规定：

> 先是，案令文，州县官抚育有方，户口增益者，各准见户每十分加一分，刺史、县令各进考一等。其州户不满五千，县户不满五百，各准五千、五百户法以为分。若抚养乖方，户口减耗，各准增户法亦减一分，降考一等。主司因循，例不进考，唯按视阙失，不以轻重，便书下考。至是，有司上言："自今请以减损户口一分，

---

① 《河东先生文集》卷八《与郑景宗书》，参见《长编》卷十四。

科纳系欠一分已上，并降考一等。如以公事旷遗，有制殿罚者，亦降一等。"从之。

乾德二年（964）正月，赵普为相伊始，就有《上太祖请行百官考绩》的奏议，要求加强对官吏的考课。他说：

> 臣以谓治国莫如用贤，用贤莫如历试，历试莫如责功，责功莫如较考。况三考之典，出自唐虞；四善之科，垂于令式。当治世之激劝，不间公卿；由近代以因循，止及州县。遂使居官食禄，贤愚无分别之因；冒私挟宠，升黜有泛滥之弊。厩官徒设，其器若虚，凡庶揖以庭趋，但旅进而旅退，由是职皆不举，人尽偷安。若不法于旧章，恐转堕于庶务。臣欲起请，今后除节、察、防御、团练、刺史及武臣等，盖必战伐立效，禄位酬勋，凡公事仰委官吏振举外；伏请先自宰相，次百执事，至于宾客察佐等，皆请逐岁书考。所冀事皆师书，理得从长。退不肖而进贤才，更无疑虑；劝奉公而修职业，各尽器能。傥书考之请遂行，则太平之期可待。应有合关考课事件，伏请下考功，按令式详定条奏。[①]

赵普请求从自己开始考课，督劝官吏，尽心求治，为太祖嘉允。于是，便有下列措施。

据《长编》记载：

乾德二年（964）正月，诏：州县官有昏耄笃疾不任从政者，令判官、录事纠举，与长吏同署，列状以闻。判官、录事之能否，则委长吏察焉。

二月，诏曰："周广顺中，敕：'应出选门州县官，内有历六考，叙朝散大夫阶，次赤令，并历任曾升朝，及两使判官、诸府少尹，罢任后及

---

① 《诸臣奏议》卷七十二。

一周年；曾任两蕃营田判官、书记、支使、防御团练判官，罢任后及二周年，并与除官。诸色选人过三选以上，及未成资考丁忧，课绩官无选可减者，令于南曹投状，准格救考较无违碍，并与除官。自恐亏损年限资序，愿归选门者亦听。如曾任推、巡、军事判官并诸色出选门官，并据见任官选数叙理，先次叙官。其昭雪官依例刑部检勘送铨。'准元救资叙注拟。"

七月，中书门下上《少尹幕职官参选条件》，规定："应拔萃判超及进士、九经判中者，并入初等职事，判下者依常选。初入防御团练军事推官、军事判官者，并授将仕郎，试校书郎。满三周年得资，即入留守两府节度推官、军事判官，并授承奉郎，试大理评事。又三周年得资，即入掌书记、防御团练判官，并授宣德郎，试大理评事兼监察御史。满二年得资，即入留守、两府、节度、观察判官，并授朝散大夫，试大理司直兼监察御史。满一周年，入同类职事、诸府少尹。又一周年，送名中书门下，仍各依官阶分四等。已至两使判官以上，次任即入同类职事者，加检校官，或转宪衔。观察判官着绯十五年者，赐紫。每任以三周年为限，闰月不在其内。每一周年，校成一考。其常考，并依令录例，书'中''上'，如经殿罚，即降考一等，若校成殊考，南曹上其功绩，请行酬奖。或考满未代，更一周年与成第四考，随府罢者不在赴集。其奏授职事，书校考第，出给解由，并准新条，以备他年参选。若两任以上不成资，但通计月日及二周年，许折一任成资，及救替省员，则取本任解由赴上，不得即给以公凭，并非时赴集。其自以事故不得资，停罢及违程不请告身，一任者二周年赴集，并两任加一周年，并三任者不在赴集限。若今任有下考者，殿一年入同类官，如经恩得雪者免殿。如罢任后出给解由，每违一季殿一年，违两季以上者殿二年。丁忧服阕及非考满去任者，并同罢任。如无解由或省校考牒，并殿一年。或失坠文书而给得格式公验者，免殿降。准格停及使阙人三周年赴集。其特救停任及削官人曾经徒、流不以官当者，并经恩后本职年限赴集，仍于刑部请雪牒。如无员阙愿入州县官者，将一周年月俸比校，如有不同，即上下不过十贯者，听与注拟。至防、团判官以上入州县官，罢任后止理本职事年限赴集。其诸府少尹考第，亦以三周年为限。"

这是由翰林学士承旨陶穀所议、由赵普主持的中书门下重详定的规定，该规定正是按赵普奏议中所说，详细规定了考课与升降的办法的。

乾德四年（966）正月，又下诏："三司盐铁、度支、户部判官，除各行本司公事外，自今应有改移制置、支拨折科、增减条流、转输供亿，凡干起请，并系商量，切在从长，务令允当。若或事未谙详，理须询访，即宜关牒以问别司。别司才受公文，便须尽理回报，具明可否，方得施行，苟涉稽违，当行黜责。若或因而更改，颇协便宜，仍具奏闻，并充课绩。若在省曾遍咨谋，事犹未决，即许牒逐路转运使问其利害。其转运司承受公文，亦准此应报，或当军期，不在此例。应三司使或有行遣未当，本判官并须执谘。如事理显明，不肯依据，即许面取进止。或事有已经敷扬，称奉旨施行者，若未通便，亦许指陈。或本司判官避事不言，仍许别部判官及逐路转运使直具利害闻奏。赏罚之典，断在必行。应逐司判官各置历批书课绩，与判使通署，每至年终，当议考较黜陟；或明知利害，而循默不言，便当举行，不须岁终。应三司各置推官一员，令总断逐司公案，兼专掌勾司公事，仍别给印。应三司使如点检得判官等起请行遣不当公事，亦置历批书。诸道转运使如见三司行下公事有不便于民者，许直具事状以闻，不得隐避。其所行公事及申奏起请改正条件，亦仰置历批上，逐季进呈，以凭校定考第，明行黜陟。"

这是对三司的官员们考课的详细规定。

八月，诏：以宪府绳奸，天官选吏，秋曹谳狱，俱谓难才，理宜优异。应御史台、吏部铨南曹、刑部、大理寺，自知杂侍御史、郎中、少卿以下，本司莅事满三岁者迁其秩。御史中丞、尚书、侍郎、大理卿，别议旌赏。其奏补归司勒留官令史、府史，各减一选。

这是对中央政府中的谏察、选吏、审刑官员的考课规定。

开宝元年（968）二月，下诏说：三年有成，前典之明训；一日必葺，昔贤之能事。如闻诸道藩镇郡邑衙宇及仓库，凡有隳坏，弗即缮修，因循岁时，以至颓毁，及傛工充役，则倍增劳费。自今节度、观察、防御、团练使、刺史、知州、通判等罢任，其治所廨舍，有隳坏及所增修，著以为籍，迭相付授。幕职、州县官受代，则对书于考课之历。损坏不全者，殿一选。修葺建置而不烦民者，加一选。

这是对地方长吏的一种考课规定。

八月，令合格选人到京者即赴集，不必限四时。及成甲次，南曹、铨司、门下省三处磨勘注拟，并点检谢辞等，共给一月限：南曹八日，铨司十五日，门下省七日。著为定式。若别论理课绩，或负过咎，须至诸处勘会者，即依例行遣，仍具事以闻。如无阙员及资考未当注拟者，不在此限。

这是对于中央执行考课的官吏的职责期限规定。

十一月，诏：天下县令佐，自今检苗定税，部役差夫，钤辖征科，区分刑狱，凡关事务，贵在公平，如有违逾，并宜论诉。或令佐不相纠举，许吏民告，得实者赏之有差。

这是对县级官员的考课规定。

开宝三年（970）三月，诏礼部贡院疏特赐出身人姓名，各下所属州县，令官吏察其行实以闻，隐蔽者罪之。

四月，诏：诸道州府发遣合格选人赴京，除程与两月限，限满不至者罚之。或有未欲为官者，所属具以闻，仍殿五选。

开宝五年（972）十二月，诏：流外选人，经十考入令录者，引对方得注拟。驱使、散官、技术人，资考虽多，亦不注拟。

以上是有关选人的考课规定。

曾巩说："建隆初，始以户口增耗为州县吏岁课之升降。"[1]那是宋初

---

① 《元丰类稿》卷四十九《本朝政要策·考课》。

的规定了。《宋史》卷一百六十《选举六》记载："受代京朝官引对磨勘，非有劳绩不进秩。"说明考课之严。

赵普为相后的八九年里，对于各种官吏，大都规定了详细的考课办法，实现了他初为相时所上奏议里的建议。

（三）惩治贪官

宋初，对贪赃的官吏，惩罚是比较严厉的。这是因为，五代时贪赃枉法的现象很严重，贪吏恣横，民不聊生，所以太祖时期就用重法治之，以达到拨乱反正的目的。前人早已看到了宋初对贪赃之吏的严惩，清代历史学家赵翼在《廿二史劄记》卷二十四就有"宋初严惩赃吏"一节，对此专门论述过。

建隆三年（962）八月，用知制诰高锡言，诸行赂获荐者许告讦，奴婢邻亲能告者赏。十一月，禁奉使请托。

乾德五年（967）三月，导江县令源铣、主簿郭彻坐赃污抵极刑。诏诸路转运使以其事布告属吏，咸使知戒。六月，令诸州通判及钤辖、都监使臣，毋得受所在州官赐外添给钱物。

开宝三年（970）正月，诏河防官吏毋得掊敛丁夫缗钱，广调材植以给私用，违者弃市。①

这些诏令的不断颁发，反映出太祖时期重视对于贪吏的惩治。史称，大凡命官犯罪，多有特旨，或勒停，或令厘务，赃私罪重，即有配隶；或处以散秩，自远移近者，经恩三四，或放任便，所以儆贪滥而肃流品也。②《宋史》卷一百六十《选举六》记载，太祖时立法：文臣五年、武臣七年，无赃私罪始得迁秩；曾犯赃罪，则文臣七年、武臣十年，中书、枢密院取旨。

在这场反贪吏的斗争中，赵普是太祖的得力辅臣。《长编》卷七记载，

---

① 以上分见《宋史》卷一《太祖一》，《长编》卷三、卷八、卷十一。
② 《长编》卷八，乾德五年二月。

乾德四年（966）八月，知梓州冯瓒等人因贿赂开封尹光义的幕僚刘嶅，"狱具，普白上，言瓒等法当死。上欲贷之，普执不可，上不获已"，"诏并削名籍"，冯瓒等人被流放到海岛，刘嶅被罢官。卷八记载，乾德五年（967）正月，节度使王全斌等人，虽有平蜀大功，因为"黩货杀降"，由中书审讯得实后，被责降。据《宋史·太祖本纪》记载，太祖在位十七年，因赃处死的官员有二十六人；其中，在赵普执政的十四年中，就处死二十人。这些人中，既有文臣，也有武将，既有中央官吏，也有地方官吏。其余因为贪赃而被杖、除名、除籍者，史书上的记载就更多了。耐人寻味的是，开宝四年（971）四月，赵玭向太祖控告赵普贩木规利，太祖即促阁门集百官，要下制罢免赵普；还是靠了当时做太子太师的王溥的救解，太祖才反过去处责了赵玭。①

表七　太祖时期因赃被杀官员表

序数	姓名	官　职	罪名及处置	时　　间
1	李瑶	商河县令	坐赃杖死	建隆二年（961）四月
2	李继昭	供奉官	坐盗卖官船弃市	建隆二年五月
3	郭颛	大名府永济主簿	坐赃弃市	建隆二年八月
4—7	王训等四人	蔡河纲务官	坐以糠土杂军粮，磔于市	建隆三年（962）八月
8	李岳	职方员外郎	坐赃弃市	乾德三年（965）四月
9	成德钧	殿直	坐赃弃市	乾德三年八月
10	王治	太子中舍	坐受赃杀人，弃市	乾德三年十月
11	郭彻	光禄少卿	坐赃弃市	乾德四年（966）五月
12	源铣	导江县令	坐赃污，抵极刑	乾德五年（967）三月①
13	郭彻	导江县主簿		
14	陈郾	仓部员外郎	坐赃弃市	乾德五年九月

---

① 《长编》卷十二。

续表

序数	姓名	官　职	罪名及处置	时　间
15	石延祚	右领军卫将军	坐监仓与吏为奸赃，弃市	开宝三年（970）十一月
16	桑进兴	右千牛卫大将军	坐赃弃市	开宝三年十一月
17	闾丘舜卿	监察御史	坐前任盗用官钱弃市	开宝四年（971）四月
18	王元吉	太子洗马	坐赃弃市	开宝四年十月
19	张穆	殿中侍御史	坐赃弃市	开宝五年（972）三月
20	张恂	右拾遗、通判夔州	坐赃弃市	开宝五年七月
21	董延锷	内班	坐监务盗刍粟，杖杀之	开宝五年十二月
22	马适	右拾遗	受赂被杀②	开宝六年（973）五月
23	胡德冲	太子中舍	坐隐官钱，弃市	开宝七年（974）二月
24	董枢	兵部郎中	坐前官隐没羡银，杀之	开宝八年（975）五月
25	孔璘	右赞善大夫		
26	崔绚	宋州观察判官	坐赃弃市	开宝八年六月
27	马德休	宋州录事参军		
28	郭思齐	太子中允	坐赃弃市	开宝九年（976）八月

①此据《长编》卷八补，本表余均据《宋史·太祖本纪》。

②《宋史》卷三《太祖三》仅记："杀右拾遗马适。"据《长编》卷十四，乃受赂被杀也。

太祖曾经在诏书中说："吏员猥多，难以求其治；俸禄鲜薄，未可以责以廉。与其冗员而重费，不若省官而益俸。"① 因此，宋初在惩治贪赃官吏的同时，裁减官吏，省并州县，提高官俸，以求吏治之清廉。《长编》记载：

乾德元年（963）六月，诏：兵部、礼部每岁所补千牛、进马，太庙、

---

① 《长编》卷十一，开宝三年六月。

郊社斋郎，旧左右仗千牛十二员，各令减二员；斋郎每岁以十五员为额，取年貌合格、诵书精熟者；覆试不如所奏，主司坐之。自今台省六品、诸司五品，登朝第二任方得补荫。五府少尹，不在此限。七月，定州县所置杂职、承符、厅子等当直人的名数。

开宝三年（970）起，开始省并州县，裁减官吏。七月，下诏，令西川管内州县，宜以户口为率，差减其员，旧俸月增给五千。又诏天下州县宜依西川例省减员数。这样，州县官员的编制规定下来，月俸又增加了五千，对于提高办事效率，要求官员清廉，都起到了促进作用。这次规定的州县官员编制，见表八。

表八 州县官员编制表

级别	户数	长官	曹官			备注
州级	20000	刺史	录事参军	司法参军	司户参军	刺史或知州，下同。
	20000⁻	刺史	录事参军	司法参军		司法兼司户。
	10000⁻	刺史		司法参军	司户参军	司户兼录事。
	5000⁻	刺史			司户参军	司户兼理录事、司法。
县级	1000⁺	令	尉		主簿	令或知县，下同。
	1000⁻	令	尉			令兼主簿。
	400⁻		尉		主簿	主簿兼令。
	200⁻				主簿	兼令、尉事。

注：1. 本表引自张家驹《赵匡胤传》一书第85页。

2. +，表示超过之数。

3. -，表示不满之数。

开宝四年（971）十一月，罢岭南诸州司仓司户参军、县丞、捕贼等官。

开宝五年（972）正月，省诸道州县小吏及直力人。四月，太祖按岭南图籍，见州县多而户口少，便命令知广州潘美及转运使王明，"度其地里并省，以便民"。五月，废澄、宾、浔、峦、富、思明、康、绣、禺、顺、牢、党、罗等十三州，前后所废县又四十九。^①六月，徙崖州于振州，遂废振州。又废壁州。十一月，废春、勤二州及化仁等七县，又废南义州。后来，宾、浔、康、壁、春、南义等州又被恢复。据聂崇岐先生统计，太祖时共废州二十三，除去又复设的七州外，实废十六州。^②

开宝六年（973）六月，召京百司吏七百余人，见于便殿；太祖亲自阅试，勒归农者四百人。开宝七年（974）十一月，省剑南道诸县主簿。

州县的省并，官吏的定额及裁减，使官吏数量大为减少。由于设官分职，都有定数，一般也不容易增加。建隆年间，朝臣班簿才二百二十四员，南班（即环卫官）在内；其中两省才二十七人。当其时，"朝臣又非皆得以任子"，"无遗表之制"，"礼部补斋郎才十五人，兵部补洗马才十二人"。所以，到了太平兴国初，即太宗刚即位时，朝臣班簿仍是二百人左右。^③在太祖时期，中央官员的数量，基本没有增加，没有出现官冗的情况。由于多所裁减，选择又严，还出现了官吏缺少的情况。开宝四年（971）二月，诸道幕职、州县官阙八百余员，中书下堂帖催促流内铨补填。到开宝六年（973）八月赵普罢相时，《长编》卷十四记载："时国家取荆、衡，克梁、益，下交、广，辟土既广，吏员多阙。"于是，在赵普罢相后，按照流内铨的建议，恢复四时选，即应引对者，每季一时引对。其后，选部阙官，又特诏取解，非时赴集，谓之"放选"，习以为常。取解季集的制度，有名无实了。从上述二事可知，太祖时期，地方官吏的数量常处于不足状态之中，尤其是在赵普执政时期。赵普罢相后，太祖常特诏"放选"，才使地方官吏的数量有所增加。但地方官吏也还没有冗员的情况出现。

太祖时期，官吏有定员，俸禄被提高，待遇也很优厚。《长编》记载，

---

① 《宋史》卷三《太祖三》作：县三十九。

② 《宋史丛考》上册，第78页。

③ 《文昌杂录》卷六，《古今源流至论》后集卷五《省官》，《宋朝事实》卷九，《春明退朝录》卷下。

乾德四年（966）五月，诏：西川幕职、州县官料钱，先以他物折充者，自今并给实俸。七月，又给州县官俸户。开宝四年（971）十一月，诏：节、察、防、团军事判官、推官、军判官等，并依州县官例，给回易料钱俸户。节度、防、团副使权知州事，节度掌书记自朝廷除授及判别厅公事者，亦给之。副使非知州，掌书记奏授而不厘务者，悉如故，给以折色。《挥麈前录》卷一记载，太祖时，在各州设置了公使库，使遇过客，必馆置供馈，欲使人无旅寓之叹。因此，士大夫造朝，不赍粮，节用者犹有余以还家。归途礼数如前，但少损。此外，中央的官吏，遇到大典或节日，常有赏赐。给予中枢大臣的赏赐，动辄上万。王安石在熙宁元年（1068）八月曾说过："太祖时，赵普等为相，赏赉或以万数。"司马光认为："普等运筹帷幄，平定诸国，赏以万数，不亦宜乎！"[1]因为待遇优厚，所以"入仕者不复以身家为虑，各自勉其治行"，[2]换取了各级官吏的效力和忠心。

减官定员，提高官俸，待遇优厚，是和严惩贪官的措施相辅相成的，其目的，都是为了要求官吏廉洁，造成清明政治。

（四）小结

太祖在赵普辅佐下，颁布了一系列诏令，在对官吏的选择、考课、惩处等方面形成了一整套比较严密的制度，使法制得以推行，吏治有所澄清，促进了宋初的拨乱反正。《宋史》卷四百二十六《循吏传》说："宋法有可以得循吏者三：太祖之世，牧守令录，躬自召见，问以政事，然后遣行，简择之道精矣；监司察郡守，郡守察县令，各以时上其殿最，又命朝臣督治之，考课之方密矣；吏犯赃，遇赦不原，防闲之令严矣。"这是讲对地方官吏的办法。其实，何止是地方官吏，对中央官吏又何尝没有慎重选择、严密考课、严厉惩治呢？！而这一切作为，都是与赵普无

---

① 《司马温公文集》卷二十六《迩英奏对》。
② 《廿二史劄记》卷二十五《宋制禄之厚》。

法分开的。

杨廷福先生指出："古代法律之所以严惩贪赃枉法，是为保证它的剥削收入，从而统治者既博得'治平'、'清明'的美名，又达到巩固政权的目的。但是官吏的贪暴恣横是封建官僚政治的必然属性，实践中是不可能杜绝的，相对地来说，由于法律的严办，多少使得官吏有所畏忌，明文规定，多少要考虑行为的后果，加强任职的责任感，不敢肆无忌惮地鱼肉人民，处理事务稍能合乎些情理，这样使人民少蒙受些法外的冤抑和摧残，在当时的历史条件下，不能说没有它的积极意义。"[1]用这段话来评价宋初加强法制和择人用吏的作为，也是合适的。

第三节　太祖时期的经济与文化

（一）历史的回顾

北宋以前的封建王朝，如汉、唐，大抵在开国初期，都要进行一些土地制度方面的立法工作，制订一些经济政策，以限制大地主势力的发展，促进经济的发展，从而巩固中央集权。翻开历史的记载，可以看到，汉代有限田之令，晋代有占田之律，北魏实行均田之制，隋及唐初又规定了口分、永业之法。然而，到了宋初却不然，并未制订什么政策，以抑制兼并势力的发展，而是"田制不立"，"不务科敛，不抑兼并"，并且认为"富室连我阡陌，为国守财耳，缓急盗贼窃发，边境扰动，兼并之财，乐于输纳，皆我之物"。[2]这是为什么呢？

有些同志据此认为，赵匡胤及其佐命功臣赵普等最高统治者，没有注意社会经济问题，对于经济立法缺乏正确的认识，因而造成了自食其

---

① 《唐律初探》，第225—226页。
② 《宋史》卷一百七十三《食货上一》，《历代兵制》卷八，《挥麈后录徐话》卷一。

果的两大弊病——土地兼并严重和"冗兵、冗吏、冗费"情况的出现，"这一切事件的根苗，都是赵匡胤在北宋初年所手自培育起来的。然而，倘使他和他的佐命大臣对于当时社会经济发展趋向问题能有一些正确认识的话，他们原是有条件制定出一些较好的政策，作出一些较好的措施和安排的"。①有人更明确地说，这是因为赵普出身小吏，目光短浅，所以形成的。事实并非如此。我们不妨先回顾一下历史。

马克思指出："君主们在任何时候都不得不服从经济条件，并且从来不能向经济条件发号施令。无论是政治的立法或市民的立法，都只是表明和记载经济关系的要求而已。"②所以，探讨宋初没有经济立法的原因，只从统治者的主观认识方面去找是远远不够的，主要还应从客观的经济条件方面去找。不能设想，客观的经济条件要求有经济的立法，仅仅因为统治者没有注意，没有正确的认识，就使经济立法无法出现。

当代著名的经济学家王亚南先生指出："封建社会的经济权力，归根结底是建立在田制税法上。"③所谓经济立法，主要也就是指在田制和税法上的立法而已。宋初的没有经济立法，主要也是指这两方面而已。

中国封建社会的田制和税法，在唐代中叶，出现了一个大的变化，这就是均田制的崩溃和杨炎提出的两税法的实行。

均田制和租庸调税法，是唐代中央集权统治的经济基础，并且使唐代官僚统治的集中力量更形强大。但其施行效果愈大，即经济上土地愈垦辟，人口愈繁多，生产物愈富有，就会越发显示出它是不大适合那种统一的统治形态的。结果，王公百官特别是豪右们便开始来破坏了。延至开元、天宝以来，法令废弛，兼并之弊，超过西汉成、哀之间。特别在安史之乱以后，各地方的权势者，相率招收流亡，隐漏户口，横夺租赋。均田制崩溃了，租庸调税法也实行不下去了。唐室依靠均田制和租庸调

---

① 具有代表性的是邓广铭《论赵匡胤》一文。
② 《马克思恩格斯全集》第4卷，第121—122页。
③ 《中国官僚政治研究》第8篇，第91页。

税法而建立的中央集权的物质基础便发生根本的动摇，割据之势于是愈演愈烈，不可收拾，终于导致唐帝国的灭亡。

均田制及租庸调税法的失败，不仅说明商业经济相当发达的封建官僚社会，不可能再把土地与农民束缚和固定起来，不使变卖，不使转移；并且还说明，在这种社会中因长期因缘积累所逐渐形成的门阀及其有关的社会政治势力，再不会允许把他们已经领有或将要取得的土地所有权力，交给中央政府统制支配。所以，为了适应这两种客观情况，唐代统治者体验到维持统治的最安稳最聪明的办法，不在于垄断土地分配权，以长期控有赋税源泉，而在于承认既成的土地所有关系，以改进赋税收入。于是，杨炎的两税法便应运而生了。[1]

两税法实行以后，朝廷的注意力已经发生转移。中央政府的收入已与土地的所属无关，所以朝廷关心的只是均赋、均税，注意的只是农田的荒闲与否，赋税的隐漏与否。至于土地的归属、分配，农民的痛苦，则不予过问。虽然在两税法实行以后，杨炎被封建史学家认作是"千古罪人"，从唐代起就不断遭到攻击，两税法也被认为是兼并盛行、贫富悬殊的原因，但是，两税法却终于实行下去了，均田制也终于恢复不起来，这正说明历史的潮流是不可阻挡的，不以人们意志为转移的。其实，没有实行两税法的时候，由于兼并而引起的贫富悬殊的现象，一直是存在的。而两税法的简单易行以及至少在形式上的合乎赋税平等负担的原则，对于经济的发展，起到了积极的作用。正如王亚南先生指出的，两税法在应时达变、解放生产力方面的巨大意义，可以和战国时的商鞅变法相提并论，对于中国历史的发展，都有着巨大的功绩。

两税法虽然承认了地方豪强们对于土地的权力，但并没有换来地方豪强们的支持和效忠，加之在兵制上还没有摸索到办法等等原因，因此唐代后期的割据局面依然日益严重。唐末农民战争的伟大力量，扫荡了

---

[1]　《中国官僚政治研究》第 8 篇，第 95—96 页。

魏晋以来根深蒂固的门阀势力，摧毁了藩镇割据的经济基础，于是，恢复中央集权的统一便出现了可能。到了宋初，这种可能变成了现实。同时，在战乱中成长的地主势力，到宋初也已定形，公然自号为田主了。两税法的实行已经确定不移，说明封建中央政府已然确认了地主对于土地的权力。两税法也就成为宋代中央集权统治的经济基础了，宋代由此重建并强化了中央集权的统一局面。

在这种经济条件下，宋初统治者在经济方面别无选择，只有承认并实行两税法，才能够确立赵宋政权的统治。他们不可能对田制和税法作出改变，因为那无异于摧毁自己政权的经济基础。当时，任何企图改变田制或税法的做法，在实际上都只会失败。《长编》卷十四记载，开宝六年（973）九月，江南（南唐）内史舍人（即宰相）潘佑"请复井田之法，深抑兼并，有买贫者田，皆令归之。又依《周礼》，造民籍，复造牛籍，使尽辟旷土以种桑"，"符命行下，急于星火，百姓大扰，国主遽遣罢之"。至道二年（996），陈靖上垦田之议，请重立田制，按丁授田，结果也不能推行。这两件事，可说是反面的例子，说明在宋初不可能变更田制税法。

另外，至少从隋大业年间（605—618）就已出现的租佃契约关系，到宋初已成为一种占统治地位的经济关系，政府也不能不予正式承认。[①]在租佃关系下，农民的人身依附有所减轻，生产积极性也有所提高。如果赵宋政权要再强行改变这种经济关系，实行旧的某种经济关系，必然会遭到广大农民的强烈反对。而在封建社会中，比租佃制更进一步的经济关系，直至明清时期也未见出现，也就不可能要求赵宋统治集团来创造了。

说到这里，问题就很明显了。宋代"田制不立""不抑兼并"，的确是一种客观存在的实际情况，但这并不是由于赵宋统治集团的主观原因

---

① 参见樊树志《论封建法律下的农奴身份》。

造成的,更不是由于赵普目光短浅造成的,而是客观的经济发展之必然。

列宁指出:"如果对事情没有正确的从政治上的处理,则特定的阶级,便不能保持它的统治,因而也就不能解决它自己的生产任务。"^① 由此看来,太祖和赵普把政治问题摆在首位,原也无可指摘,其目的正是为了解决生产发展问题。而且,太祖时期,在经济方面也做了一些工作,指责太祖和赵普完全忽视经济问题,也是不符合历史事实的。

(二)经济措施

宋初,在均税与减税,鼓励开荒,以及兴修水陆通道等几个方面做了一些工作,这都是属于经济建设方面的。

在赋税方面,建隆元年(960)八月,作新权衡以颁天下,禁私造。这使征收赋税有了统一的标准,州县不能高下其手。乾德元年(963)七月,为惩割据厚敛之弊,颁量衡于澧、朗诸州。以后对新平定的地区都颁发统一的量衡。^②

周世宗时,曾派常参官到各州度民田,均定田税。建隆二年(961),继续实行周世宗时的办法,派遣常参官到各州去度民田。《宋史》卷一百七十三《食货上一》记载:"命官分诣诸道均田,苛暴失实者辄遣黜。"就是讲此事。"均田",是均定田税,不是唐初的均田,主要目的是防止土地漏税。乾德五年(967)七月,诏:诸州两税督纳时,县令毋得两处点检入抄,重有追扰。^③

定役法。建隆二年(961)五月,诏:令佐检察差役,有不平者,许民自相纠察。此严差役法也。^④

平定各国以后,虽然把大量的苛捐杂税继承了下来,但也多少除去了一些。《长编》记载:乾德元年(963)四月,减荆南、潭、朗州死罪

---

① 《列宁全集》第7卷,第35页。重点号是原有的。
② 《长编》卷一、卷四。
③ 《长编》卷八。
④ 《宋大事记讲义》卷三《定役法》。

囚，流以下释之，配役人放还；蠲建隆三年以前通税及场院课利；行营诸军略获生口，各还其主。赐湖南民今年茶税。禁峡州盐井。六月，免潭州诸县旧例杂配之物。

乾德三年（965）五月，"伪蜀官仓纳给用斗有二等，受纳斗盛十升，出给斗盛八升七合"。诏：自今给纳并用十升斗。十月，忠州民以鱼为膏，"伪蜀时，尝取其算"。诏除之。

乾德四年（966）二月，赐西川诸州今年夏租之半，无苗者复之。三月，"诏川峡诸州长吏察民有伪蜀日所输烦苛，诏所未蠲者，悉便宜除之"。四月，梓州在后蜀时，有庄屯户、专脚户，皆直隶州将，鹰鹞户日献雉兔，田猎户岁入皮革，又有乡将、都将等互扰闾里，至是悉除之。又罢光州岁贡鹰鹞，放养鹰户。五月，诏川峡诸州，"伪蜀政令有烦苛刻削害及民者，累诏禁止蠲除之，吏或不能遵守奉行，未忍悉置于罪。自今其勿复令部曲主掌事务，及于部内贸易，与民争利，违者论如律"。七月，诏罢荆南道米耗之征。赐川峡诸州民今年秋租之半。八月，除蜀倍息，诏："西川民欠伪蜀臣僚私债者，悉令除放。"十月，诏诸州长吏，告谕蜀邑令尉，禁耆长、节级不得因征科及巡警烦扰里民，规求财物；其镇将亦不得以巡察盐曲为名，辄扰民户。

乾德五年（967）正月，赐西川诸州民今年夏租之半。七月，蠲江陵等二十五州府乾德三年逋租。十二月，赐西川三十七州府来年夏租之半。

开宝三年（970）四月，除河北诸州盐禁，任商旅贸易，过往者收其税。十一月，减桂阳监冶金旧额三分之一，以宽民力。

开宝四年（971）三月，禁岭南民买良人黥面为奴婢，雇佣取直。"诏岭南诸州长吏察伪政有害于民者以闻，当悉除去。"四月，诏：岭南商税及盐法并依荆湖例，酒曲仍勿禁。七月，先是，刘𬬮（南汉主）私制大量，重敛于民，凡输一石，乃为一石八斗。至是，从转运使王明言，革之。诏广南诸州，受民租皆用省斗，每一石外，别输二升为鼠雀耗。八月，诏："广南道伪汉诸官库务所有课役户，并还属本县，仍给复二年。"十月，知邕州范旻奏刘鋹时白配民物十数事，悉命除之。诏：岭南诸州刘鋹日烦苛赋敛并除之，平民为兵者释其籍，流亡者招诱复业。

开宝五年（972）正月，罢荆襄道岁贡鱼腊。二月，诏：潭州岁调纸百七十八万余幅，特免十年。三月，岭南民有逋赋者，县吏或为代输，或于兼并之家假贷，则皆纳其妻女以为质。知容州毋守素表其事，诏所在严禁之。诏："中国每租二十石，输牛革一，准千钱。西川尚循伪制，牛驴死者，革尽输官。蠲去之。每租二十石，输牛革一，准钱五百者。"四月，禁岭南诸州略卖生口。五月，先是，刘鋹于海门镇募兵能采珠者二千人，号"媚川都"。凡采珠，必以石绳索系于足而没焉，深或至五百尺，溺死者甚众。知广州潘美上言采珠危苦之状，诏废岭南道媚川都，选其少壮为静江军，老弱者听自便。仍禁民不得以采珠为业。

开宝六年（973）六月，初，蜀民所输两税，皆以匹帛充折，其后市价愈高，而官所收止依旧例。太祖虑其伤民，诏西川诸州，凡以匹帛折税，并准市价。七月，广南诸州民输税米，刘鋹时每石白配百六十钱，诏但取其十。八月，孟昶时，西川民嫁遣资装，皆籍其数征之；诏勿令复征。

开宝七年（974）七月，"川峡盐承伪蜀之制，官鬻之"，于是，诏斤减十钱，以惠远民。

开宝八年（975）五月，诏：商人以生药度岭者免算。十二月，平定江南以后，诏出米十万石，赈金陵城中饥民。诸色人及僧道被驱率为兵者，给牒听自便。令诸州条析旧政，赋敛烦重者，蠲除之。

曾巩曾总结道："太祖知百姓疾苦五代之政，欲与之休息，故诏书屡下，弛盐禁于河北，实盐价于海滨。有司尝欲重新茶之估以出于民，上曰：'是不重困吾人哉！'遂置其议。既平五强国，收天下之地，未尝不去其烦苛，与百姓更始焉。"[1] 夸大、吹捧，在所不免，但多少也道出了一点实际情况。

---

[1] 《元丰类稿》卷四十九《管榷》。

由以上记述，不难看出，宋初对各国的苛捐杂税，的确划革了不少，这对减轻民众负担，促进生产发展，起到了一定作用。

太祖时期，为了增加收入，加强了对专卖品的控制。建隆二年（961），派监察御史刘湛到蕲春榷茶，岁入倍增。[①]乾德二年（964）八月，初令京师、建安、蕲口并置场榷茶。乾德三年（965）九月，听从淮南转运使苏晓的建议，在蕲、黄、舒、庐、寿五州榷茶，置十四场，笼其利，岁入百余万缗。[②]此外，像对川峡盐的专卖等，继承了割据政权的旧制，继续实行。

宋初，很重视对开荒的鼓励和奖赏，有关这一类的诏令不少，大都含有具体的措施和明确的赏罚办法。《宋会要·食货六三》之一六一与《长编》载：

建隆二年（961）春天，下诏申明后周显德三年（956）的诏令，课民种植。每县定民籍为五等：第一种杂木百，每等减二十为差，桑枣半之。男女十七以上，人种韭一畦，阔一步，长十步。乏井者，邻伍为凿之。令佐以春秋巡视其数，秋满赴调，有司第其课而为之殿最。又诏：自今民有逃亡者，本州具户籍顷亩以闻，即检视之，勿使亲邻代输其租。

建隆三年（962）正月，诏诸州长吏劝课农桑。自此以后，或因岁首，必下此诏。

乾德四年（966）闰八月，诏所在长吏告谕百姓，有能广植桑枣，开垦荒田者，并只纳旧租，永不通检。令佐能招复逋逃，劝课栽植，岁减一选者加一阶。[③]

诸如此类的诏令频繁颁发，并且定有赏罚明文，地方官吏以奉行的结果优劣，来评定其考课殿最，把劝课农桑之事与考课结合起来，就使官吏不敢不认真执行。这样，就形成了重视农业的气氛，对农业的恢复

---

① 《长编》卷三，建隆三年正月记载。

② 《长编》卷五，卷六。

③ 参见《宋史》卷一百七十三《食货上一·农田》，《长编》。

和发展起到了一定的促进作用。

此外，还对流民采取了一些措施，使其能够投入农业生产。《长编》记载，开宝五年（972）六月，诏沿河州县官吏，勤恤所部民，勿令转徙；田亩致损者，籍其数以闻。开宝六年（973）正月，诏：诸州流民，所在计程给以粮，遣各还本贯；至日，更加赈给。三月，诏：诸州流民复业者，蠲今年蚕盐钱，复其租，免三年役。九月，命诸州不得占流民，募告者户赏钱五千。

还有，为防止多毁农器以徼福，在开宝五年（972）正月颁布禁令，禁民铸铁为佛像、浮屠及人物之无用者。[①]

在水陆通道的兴修方面，太祖时期也做了一些工作。疏浚了五丈河、汴河，导蔡水入颍、溵水入京，开凿金水河，以开封为中心的水陆交通更加方便畅通，促进了东南和中原的经济交流。在陆路上，修西京古道，开太行运路；诸道都置邮传，但不再调民给传置，而全部用军卒递送。这样，西北与中原，各地与开封之间的联系都得到了加强。水陆通道的兴修，对于经济的发展起到了积极的促进作用，同时也更加强了集权统一。

从以上事实可以看出，太祖时期虽然主要致力于实现和巩固统一的政治活动，但对于经济也给予了应有的重视。既重视了经济，采取了一些措施，但在田制和税法上又无所作为，说明太祖及其主要佐命功臣赵普不是不为，而是无可为也。

（三）文化建设

太祖时期，不仅采取了一些经济措施，促进了经济发展，而且还进行了一些文化建设工作。

《元丰类稿》卷四十九《学校》记载："宋兴，承五代之乱。建隆初，尝命崔颂教国子，始聚生徒讲学，天子使使者临赐酒果以宠厉学者。"建

[①] 《长编》卷十三。

隆三年（962）六月，扩建了国子监，绘画了"先圣""先贤""先儒"的画像塑在祠宇之内，太祖亲自为孔子和颜子作赞，命令宰臣、两制以下分撰余赞。太祖并且多次亲自到国子监观看教学情况。太祖提倡多读书，并且亲自劝导过赵普；他希望武臣都能读书，知道为治之道。由于太祖的劝勉，环境的影响，加之又有治理天下的愿望，赵普努力学习，读了很多书籍，知识面大为扩展，非复早年不博知的情况了。皇帝的提倡劝导，宰相的带头用功，使宋初出现了读书学习的热潮。因此，朱熹说："国初人便已崇礼义，尊儒术。"[①]

太祖时期，重视书籍的搜集。《麟台故事·拾遗》卷上记载：[②]

> 建隆初，三馆有书万二千余卷。乾德元年平荆南，尽收其图书以实三馆。三年平蜀，遣右拾遗孙逢吉往收其图籍，凡得书万三千卷。四年，下诏募亡书，《三礼》涉弼、《三传》彭斡、学究朱载等诣阙献书，合千二百二十八卷，诏分置书府，弼等并赐以科名。闰八月，诏史馆，凡吏民有以书籍来献，当视其篇目，馆中所无者收之；献书人送学士院，试周吏理，堪任职官者具以名闻。开宝八年冬，平江南；明年春，遣太子洗马吕龟祥就金陵籍其图书，得二万余卷，悉送史馆。自是群书渐备。

太祖时期，对于古籍的校勘比较重视。周世宗时，曾令张昭详定《经典释文》。乾德三年（965）和开宝二年（969），太祖又分别派卫融、聂崇义等人和姚恕、陈鄂，两次校勘《经典释文》；校勘完毕，由宰相赵普和参知政事薛居正、吕馀庆领衔署名，以示郑重[③]。自此以后，宋代在校勘古籍时，多遵开国之例，由宰执领衔署名。开宝六年（973）四月，知

---

① 《朱子语类》卷一百二十九《本朝自国初至熙宁人物》。
② 《通考·经籍考》总序同此。
③ 《宋史》卷二百六十三《张昭传》，《经典释文》卷三十卷尾。

制诰王祜等人上《重定神农本草》二十卷，太祖亲自作序，摹印以颁天下。这就连医书也予校勘了。

太祖时期，在前朝史的修撰方面，也做了些工作。建隆二年（961）正月，王溥等上《唐会要》一百卷。乾德元年（963）七月，王溥等人修成《五代会要》三十卷；十月，吏部尚书张昭上新撰《名臣事迹》五卷，诏藏史馆。开宝七年（974）闰十月，宰臣薛居正等上新修《五代史》一百五十卷。此外，建隆二年（961）八月，王溥、扈蒙修成《周世宗实录》四十卷。赵普本人则在建隆元年（960）三月撰写了《龙飞日历》一卷，记载陈桥兵变前后之事。[①]

但是，"国初，凡事草创，学校教养，未甚加意"[②]，则也是事实。

第四节　赵普与太祖关系的演变

开宝六年（973）八月，赵普在独相近十年之后，被罢去宰相，出为河阳三城节度使（驻孟州，今河南省孟州市）、检校太傅、同平章事。当时，赵普五十二岁，太祖四十七岁。三年后，太祖猝然死去。太祖朝十七年中，赵普执政时间长达十四年之久，但在太祖晚年，却被罢相，其原因是什么呢？探究其原因，对我们了解赵普与太祖关系的演变，是很有帮助的，因此，不嫌繁赘，详细考察如下。

罢相制写道："虽弼谐而是赖，且劳逸以宜均。""燮和万汇，已施济物之功；镇抚三城，适表藩垣之实。帅坛受任，相印兼荣，永隆屏翰之权，更励始终之节。"[③]

太宗写的《赵普神道碑》说："开宝六年，太祖以王始佐创业，克志

---

① 《长编》，《郡斋读书志·后志》（袁本），《玉海》卷四十七《艺文·杂史》。
② 《燕翼诒谋录》卷五。
③ 《宋大诏令集》卷六十五，又见《宋宰辅编年录》卷一。

升平，伐罪吊民，开扩疆土，下西蜀，平南越，擒吴会，来北戎，威德绥怀，无远不至，云龙际会，大通合符，十有余年矣。知无不为，甚烦神用，务均劳逸，以优茕臣。寻授太傅，佩相印，持节河阳。"

这样看来，赵普的罢相，似乎是因为太劳神了，要均劳逸的缘故。但是，我们切不可被制词的官样文章和太宗的"御制"之文迷惑了，须知二者都是惯于掩饰和溢美的。

《宋史》本传，在记载钱俶贿赂赵普瓜子金，为太祖发现；赵普市木秦陇，为赵玭告发；赵普包庇中书堂吏不法，为雷有邻所讼之后，然后记载赵普罢相，似乎这三件事是赵普罢相的主要原因。如此说来，赵普是因为贪赃枉法而被罢相的了。其实也不尽然。

太祖时期，虽然对贪赃之吏处罚得很厉害，并且屡屡下令训戒，但是仔细研究一下太祖时期受处罚的贪赃之吏的名单，就可以发现，其中很少有中枢大臣。实际上，在太祖时期，贪赃行为还是相当厉害的。太祖的弟弟、开封尹光义，接受过官吏送给的贿赂，也派人行贿收买大臣和将帅。石守信出为节度使，聚敛贪污，史有明文。太祖曾"兄事之"的赵彦徽，为节度使，"不恤民事，专务聚敛，私帑所藏巨万"，太祖未曾过问。张铎为彰义节度使，私取马直，擅借公帑，侵用官曲；事发后，召归京师，太祖以铎宿旧，诏释不问，但罢其旄钺而已，其所侵盗，皆蠲除之。汉州刺史王晋卿，"以黩货闻，上惜其才，不问"。权知扬州侯陟受赇不法，为部下所讼，追赴京师；卢多逊教他令上急变言江南事，建议急取之，并愿以家口担保，太祖便追寝前议，赦陟罪不治，复以陟判吏部流内铨。[1]开宝六年（973）十月，特赦中书、枢密、三司及诸司吏自前隐欺未觉等罪，使之自新。[2]这是在赵普罢相后不到两个月的事。

市木秦陇的，并非赵普一人。史称，当时贵要，多冒禁市巨木秦陇间，

---

① 《长编》卷九，开宝元年五月；卷十七，开宝九年十月；卷七，乾德四年十月；卷十六，开宝八年八月。

② 《长编》卷十四。

以营私宅；及主者败，皆自启于太祖前。沈义伦也曾市木，为其母亲营造佛舍，所以也奏其事于太祖。太祖却笑着对沈义伦说："尔非逾矩者。"知道他居第尚未修葺，因遣中使案图督工匠五百人为治之。[①] 赵普的市木营宅，其实也是得到太祖允许的。《画墁录》记载：

> 初，河南府岁课修内木植，或不前，俾有司督按，乃曰："为赵普修宅买木所分。"既而有旨，修赵普宅了上供。

太祖在收兵权时，就鼓励将帅买田置业；以文臣分治大藩时，又有"纵皆贪浊"之语，说明他也并不打算真正彻底地根治贪赃行为。赵普接受江南送的银子五万两，是太祖允许的；受吴越瓜子金十瓶，太祖也见到了；营邸店规利，恐怕太祖也不会不知道。南宋的王楙认为，赵普这样做，是袭用萧何的故智，以此释太祖的疑心。[②] 虽有曲护之嫌，但也是有一些道理的。王亚南先生曾深刻地指出："聪明的统治者，往往不但破格赐赠以结臣下的欢心，甚或鼓励贪污侵占以隳野心者的壮志。汉高祖对'萧何强买民田宅数千万'所表示的优容安慰心情；宋太祖劝石守信等'多积金帛田宅，以遗子孙'的深谋远虑打算，皆说明专制官僚社会统治者对其臣下，或其臣下对于僚属所要求的，只是'忠实'，不是'清廉'，至少两者相权，宁愿以不清廉保证'忠实'。"[③] 明白了这一点，就不会对宋太祖在严惩贪赃之官吏的同时，又放纵贪赃行为，表示奇怪了；从而也就知道，太祖不可能仅仅因为贪赃的缘故，就罢去赵普宰相之职。

《隆平集》卷四《吕端传》记载："（赵）普忤旨而罢。"为何事忤旨，在现存史籍中，找不到清楚的记载。倒是太宗的一段话，透露了赵普罢相的主要原因。

---

① 《长编》卷十四，开宝六年五月。
② 《野客丛谈》卷一。
③ 《中国官僚政治研究》，第82页。

至道二年（996）七月，太宗对宰执说："前代中书，以堂帖旨挥公事，乃是权臣假此名以威福天下也。太祖朝，赵普在中书，其堂帖势力重于敕命。"①《隆平集》卷四《赵普传》则记载："堂帖之行，与诏敕无异。"权高震主，才是赵普罢相的主要原因。

《宋史》本传的论赞说："自古创业之君，其居潜旧臣，定策佐命，树事建功，一代有一代之才，未尝乏也。求其始终一心，休戚同体，贵为国卿，亲若家相，若宋太祖之于赵普，可谓难矣。"此言过誉，其实并不尽然。

赵普与太祖的相识，在显德三年（956）。后周时，赵普以其谋略和才干，迅速成为赵匡胤的心腹幕僚。陈桥兵变时，赵普以谋主身份指挥部署。北宋开国之初，赵普首先进入枢密院，然后成为宰相，始终掌握着中枢大权。太祖对赵普极为信任和倚重，待遇殊绝。赵普之妻和氏，太祖尊之为嫂；赵普的女儿，与宗室一样，封为郡主；赵普的宅园，"开国初，诏将作营治，其经画制作，殆侔禁省"②。赵普为相，太祖不愿设置次相以分其权，创设了无权的参知政事为副相以佐之，事无大小，都由赵普裁决。考中景祐元年（1034）进士的龚鼎臣撰《东原录》载：

> 蔡君谟说：艺祖尝留王仁赡语，赵普奏曰："仁赡奸邪。陛下昨日召与语，此人倾毁臣。"艺祖于奏劄后亲翰，大略言："我留王仁赡说话，见我教谁去唤来？你莫肠肚儿窄，妒他，我又不见是证见，只教外人笑我君臣不和睦。你莫殢恼官家。"

蔡襄讲的这个故事，一方面反映出赵普的专横，竟连皇帝召见大臣说话也要干涉；一方面，又反映出太祖虽则不满，但极力忍耐，不愿"教

---

① 《宋会要·职官一》之七一，又见《长编》卷四十。
② 《邵氏闻见后录》卷二十五。

外人笑我君臣不和睦”，同时警告赵普：“莫殢恼官家。”王仁赡曾与赵普同在刘词幕府，入太祖幕府还在赵普之前。赵普与他关系不好，是因为不能允许有人分自己的权。

《长编》卷九记载，开宝元年（968）十月：

> （雷）德骧判大理寺，其官属与堂吏附会宰相，擅增减刑名，德骧愤惋求见，欲面白其事。未及引对，即直诣讲武殿奏之，辞气俱厉，并言赵普强市人第宅，聚敛财贿。上怒，叱之曰：“鼎铛犹有耳，汝不闻赵普吾之社稷臣乎！”引柱斧击折其上腭二齿，命左右曳出，诏宰相处以极刑。既而怒解，止用阑入之罪黜焉。[①]

《宋会要·礼四七》之二曰：“以判大理寺而敢于言大臣之短，不惟养后日敢言之风，亦可以无大臣专权之祸。汉高帝闻萧何多买田宅之污则有械系元勋之辱，此汉一代所以有诛戮大臣之祸。我太祖闻赵普擅市人第宅之事，则有鼎铛有耳之责，此本朝所以有进退大臣之礼。”

压下控告，是用以表示对赵普的信任。怒解而轻责，则表明太祖冷静考虑后，认为雷德骧之举有可取之处，《宋会要》指出了这一点。所以，这件事仔细分析起来，实在是太祖的一种掩饰和忍耐的行动。在三年后遇到同样情况时，太祖就有些忍耐不住了。

《长编》卷十记载，开宝二年（969）征太原，赵普随行。闰五月，“时大军顿甘草地中，会暑雨，多破腹病”，太常博士李光赞上言，请班师。太祖览奏，甚喜，复以问宰相赵普，普亦以为然，因使普召见光赞，慰抚之。于是班师。可见这时赵普还是很受信任的。

开宝四年（971）三月，赵玭说赵普贩木规利时，情况就不同了。《长

---

① 又见《宋会要·礼四七》之二与又《礼四七》之二两处引《宋朝事实》，而今本《宋朝事实》无。

编》卷十二记载：①

> 前左监门卫大将军②赵玭既勒归私第，不胜忿恚，一日，伺赵普入朝，马前斥普短。上闻之，召玭及普于便殿面质其事，玭大言诋普贩木规利。先是，官禁私贩秦陇大木，普尝遣亲吏往市屋材，联巨筏至京师治第，吏因之窃于都下贸易，故玭以为言。上怒，促阁门集百官，将下制逐普。诏问太子太师王溥等，普当得何罪，溥附阁门使奏云："玭诬罔大臣。"上意顿解，反诘责玭，命武士挝之。御史鞫于殿庭，普力营救，上乃特宽其罚，扶出之。夏四月丙寅朔，责为汝州牙校。

仅仅是贩木规利，是不会使太祖发怒的。所以当王溥一加劝解，太祖便马上醒悟，反而处罚了赵玭。赵普面对赵玭的攻击而未见辩解，似乎他是不想辩解，也多少反映了他这样做的苦心。太祖发怒的根本原因，还在于赵普的专权。《长编》同卷载，开宝四年二月，诸道幕职、州县官阙八百员，赵普曾由中书发堂帖，催促流内铨补填。这或许使太祖有怒了。至于"堂帖之行，与诏敕无二"，甚至重于诏敕，更使太祖无法容忍。太祖要下制逐普，实在是借题发挥罢了。

开宝五年（972）二月，以端明殿学士、兵部侍郎刘熙古守本官，参知政事。参政有三人之多了。九月，太祖听说枢密使李崇矩与赵普厚相交结，把女儿嫁给了赵普的长子承宗，很不高兴。以前，枢密使和宰相候对长春殿时，同止庐中，于是太祖命令分开。李崇矩的门客郑伸乘机告发李崇矩受贿请托之事，虽然郑伸所引的证人刘审琼"具言其诬"，太

---

① 《厚德录》卷三同。

② 中华书局校点本原作"前右监门将军"，下有四库馆臣注语："案《宋史》及薛应旂《续通鉴》皆作左监门卫大将军。"《长编》同册第190页、207页俱作"左监门卫大将军"；《宋史》卷二百七十四《赵玭传》亦云罢守本官（即左监门卫大将军），是则应改才是。

祖还是罢去李崇矩的枢密使职务，出为镇国（治华州，今陕西省华县）节度使；赐郑伸同进士出身，酸枣县主簿。[①]"自李崇矩罢，上与普稍有间"，两人之间的裂痕已公开化了。十一月，太祖扩大参知政事的权力，命薛居正兼提点三司淮南、湖南、岭南诸州水陆转运使事，吕馀庆兼提点三司荆南、剑南诸州水陆转运使事。[②]

太祖早已注意加强其专制权力。废宰相坐论之礼，降低宰相地位；[③]实行殿试，掌握取士权，都是为了加强皇权。让中书和枢密先后上殿，奏事各不相闻，便于知其异同，更是为了防止宰相专权的措施。开宝五年对李崇矩的处理，反映出太祖对赵普与李崇矩的亲密关系的警惕和防制。赵普专权，已为太祖不满；及至与枢密使交结，太祖怎能不猜忌，怀疑他要把持朝政、专断国家事呢？！皇权与相权的矛盾，就使太祖与赵普的亲密关系破裂了，裂痕也公开化了。《石林燕语》卷六记载："韩王独相十年，后以权太盛，恩遇稍替。"说明宋代已经有人看出了赵普在晚年失势的真实原因。

赵普为相，位高权重，为政颇专，引起廷臣们的忌恨。《长编》卷十四，开宝六年八月记载："尝设大瓦壶于视事阁中，中外表疏，普意不欲行者，必投入壶中，束缊焚之。其多得谤咎，殆由此也。"尤其是翰林学士卢多逊，"博涉经史，聪明强力，文辞敏给，好任数，有谋略，发多奇中"，自以为不凡。"先是，多逊知制诰，与赵普不协。及在翰林日，每召对，多攻普之短。"[④]因此，赵普的专权不法的等等行为，就更多地进入了太祖的耳内，引起了更大的疑心。《石林燕语》卷五记载说："赵中令末年，太祖恶其专。"可算是道中了太祖的心病。

---

① 《宋会要·职官一》之六九，《职官七八》之一；《太宗实录》卷四十三，端拱元年二月；《长编》卷十三。
② 《长编》卷十三。
③ 《渑水燕谈录》卷五；《长编》卷五，乾德二年正月。
④ 《宋史》卷二百六十四《卢多逊传》、卷二百六十五《李昉传》，《东都事略》卷三十一《卢多逊传》。

两宋之交的罗从彦的《罗豫章集》卷一载：

> 太祖尝患赵普专政，欲闻其过。一日，召翰林学士窦仪，语及普所为多不法，且誉仪早负才望之意。仪盛言："普开国勋臣，公忠亮直，社稷之镇。"帝不悦。……既而召学士卢多逊，多逊尝有憾于普，又喜其进用，因攻普，罢之，出镇河阳。普之罢甚危，赖以勋旧脱祸。

在这段记载之后，罗从彦评论说：

> 赵普才器过人，其谋断足以立事成功，若其专政，则信必有之。以太祖之大度有容而恶其专，至召仪等问之，则普之所为可知也已。古者进退人臣自有道，而宰相者乃辅天子以进贤退不肖者，不可不谨也。普身为宰相，使帝不得直道而行，徒以勋旧脱祸，而多逊代之。《诗》曰："公孙硕肤，赤舄几几。"普则愧之矣。

罗从彦的记载和评论，更明确地讲清了赵普罢相的原因是专权，但颇有些偏袒太祖。这在封建时代是难免的。

开宝六年（973）三月，镇国节度使李崇矩被降职为左卫大将军。《长篇》卷十四记载此事，李焘的注说："不知坐何事也。"应当是因为李崇矩与赵普的关系，削弱赵普的势力。实际上，也是罢黜赵普的先声。四月，太祖下诏说："堂后官十五人，从来不曾替换，宜令吏部流内铨于前资见任令录、判司簿尉内，拣选谙会公事、有行止、无违阙者十五员，具姓名奏，当议差补，仍三年与替，若无违阙，其令录除升朝官，判司簿尉除上县令。"五月，因有司所选终不及数，太祖便召见旧任者刘重华等四人，面加戒励，令复故。岁满无过，与上县令；稍有愆咎，重置其罚。另外，已令姜宣义、任能、夏德崇、孔崇照充堂后官。太祖重新选堂后官，是加强控制中书堂吏，以削去赵普的心腹爪牙。

六月，由于攻击赵普而被贬为商州司户参军的雷德骧，因为与知州奚屿不和，被抓住把柄上奏，因此又受处罚，削籍徙灵武。雷德骧的儿子有邻，认为是赵普在打击其父，十分仇恨，"日夜求所以报普者"。他廉得中书堂后官胡赞、李可度请托受赇事及前摄上蔡主簿刘伟伪造摄牒之事，上章告发，并说宗正丞赵孚在乾德中授西川官时，称疾不之任，与上述几件事，都是宰相赵普包庇的结果。太祖大怒，令下御史狱鞫实。史称："上始有疑普意矣。"实际上应该说，是太祖开始公开表示怀疑赵普专权了。于是，太祖下令，让参知政事薛居正、吕馀庆升都堂，与宰相同议政事，以此扩大参政权力，分赵普之权。结果，胡赞以下诸人，都被处罚，雷有邻则被任为秘书省正字，厚赐之。此时，"普恩益替"。太祖又诏薛居正、吕馀庆与赵普更知印，押班，奏事，进一步分割赵普的权力。

七月，中书拟左补阙辛仲甫为淮南转运使，太祖不许。选授三司户部判官，赐钱百万。

八月，太祖罢免赵普的宰相职务。由于赵普是开国元勋，影响很大，所以不但以"均劳逸"作为借口，同时还给予了"异恩"，让他作为使相出镇。号称忠厚长者的吕馀庆，曾极力为赵普辩解，使太祖怒火稍息。在赵普罢相后，吕馀庆在九月称疾求解职，自动辞职了。太祖封光义为晋王，光美、德昭、石守信、高怀德、王审琦并加官。[1] 蒋复璁先生说是："若示黜赵而奖诸将，卸释兵权之责与主谋者赵普之身。"[2] 是有道理的。赵普罢相后，薛居正、沈义伦为相，卢多逊为参知政事。吕中说："普独以天下为己任，故为政专事，所以启德骧父子之谤也。自是以后，居正、义伦，不过方重清介自守之相耳。"[3]《宋史》本传也说："宋初，在相位者

---

① 以上均见《长编》卷十四。参见《宋会要·职官七八》之二。

② 《宋代一个国策的检讨》。

③ 《宋大事记讲义》卷二《宰相》；又见《宋史全文》卷二，开宝六年八月，引吕中曰。

多龌龊循默，普刚毅果断，未有其比。"当时的历史情况，也确实如此。

综观太祖与赵普的关系，在显德、建隆、乾德年间，即公元956年至967年内，是亲密无间的。《赵普神道碑》说："太祖观其才智，凡事责成"，"戮力同心，如石投水，固已萧张让行，姚宋推功，鱼水之欢，未足为比"。虽属过分，但大致还是恰当的。随着中央集权的加强，中书事权也大大加强，赵普自恃宠信，大权包揽，开始引起太祖的不满。于是，君臣之间，逐渐互相猜忌、提防，终于决裂，导致罢相。皇权与相权的矛盾及其发展，就是太祖与赵普关系变化的实质，也是赵普罢相的根本原因。这种矛盾在封建专制社会中是普遍存在的，不足为奇。

第六章　赵普与太宗

第一节　太祖时期赵普与光义的关系

（一）太祖前期两人关系之演变

赵普一生的事业，是与太祖和太宗兄弟分不开的。在前面几章里，我们已经叙述了太祖与赵普开创赵宋皇朝的活动以及两人之间的关系。现在，是探讨赵普与太宗关系的时候了。赵普后半生的荣辱恩怨，都与此大有关系。

太宗初名匡义，赵宋开国，太祖即帝位，改名光义。他自己当皇帝后，改名炅。本书在后周时称其匡义，赵宋开国后则称光义，即位后称太宗。

光义生于后晋天福四年（939），与太祖赵匡胤都是杜太后生的，比太祖小十二岁，比赵普小十七岁。

赵普与光义的相识，应当是显德三年（956）进入赵匡胤幕府以后的事。《续湘山野录》记载赵普与赵匡胤、光义同游长安市，《丁晋公谈录》和《宋史》本传记载太祖早年赵普从之游，《孙公谈圃》卷上记载赵普早年为太祖门客，证之以赵普早年经历，都是不足凭信的。

二十二岁时，光义参与陈桥兵变，史言其与赵普部署指挥，实不可信，详见本书第二章。兵变成功后，在建隆元年（960）正月，光义被擢升为殿前都虞候，领睦州防御使。五月，赵普随太祖出征李筠，光义被任为大内都点检，留守京城。八月，赵普为枢密副使，光义领泰宁军节度使。十月，太祖南征李重进，赵普仍随行，光义为大内都部署，留守京师。后来，光义在端拱元年（988）二月，给其子陈王元僖等人的手诏中说:"洎太祖即位,亲讨李筠、李重进,朕留守帝京,镇抚都下,上下如一,其年蒙委兵权。"[①] 这一段时间内,光义与赵普的关系比较密切,太祖征李筠,准备留赵普守京城,赵普通过光义请行,即是明证。《长编》卷二,建隆二年六月记载,杜太后尤爱皇弟光义,然未尝假以颜色,光义每出,辄戒之曰:"必与赵书记(普)偕行乃可。"仍刻景以待其归,光义不敢违。杜太后的意思,大约是要光义多与赵普亲近,一可学习吏道,二可巩固和提高地位。因此,在建隆元年至二年,赵普与光义的关系较为密切,常相过从。

建隆二年六月,杜太后死去。七月,太祖任命光义为开封尹同平章事,解除其禁军之职。自此以后,光义一直任开封尹,直到即位。五代时期,继位人一般在即位前都封王,任开封尹,如周世宗柴荣,在即位前就为晋王兼开封尹。光义任开封尹,已隐然有继位人的地位了。但是,赵普与光义的关系却疏远起来。到乾德二年(964)赵普为相,位在光义之上,独揽大权以后,两人的关系就更加不和,发生了明争暗斗的情况。

《长编》卷七,乾德四年(966)八月载:

先是,上与赵普言:"枢密直学士、右谏议大夫冯瓒,材力当世罕有,真奇士也。"尝欲大用之。普心忌瓒,因蜀平,遂出瓒为梓州。潜遣亲信为瓒私奴,伺察其过。间一岁,奴遂亡归,击登闻鼓,诉瓒及监军绫锦副使李美、通判殿中侍御史李榶等为奸利事。上急召瓒等赴阙,面诘之,下御史鞠实,而奴辞多诬。普复遣人至潼关阅瓒等囊装,得金带及他珍玩之物,皆封题以赂刘鋹。鋹时在皇弟开封尹光义幕府。瓒等乃皆伏辜。狱具,普白上,言瓒等法当死。上欲贷之,普执不可,上不获已。庚戌,诏并削名籍,瓒流沙门岛,美海门岛,鋹免所居官。

---

① 《宋朝事实》卷三,《长编》卷二十九。

在这一段记载后面，李焘有注说："《真宗实录》天禧四年（1020）四月载，敖母张表言敖尝为太宗府佐，沦没至今三十年，子孙绝无禄食者。上悯之，故命从简（敖孙）以官。然亦不记敖官为何等也。建隆三年九月丁丑，以开封府判官、刑部员外郎刘敖为工部郎中充职，然则敖在藩府实为判官也。《新录》又称刘敖等已从别敕处分，恐攒金带等，不独赂敖一人也。大抵新、旧录载此事亦若有所避忌，故不甚详，当细考之。"

冯攒是在乾德三年（965）王全斌等率军平定后蜀后，于是年二月与参知政事吕馀庆一道派往蜀地为长吏的，吕馀庆知成都府，冯攒知梓州，这是重用。后来枢密直学士赵逢权知阆州，而据《宋史》卷二百六十九《陶毂传》，赵逢是党附赵普的。因此，说赵普心忌而出攒知梓州，是不对的。而派人伺察，也不一定是赵普的差遣。《后山谈丛》卷二，记载吕馀庆知益州（即成都府），太祖置武德司，刺守贪廉，至必为验。只看"奴辞多诬"，而太祖不问，即可知道，此事起码是太祖允许的，或者就是太祖让派的。而金带及珍玩之物，不正说明了"奴辞"并非"多诬"，而是有一定的事实根据的吗？《太祖旧录》修于太宗时，《新录》修于真宗时，其有所避忌，只能是因为其事牵涉到光义——宋太宗本人。金带这种东西，似乎不应给一个开封府判官，倒应该是给开封尹光义的才对。五十多年后，刘敖的孙子还因此而得官，就更说明刘敖不过是代光义受过罢了。因此，冯攒事件是赵普打击光义的一次行动，而光义确有受贿之迹，所以在《旧录》和《新录》中，当然要避忌了，而赵普蒙上忌才的恶名，也就不足为奇了。

在乾德四年时，光义的幕府中，有一位左补阙、开封府推官宋琪。光义起初"礼遇甚厚"。但宋琪是幽州人，与赵普是同乡，又与赵普、李崇矩厚善，多游其门，光义遂恶之，"白太祖，出琪知陇州"。光义犹恨之不已，在登上帝位后，于太平兴国三年（978）"召见诘责，琪拜谢，请悔过自新"，才授宋琪太子洗马，留在朝廷。[①] 光义之所以要赶走宋琪，是与赵普有关的，而恨之不已，则必不仅是与赵普交好而已，有可能是光义认为宋琪向赵普透露了冯瓒纳贿之事，才向太祖报告宋琪与赵普交结之事。但此时太祖正宠信赵普，仅仅将宋琪调走了事；同时为了安抚光义，将刘鋹也仅罢官而已。然而，赵普与光义之间的矛盾，却更大了。于是又发生了光义的幕僚被赵普置于死地的事。

《长编》卷十二，开宝四年（971）十一月庚戌记载：

> 河决澶州，东汇于郓、濮，坏民田。上怒官吏不时上言，遣使按鞫。是日，通判、司封郎中姚恕坐弃市，知州、左骁卫大将军杜审肇免归私第。
>
> 恕，博兴人，事皇弟光义，于开封为判官，颇尽禅赞。尝谒宰相赵普，会普宴客，阍者不通，恕怒而去。普闻之，亟使人谢焉，恕遂去不顾。普由是憾恕。及上为审肇择佐贰，普即请用恕，光义留之弗得。居澶州几二年，竟坐法诛，投其尸于河。恕家人初不知也，偶于中流得其尸，朝服故在，后数日，乃知恕所以死。人谓恕罪不至此，普实报私怨耳。

姚恕是光义的得力幕僚，被赵普出之，后被杀，赵普是起了主导作用的。但是，说赵普一手害死姚恕，则不太可能。因为，一是其事牵涉到太祖之舅杜审肇；二是开宝四年时，太祖已与赵普有间，赵普也明了这点。所以，赵普赞成和支持太祖严厉处置是可能的，但不会主动提出严惩的要求，以免触怒太祖。但这件事可以反映出赵普与光义的争斗情况。

通过冯瓒、宋琪、姚恕的三件事，完全可以看出，在太祖时期，光

---

① 《太宗实录》卷二十九，至道二年九月；《宋史》卷二百六十四《宋琪传》。

义与赵普是明争暗斗的，互相打击对方的党羽。[1]

（二）赵普的罢相与光义地位的升迁

在上一章已经谈到，赵普的罢相主要是因为专权，是皇权与相权矛盾斗争的结果。值得注意的是，光义地位的升迁，与赵普的罢相有着很大关系。

先看一看光义地位的升迁变化：光义在建隆二年（961）七月为开封尹、同平章事以后，在乾德二年（964）六月，赵普为相半年以后，兼中书令；开宝四年（971）七月，赐开封尹光义门戟十四支。直到开宝六年（973）八月赵普罢相时，十三年间，光义的地位没有多大提高，始终未得封王，完全取得继位人资格。八月甲辰（23），赵普罢相；九月己巳（19）光义即封晋王，壬申（22），诏晋王位居宰相上。赵普罢相后不到一个月，光义就得以封王、位居宰相之上，这不正好说明了光义不得封王，是与宰相赵普的反对有关吗？随着赵普的罢相，光义才得跃居于一人之下，万人之上，仅次于太祖。

《曲洧旧闻》卷一记载："世传太祖将禅位太宗，独赵韩王密有所启。"《丁晋公谈录》记载："太宗嗣位，忽有言曰：'若还普在中书，朕亦不得此位！'"《玉壶清话》卷三记载，窜逐卢多逊于朱崖以后，太宗曾对赵普说："朕几欲诛卿。"这些出于传闻的记载，是否可靠，难以确定。但从光义地位的升迁变化看，倒也不是无稽之谈。此外，正史上也还有迹可寻。

《宋史》本传和《长编》都记载，淳化三年（992）七月，赵普死后，太宗对近臣说，赵普"向与朕有不足，众人所知"。所谓不足，到底是什么事，史无明言。但能使太宗耿耿于怀，至死不忘，那么除了继位大事以外，还能有什么呢！既曰众人所知，则流传民间，录入小说笔记，也

---

[1]　关于太祖时光义与赵普之争斗，蒋复璁先生在 1973 年有《宋太祖时太宗与赵普之政争》一文专门论及，读者可参考。本书初稿成后，得见蒋文，因内中多揣想臆测之语，故未据补。有兴趣者可径阅原文。

就不足为怪了。

《宋史》卷二百四十四《廷美传》记载："太宗尝以传国之意访之赵普，普曰：'太祖已误，陛下岂容再误邪？'"^①明末清初的思想家王夫之，根据这段记载，推断赵普在太祖时曾进言，反对确立光义的继位人地位，言之成理。《宋论》卷二说：

> 迨及暮年，太宗威望隆而羽翼成，太祖且患其逼，而知德昭之不保，普探志以献谋，其事甚秘，卢多逊窥见以摘发之。太祖不忍于弟，以遵母志，弗获已而出普于河阳。

所谓母志，是指金匮之盟，留待后面再说。赵普罢相就镇时，曾上章提及光义说："外人谓臣轻议皇弟开封尹，皇弟忠孝全德，岂有间然。"实属欲盖弥彰。这封奏章的真伪虽成问题，但可以反映出，赵普的罢相，主要原因固然是专权太过，直接因素则是参预定议大计，与太祖谋不合，受到卢多逊的攻击。所以，他罢相后，卢多逊升任参知政事，光义则完全确立了继位人的地位。

赵普"富有时才，精通治道，经事霸府，历岁滋深"。^②他救殿前都指挥使韩重赟于将戮之时，罢符彦卿典兵成命于已颁之后，都是人所难为之事。因此，赵普在宋初不仅权倾中外，并且为佐命诸将所敬重、畏服，其地位和影响是举足轻重的。太祖既不采纳他关于继位问题的意见，便不能再留他在朝为相，否则，光义仍然可能继不了位的。试看太宗去世后，宰相吕端在立真宗问题上的决定性作用，便可以明白这点了。况且，吕端的权势、地位、影响都远不及赵普。光义为晋王兼开封尹，正是周世宗柴荣即位前的官职；赵普这个元老重臣又罢相出朝，光义的继位人地

---

① 《曲洧旧闻》卷一亦载此语，仅略有不同。
② 《长编》卷二，建隆二年七月范质奏疏语。

位便稳固了。在三年以后，发生了"烛影斧声"之事，光义登上了帝位^①。

第二节　赵普与"金匮之盟"

（一）太宗初年的赵普

开宝九年（976）十月，太祖猝死，光义继位，是为太宗。

太宗即位不久，派少府监高保寅知怀州（今河南省沁阳市）。怀州是河阳三城节度使管辖的支郡，赵普当时正是河阳三城节度使同平章事。高保寅素来就与赵普有隙，他到任不久，就借口"事颇为普所抑"，手疏乞罢节镇领支郡的制度。太宗见疏，立即下诏，让怀州直属京师，长吏得自奏事。^②赵普见状，自知情形不妙，便请求到京师朝见，得到允许后，在十二月到了开封。当时，安远节度使向拱、武胜节度使张永德、横海节度使张美、镇宁节度使刘廷让也都到开封，朝见刚即位不久的太宗。

三月，赵普请求留在京师参加太祖的山陵安葬仪式，太宗便罢其使相，授太子少保留京师。赵普是心怀畏惧，自请解职以避祸；太宗则是心存猜忌，追恨不已，早想罢免他了。五月，向拱、张永德罢为左卫上将军，张美、刘廷让罢为左右骁卫上将军；制辞说是"不敢以藩领之任重烦旧德也"，其实是不放心这几位元老重臣在外掌权。

太平兴国三年（978）十一月，祭祀天地以后，百官进爵，赵普迁太子太保。四年（979），从太宗征北汉。攻克太原后，太宗又率军北征契丹，企图收复幽州，结果兵败高梁河。冬十月，追赏平太原功，从征诸将都加官晋爵，但赵普却有意无意地被忘掉了，覃赏不及。后来，太宗撰《赵普神道碑》时，觉得不妥，便将迁太子太保的时间移于赏太原之功时，

---

① 详见《长编》卷十七，参见拙文《宋太宗论》。
② 《宋会要·职官三八》之一；《长编》卷十八，太平兴国二年八月。

以图掩饰。①

在这几年里，赵普的处境很不好，不仅太宗给予冷遇，他的老对头卢多逊更是对其多方压抑。

卢多逊（934—985），史称"权谋之士"，"博涉经史，善伺人主意"。太祖好读书，每遣使取书史馆，多逊伺知，即通夕阅视。诘朝，问书中事，多逊应答无滞。太祖宠异之。②《丁晋公谈录》记载："卢多逊在朝行时，将历代帝王年历，功臣事迹，天下州郡图志，理体事务，沿革典故，括成一百二十绝诗，以备应对。由是太祖、太宗每所顾问，无不知者，以至践清途，登钧席，皆此力耳。"卢多逊早与太宗交结，共同攻倒赵普。太宗即位后，升为宰相，"时方宠信"，权重一时，甚至群臣上章疏，都必须先交到中书，由卢多逊审阅后，才交给太宗看。③

卢多逊在相位，对赵普以及他的儿子、亲属多加压抑。跟随赵普的随从者，到此时都离开他另谋出路去了，只有王继英一个人仍然忠实地追随着他。④赵普的妹夫侯仁宝，在开宝六年（973）四月，赵普将罢相时，被卢多逊白太祖，出知邕州（今广西南宁市）。太宗即位后，卢多逊更得势，于是直到太平兴国五年（980），"凡九年不得代"。侯仁宝害怕"因循死岭外"，便上疏请求伐交趾，想借机回京，请求留下。但又为卢多逊阻拦。卢多逊建议太宗命令侯仁宝直接率师进讨，结果在太平兴国六年（981）三月，侯仁宝死于白藤江口。

《长编》卷二十二，太平兴国六年九月载：

> 太子太保赵普奉朝请累年，卢多逊益毁之，郁郁不得志。承宗适知潭州，受诏归阙成婚，礼未逾月，多逊白遣归任，普由是愤怒。

---

① 以上见《长编》卷十八；《长编》卷二十二，太平兴国六年九月丙午注。
② 《儒林公议》卷上，《东都事略》卷三十一和《宋史》卷二百六十四《卢多逊传》。
③ 《长编》卷二十二，太平兴国六年九月壬寅注。
④ 《长编》卷三十八，至道元年八月。

　　就在此时，出现了所谓的廷美悖逆之事，太宗亟需一位元老重臣来帮助他安定局势，赵普便重新登上了相位，结束了被冷落受压抑的生活。太宗为什么要让赵普复相呢？因为赵普是有举足轻重影响的开国元勋，并且又愿意为太宗效力。

　　我们看看在卢多逊与赵普的明争暗斗中，几位大臣的态度，就可以清楚，虽则卢多逊攻倒了赵普，但论根基和影响，卢多逊还是远不及赵普的。

　　李昉，素与卢多逊善，待之不疑。赵普罢相时，李昉与卢多逊同为翰林学士，太祖向他打听赵普之事，李昉却说："臣书诏之外，思不出位。赵普行事，臣何由而知？"①

　　王祐，欧阳修说他"拒卢多逊害赵普之谋"。②《宋史》卷二百六十九《王祐传》记载：③

　　　　初，祐掌诰，会卢多逊为学士，阴倾赵普，多逊累讽祐比己，
　　　祐不从。一日，以宇文融排张说事劝释之，多逊滋不悦。及普再入，
　　　多逊果败，与宇文融事颇类，识者服其先见。

　　太宗幕僚窦偁的哥哥窦仪，也不支持卢多逊。《东都事略》卷三十《窦仪传》记载：

　　　　赵普为相，人有毁之者，太祖问仪："普所为如何？"仪曰："不知。"

---

　　①　《太宗实录》卷七十六，至道二年二月；参见《宋史》卷二百六十五、《隆平集》卷四和《东都事略》卷三十二《李昉传》。

　　②　《欧阳文忠全集》卷二十二《太尉文正王公（旦）神道碑铭》。

　　③　参见《太宗实录》卷四十二，雍熙四年十一月；《东都事略》卷三十《王祐传》，《隆平集》卷四《卢多逊传》。

曾为宰相的前朝老臣王溥，在赵批攻击赵普时，为赵普辨释；而后来在卢多逊下狱，"诏文武常参官议之"时，却领衔上奏："请削夺官爵，准律诛斩。"前后态度，形成鲜明对比，充分说明在卢赵之争中，王溥是支持赵普的。太祖的早年幕僚、任参政十年的吕馀庆，在赵普得罪后，极力在太祖面前辩释，使赵普得为使相，出镇河阳。即使是卢多逊的父亲卢亿，也不以多逊所为为然。《东都事略》卷三十一《卢多逊传》记载：[1]

> 父亿不以为然，每叹曰："彼（指赵普）元勋也，而小子毁之，吾得早死，不见其败，幸也。"多逊既执政，亿愀然不乐，谓人曰："家世儒素，一日富贵暴至，吾不知税驾之所矣。"未几，亿卒。

太宗即位后，卢多逊作威作福，专权太甚，太宗是多疑忌刻之人，豁达不如太祖，如何能够长期容忍呢？况且，太宗正准备置廷美于死地，多逊与廷美相交甚密，太宗疑心多逊也就很自然了。在这种情况下，太宗想起了赵普，决定重新启用这位元老重臣，企图借他的声望与影响，来帮助自己打击廷美。于是，太宗贬黜卢多逊，也就是顺理成章的事了。赵普在身家性命岌岌可危的情况下，也很想摆脱困境，他看中时机，打出了"金匮之盟"这张王牌，向太宗表示效忠，终于东山再起了。

（二）"金匮之盟"

"金匮之盟"，是随着赵普的复出而出现的。

关于赵普的复出，《长编》卷二十二，太平兴国六年（981）九月记载道：

> 会如京使柴禹锡等告秦王廷美骄恣，将有阴谋窃发。上（太宗）召问普，普对曰："臣愿备枢轴，以察奸变。"退，复密奏："臣开国旧臣，为权幸所沮。"因言昭宪顾命及先朝自诉之事。上于宫中访得普

---

[1] 又见《长编》卷十四，开宝六年十二月。

前所上章，并发金匮，遂大感寤，即留承宗京师，召普谓曰："人谁无过，朕不待五十，已尽知四十九年非矣。"辛亥，以普为司徒兼侍中。

侍中在宋初是宰相职名之一，地位很高的宰相才能有此职名的。

这是赵普与太宗讨价还价的绝妙记载。赵普的条件，一是要复相，二是贬黜权幸——主要指卢多逊；其代价是献上"昭宪顾命"——即"金匮之盟"。《宋史》本传和《东都事略》本传，《宋史》卷二百四十四《杜太后传》，记载都和《长编》差不多。《杜太后传》还接着记载：

他日，太宗尝以传国之意访之于赵普，普曰："太祖已误，陛下岂容再误邪！"于是廷美遂得罪，普之为也。

与此相似的，是《曲洧旧闻》卷一的记载，

世传太祖将禅位于太宗，独赵韩王密有所启。……太宗即位，入卢多逊之言，怒甚，召至阙而诘之。韩王曰："先帝若听臣言，则今日不睹圣明。然先帝已错，陛下不得再错。"太宗首肯者久之，韩王由是复用。

《玉壶清话》卷三则记载：

初，多逊与赵韩王睚眦。太宗践祚，每召对即倾之。上以肤受，颇惑之，黜普于河阳。普朝辞，抱笏面诉，气慑心懦，奏曰："臣以无状之贱，获事累圣。况曩日昭宪圣后大渐之际，臣与先帝面受顾命，遣臣亲写二券，令大宝神器传付陛下，以二书合缝批之，立臣衔为证。其一书先后纳于棺，一书先帝手封收宫中。乞陛下试寻之，孤危之迹，庶乎少雪。臣此行，身移则事起，豺狼在途，危若累卵，谁与臣辨！"

后果得此书于禁中。帝既释疑，窜多逊于朱崖。上谓普曰："朕几欲诛卿。"故王禹偁韩王挽词有："鸿恩书册府，遗训在金縢。"乃此事也。

《曲洧旧闻》，尤其是《玉壶清话》的记载，舛误之处是很多的，但和正史所载对照，有几点是一致的：一是赵普的复出与太宗贬廷美有关；二，赵普复出时，有所谓的"金匮之盟"出现；三，赵普复出，卢多逊即被贬。其中，"金匮之盟"的出现最关至要，这是赵普对太宗的报效，也是太宗与赵普关系上的一个转折点。这使太宗有了名正言顺的即位法令依据，大大地有利于太宗的地位和统治的巩固。

说到这里，不能不回顾一下太宗即位后的形势演变情况，看看太宗统治的危机之数。

太宗以非常手段登上帝位后，夺位之嫌，使疑惑丛生，人心不服。《长编》卷三十八记载，至道元年（995）十二月，太宗曾对侍臣说过："朕……即位之始，览前王令典，睹五代弊政，以其习俗既久，乃革故鼎新，别作朝廷法度。于是远近腾口，咸以为非，至于二三大臣，皆旧德耆年，亦不能无异。"所谓"别作法度"，实非事实，只是自我吹嘘而已；远近腾口，二三大臣亦有异心，才是事实。有鉴于此，太宗"思有以帖服中外"，采取了种种办法来控制局势，安定人心，以巩固自己的统治地位。

太宗即位后，即下令说："先皇帝创业垂二十年，事为之防，曲为之制，纪律已定，物有其常，谨当遵承，不敢逾越。咨尔臣庶，宜体朕心。"又对宰臣宣告："边防事大，万机至重，当悉依先帝旧规，无得改易。"后来，景祐元年（1034）二月，李淑在奏中说："太宗尝谓宰相曰：'今四方无虞，与卿等谨守祖宗经制，最为急务，此委相之大体也。'"这是用遵循太祖旧制的号令，表示自己确是在继承太祖的事业。

对于皇室内部和宰执大臣，也采取措施加以安抚。太宗即位后，即以弟廷美为开封尹兼中书令，封齐王，以示与太祖时相同，皇弟封王尹开封。又以太祖之子德昭为永兴军节度使兼侍中，封武功郡王。并且诏廷美、德昭并位在宰相上。又封太祖另一子德芳为山南西道节度使、同平章事。太宗同时下令，德昭、德芳及太祖三女都依旧称皇子、皇女，廷美的儿女也称皇子、皇女。进封太祖的三个女儿：昭庆公主为郑国公主，延庆公主为许国公主，永庆公主为虢国公主。同时，宰相薛居正加左仆射，沈伦（即义伦）加右仆射，参知政事卢多逊为中书侍郎平章事，枢密使曹彬加同平章事，枢密副使楚昭辅为枢密使。这样，中书有三相，枢密有两使。五人之中，真正升官的只有卢多逊和楚昭辅两人，这两人是早与太宗交结的了。另外，对于宰相的儿子也加官晋爵：以供奉官薛惟吉为右千牛卫将军，沈继宗及乡贡进士卢雍并为水部员外郎。卢雍起家授官即与沈继宗相同，史称是因为"多逊时方宠幸，上特命之，非旧典云"。

太宗特别注意大力提拔和培植亲信。以开封府判官、著作郎程羽为给事中，权知开封府；推官、右赞善大夫贾琰为左正谏大夫、枢密直学士。其余幕僚，或入禁军，或掌内职。陈从信、张平、王继升、尹宪、王宾、安忠等人，咸备任使，又皆畀以兵食之重寄。商凤为东上阁门使，程德玄为翰林使，陈赞为军器库副使，王延德为御厨副使，郭贽为著作佐郎，郭密、傅思让补卫士，王杲为日骑指挥使，等等，不一一赘举了，可参见《宋史》各人本传。所以《丁晋公谈录》记载："太宗即位后未数年，旧邸宰执仆驭者皆位至节帅，人皆叹讶之。"

幕府人才有限，于是又扩大取士人数，以牢笼豪杰为之用。太平兴国二年（977）正月，进士及诸科等共录取五百人，其中进士就达一百零九人以上，"皆先赐绿袍靴笏，锡宴开宝寺，上自为诗二章赐之"。太祖时期共取进士一百八十余人，一科最多取三十一人；太宗的第一次取士人数，可算是猛增了，超过太祖时的最多数两倍多，相当于太祖时期全部进士数的百分之六十。人数多不说，而且第一、第二等进士并九经授将作监丞、大理评事，通判诸州；同出身进士及诸科并送吏部免选，优等注拟初资职事判司簿尉。史称："宠章殊异，历代所未有也。"宰相薛居正等人说取士太多，用人太骤，太宗不听。到进士及诸科人员赴任辞行时，特召令升殿，谕之曰："到治所，事有不便于民者，疾置以闻。"仍赐装钱，每人二十万 ①。取士空前之多，骤授地方要职，其目的，不外是急于培植这些太宗的"天子门生"成为亲信，并掌握地方大权，巩固其政权而已。

太祖在临终前要治罪的川、峡两路转运使申文玮、韩可玭，太宗释而不问；在太祖时"献官词，托意求进用"的孔承恭，"太祖怒其引论非宜，免归田里"，太宗即位，以赦复授故官。② 这是收买人心，以为己用。

太宗在开宝九年十一月——即位后一月，诏诸道转运使察官吏能否，第为三等，岁终以闻。又"分命亲信于诸道廉官吏善恶，密以闻"；派武德卒潜察远方事，"有至汀州者，知州王嗣宗执而杖之，缚送阙下"，太宗大怒，"遣使械嗣宗下吏，削秩"。

太宗在即位前后利用道士，制造了许多天命有归的符谶。为防他人袭用，在开宝九年十一月，令诸州大索明知天文术数者，传送阙下，敢藏匿者弃市，募告者赏钱三十万。③

太宗为提高自己的威望，还采取了种种手段。《铁围山丛谈》卷一记载：

> 太宗始嗣位，思有以帖服中外。一日，辇下诸肆有为丐者，不得乞，因倚门大骂，为无赖者。主人逊谢，久不得解。即有数十百众，方拥门聚观，中忽一人跃出，以刀刺丐者死，且遗其刀而去。会日已暮，追捕莫获。翌日奏闻，太宗大怒，谓是犹习五季乱，乃敢中都白昼杀人，即严索捕，期在必得。有司惧罪，久之，迹其事，是乃主人不胜其忿而杀之耳。狱将具，太宗喜曰："卿能用心若是！虽然，

---

① 装钱，即置装费。
② 以上未注者，见《长编》卷十七，卷十八，卷一百一十四。
③ 《长编》卷十七；卷十九，太平兴国三年五月；卷二十二，太平兴国六年十一月。

第为朕更一复，毋枉焉，且携其刀来。"不数日，尹再登对，以狱词并刀上。太宗问曰："审乎？"曰："审矣！"于是，太宗顾旁小侍："取吾鞘来！"小内侍唯命。即奉刀内鞘中，因拂袖而起。入曰："如此，宁不妄杀人！"

经过以上种种措施的实行后，太宗的地位逐渐巩固，威望逐渐上升，政权日益稳定了。

在这一期间，太宗在加强集权方面采取了一项重要措施，就是禁止藩镇回图贩易。《长编》卷十八，太平兴国二年（977）正月记载：

> 五代藩镇，多遣亲吏往诸道回图贩易，所过皆免其算。既多财，则务为奢僭，养马至千余匹，童仆亦千余人。国初，大功臣数十人，犹袭旧风。太祖患之，未能止绝。于是诏中外臣僚，自今不得因乘传出入，贵轻货，邀厚利，并不得令人于诸处回图，与民争利，有不如诏者，州县长吏以名奏闻。

这项措施，从表面看，是削夺藩镇权力的办法，有利于国家统一。其实，仔细分析一下，则不然。到太宗初年时，各镇节度使，除西、北两方面以外，基本没有多大权力。所谓太祖未能止绝，进行回图贩易的，主要是边境诸将，这是太祖给予边境守将的一种特权，以利于诸将尽力守边。太宗禁止回图贩易，其矛头所向，主要是边境诸将。这对于守御边防的诸将是一次打击，也是一种限制其权力的措施。其结果，在太宗初年还看不到多大影响，到太宗中期，契丹南下，边将作战不力，与此是有一定关系的。因为无财力自置斥候，远探消息，又无财力重赏士卒，使其尽力而战，边防诸军的防御能力，便大大削弱了。吕中即说："太祖既削（方镇）之权矣，然于边将，任之久，责之专，虽无方镇之名，而享方镇之利，是以二房不敢犯边。自太宗以后，有莫大之兵，而受夷狄无疆之侮，亦以外权既轻而边将数易故也。"①这项措施的采取，同太宗忧惧边将专权有关，也同他想增加中央的财力有关。太宗初年的专卖管制范围扩大，置江南榷茶场，置诸路茶盐制置使，禁铜，禁海买，榷酒酤，定矾法，以增加专卖收入，同禁止回图贩易的目的有些相同。

太平兴国二年八月，太宗诏邠、宁、泾、原、鄜、坊、延、丹、陕、虢、襄、均、房、复、邓、唐、澶、濮、宋、亳、郓、济、沧、德、曹、单、青、淄、兖、沂、贝、冀、滑、卫、镇、深、赵、定、祁等州并直属京，于是节镇基本不再领有支郡了。这是太祖时期同一措施的继续，节度使的行政权力进一步被削夺。

太宗在安定人心方面做了一系列工作以后，局面大致稳定，就着手于太祖未竟的统一事业，企图超过太祖的业绩。

太平兴国三年（978）三月，吴越国王钱俶到京朝见，太宗久留不遣返。四月，平海军节度使陈洪进到京朝见，献出漳、泉二州十四县之地。五月，钱俶无奈，只好上表，献出吴越十三州、一军、八十六县之地。这样，太宗未费多大力气，就完全消灭了南方的两个割据政权。于是，他的目光又转向了北方。

太宗刚即位不久，就对廷美说："太原我必取之。"他常在便殿或后苑亲自检阅禁军士卒，取壮健者隶亲军，疲软老弱，悉分配外州，史称："自是藩卫之士益以精强。"太宗又下令筑讲武台，加强训练；他曾大阅诸军，号称甲兵之盛，近代无比。这都是在做准备，以便进攻北汉。

太平兴国四年（979）春，太宗亲率大军进攻北汉。早已遭受严重打击的北汉，在契丹援军被打败后，便无力再战。五月，刘继元投降，太原终于落到宋军手中。北汉被灭以后，太宗踌躇满志，欣喜若狂，不顾军队的疲乏和诸臣诸将的反对，下令移师攻契丹，企图一举收复燕云之地，创造超过太祖的功业，以能和周世宗高平之战以后一样，威震群臣。

---

① 《宋大事记讲义》卷二《命将帅》。

《烬馀录》甲编记载：

> 太宗既平北汉，圣心狂悦，亲制《平晋歌》，令群臣歌而和之，改行宫为平晋寺，撰文勒石。乘胜北征契丹，时所得北汉妃嫔皆随御。诸将亦掠北汉妇女充军妓，士气不扬。全军尽复于高梁，时兴国四年七月也。吴越王俶，足受数创，始终扈驾，越两日，乃得集溃班师。

这段记载，可与《长编》卷二十印证一部分，如平晋寺及撰文勒石，均见于《长编》。钱俶护驾事，则又见于《默记》卷上。高梁河之败，则见于《辽史》。因此，这一段记载，是基本可信的。所以，南宋的洪迈说："太平兴国，失于轻举。"[①]

高梁河之败，对太宗来说，是一大耻辱，所以归京后久不行太原之赏。在北征中，又发生了拥立德昭的事，这使太宗深为忧惧。于是，太宗在回朝后，不整顿军纪，加强训练，以图再举，却忙于进行内部的整治工作。

关于拥立德昭之事，《涑水记闻》卷二记载：

> 魏王德昭，太祖之长子。从太宗征幽州，军中夜惊，不知上所在，众议有谋立王者。会知上处，乃止。

《烬馀录》甲编记载：

> 兴国四年，德昭从征契丹，值太宗溃走，败军无主，暂曾推戴。

太宗这次出征，以宰相沈伦为东京留守兼判开封府事，宣徽北院使王仁赡为大内都部署，枢密承旨陈从信副之。廷美和宰相薛居正、卢多

---

① 《容斋四笔》卷三。

逊以下的大臣，都随同出征，赵普也在军中。然而，在军败之际，竟然有人拥立德昭，这说明对太宗不满而怀念太祖的力量和影响是何等之大。由此，太宗看到，对他的地位的最大威胁，在于德昭兄弟。

太宗回朝不久，就在八月逼迫德昭自杀，德昭当时才二十九岁。

太平兴国六年（981）三月，二十三岁的德芳又不明不白地死去了。太宗的两大心腹之患除去了。

太祖的儿子都已死去，太宗的打击矛头便指向了开封尹廷美。

廷美，原名匡美。太祖登上帝位后，改名光美；太宗即位，又改名廷美。廷美生于后晋天福十二年（947），小于太宗光义八岁，小于太祖匡胤二十岁，比太祖的儿子德昭只大四岁。太祖、太宗和廷美都是杜太后所生，是亲兄弟，这本无疑义。但在廷美被迫害致死后，赵普又出镇邓州时，太宗对宰臣说，廷美不是他的亲兄弟，而是他的乳母耿氏所生。[①]《宋大诏令集》卷三十五，载太平兴国九年正月的《涪陵县公廷美追封涪陵王制》，说："涪陵县公廷美，朕之同气也"，"永惟骨肉之亲，绝而不殊"。玩其语意，仍是亲弟。元人陈世隆说："盖太宗一时为涂面之言，以遮饰谋杀廷美之故。"[②]钱大昕指出："此云乳母耿氏所生者，盖廷美得罪之后，造为此言。"[③]合二人之言，事情的真谛可见。

太宗继位后，让廷美以亲王尹开封，位在宰相上，是安抚人心的办法。陆游说："后唐秦王从荣以长子为河南尹，又为天下兵马大元帅，故当时遂以尹京为储贰之位。至晋天福中郑王重贵、周广顺中晋王荣尹开封，用秦王故事也。"太宗、廷美尹开封亦用此例。[④]到了德昭、德芳相继死去后，廷美的实际继位人的地位，就成了太宗的一桩心病。

太平兴国六年九月，太宗的心腹——柴禹锡等人，告廷美骄恣，将

---

① 《长编》卷二十五，雍熙元年正月。

② 《北轩笔记》。

③ 《廿二史考异》卷七十五《魏王廷美传》。

④ 《渭南文集》卷二十二《记太子、亲王尹京故事》。

有阴谋窃发，表明太宗已决定对廷美下手了。

当时，首相薛居正已死，次相沈伦因病休养，中书大权由次相卢多逊独掌。太宗要加害廷美，看到多逊与廷美交往密切，又忌他专权，不愿倚重他。于是，赵普这位元老重臣便受到太宗重视了。柴禹锡等人告廷美后，太宗召见赵普，就是想争取他的协力帮助。

回顾了赵普复出以前的朝廷形势演变，就可以看得很清楚，赵普复出，正是在太宗接连逼死德昭、德芳，已引起人心不满，而又将对廷美下手，以便能传帝位于儿子的情况下，担负起安定人心、稳定局势的任务的。这是太宗的需要。赵普则因久被冷落，备受压抑，也正思再起，恢复权位，所以也愿意为太宗效力。这样，二人一拍即合，赵普再为首相，所谓"昭宪顾命"的金匮之盟也就出现了。

（三）"金匮之盟"剖析

关于所谓的"金匮之盟"，宋人的记载虽存于许多书籍中，但含糊不清，有自相抵牾之处。《长编》的记载，参考了《太祖旧录》《太祖新录》《国史》《太宗实录》《涑水记闻》和《建隆遗事》等书，并做了考订。所以，先看看《长编》中的记载吧。

《长编》有三处提到金匮之盟，一处是太平兴国六年赵普复出时，前已引述。在这以前，还有两处记载谈到金匮之盟。

卷二，建隆二年（961）载：

> 六月甲午，皇太后崩。后聪明有智度，尝与上参决大政，……及寝疾，上侍药饵不离左右。疾革，召普入受遗命。后问上曰："汝自知所以得天下乎？"上呜咽不能对。后曰："吾自老死，哭无益也，吾方语汝以大事，而但哭耶？"问之如初。上曰："此皆祖考及太后余庆也。"后曰："不然。政由柴氏使幼儿主天下，群心不附故耳。若周有长君，汝安得至此？汝与光义皆我所生，汝后当传位汝弟。四海至广，能立长君，社稷之福也。"上顿首泣曰："敢不如太后教。"

179

因谓普曰："汝同记吾言，不可违也。"普即就榻前为誓书，于纸尾署曰："臣普记。"上藏其书金匮，命谨密宫人掌之。

卷十四，开宝六年（973）八月记载：

普既出镇，上书自诉云："外人谓臣轻议皇弟开封尹，皇弟忠孝全德，岂有间然。矧昭宪皇太后大渐之际，臣实预闻顾命，知臣者君，愿赐昭鉴。"上手封其书，藏之金匮。

据此，所谓金匮之盟，即是杜太后要太祖传位与弟的遗命。建隆二年、开宝六年、太平兴国六年三次提到金匮之盟时，都与赵普有关。第一次说是赵普手书遗命，后两次是赵普分别上书太祖和太宗，提到有金匮之盟。所以，金匮之盟是和赵普分不开的。《邵氏闻见录》卷六记录的赵普《班师疏》所附札子中说："伏自宣祖皇帝滁州不安之时，臣蒙召入卧内；昭宪太后在宅寝疾之日，陛下唤至床前，念以倾心，皆曾执手温存抚谕，不异家人。"前一句指滁州服侍弘殷，后一句则暗指金匮之盟。《小畜集》卷九，王禹偁挽赵普的歌说："大功铭玉铉，密事在金縢。"后一句即是指金匮之盟的。看来，赵普与金匮之盟的关系，确实密切。

《宋史》本传、卷二百四十四《杜太后传》，《东都事略》本传、卷三十一《卢多逊传》，《玉壶清话》卷三等处的记载，大略与《长编》相同。《宋朝事实》卷二，记载也大致相同，只是记杜太后所说传位次序稍异，语曰："汝万岁后，当以次传之弟，则并汝之子，亦获安矣。"这就和《涑水记闻》所记的传位次序相近了。张荫麟先生指出："此约（指金匮之盟）之伪托，乃在德昭既自杀而太宗将要迫死廷美之时，断无此时伪托以为太宗解之文件中反为廷美、德昭张目之理。《记闻》所记，盖又伪中出伪也。"① 因此，金匮之盟的本来面目，大致是应以《长编》所记为准的。

在漫长的封建社会中，历宋、元、明、清而很少有人怀疑金匮之盟的真实性，而且常被用来称颂太祖无私心。其实，这是一个地道的伪造品。清代古文学家恽敬曾经怀疑过金匮之盟，但仅疑盟约的内容为饰说，而不怀疑盟约本身是伪托，② 张荫麟先生已驳之。张荫麟先生在《宋太宗继统考实》一文中，详加考证，指出金匮之盟有五大破绽，断为伪造。这五大破绽是：

其一，从年龄上推断：杜太后死时，太祖三十五岁，德昭十一岁，杜太后怎么会预计到太祖死时，德昭仍是幼童呢？若按《涑水记闻》的传位顺序，由太祖传光义，光义传廷美，廷美再传至德昭，一般要四十年以上，则德昭已过五十岁，生死尚未能定。所谓"国有长君"，从何谈起？这一点是金匮之盟的致命破绽。

其二，太祖将盟约深藏固秘，惟恐天下有闻；直到太祖死时，太宗不知道，赵普也不敢泄露。而直到太平兴国六年，太祖死后五年，太宗已迫死其侄，又将迫死其弟的时候，才公之于世，这是很可怀疑的。

其三，赵普既为署名盟约的人，在太祖时不敢泄露尚可理解，为什么在太宗即位时不敢宣布呢？赵普为何坐失结主的良机，蹉跎五六年之久呢？

其四，据李焘说，金匮的盟约最初见载于真宗咸平二年（999）重修的《太祖实录》（即《新录》），说是杜太后临终遗言时，太宗也在场。但是太宗即位时不宣布，初修的《太祖实录》（即《旧录》）也不记载，可知太宗预闻的说法是虚妄的。李焘在记载金匮之盟时已辨证过了，说《新录》"别加删修，遂失事实"。见于《新录》的有关金匮之盟的记载，又

---

① 《宋太宗继统考实》。
② 见《大云山房文稿》初集卷一《续辨微论》。

多一破绽。

其五，金匮盟约，是密约；赵普上书自诉，太祖藏之金匮，也是秘密文件；赵普在太平兴国六年的自诉，也是密奏。为什么秘密如此之多呢？秘密所关系的人，除死无对证的杜太后与太祖以外，只有赵普与太宗两人。除他们二人外，无人能够揭破金匮之盟的真相。

这五大破绽，已无可置疑地说明，金匮之盟是伪造的，出现时间是在太平兴国六年。作伪的人，从种种迹象看，就是赵普，其目的是向太宗表示效忠，为太宗找到一个合法的继位根据，借机恢复自己的权位。

果然，赵普的目的达到了。太平兴国六年九月，赵普复相，为司徒兼侍中，而他儿子承宗，也被留在了京师。

第七章 赵普的晚年

第一节 再相后的赵普

太平兴国六年九月辛亥（17），六十岁的赵普第二次出任宰相。此时，原来的首相薛居正已于六月死去，次相是沈伦和卢多逊。赵普复出为相，是继任首相，位在沈伦和卢多逊之上。

赵普为相的第二天——壬子（18），秦王廷美乞班赵普下，太宗从之。赵普的再相，已使廷美感受到了压力。

太平兴国七年（982）三月，金明池的水心殿修成，太宗准备泛舟往游。有人出来告发秦王廷美"谋欲以此时窃发，若不果，则诈称病于府第，候车驾临省，因作乱"。于是，廷美被罢去开封尹，授西京留守。四月，左卫将军、枢密承旨陈从信等人，"皆坐交通秦王廷美及受其私犒"，被责降。不久，卢多逊被处治，廷美被勒归私第，秦府官吏赵白、阎密、王继勋、樊德明、赵怀禄、阎怀忠六人被斩于都门之外，家财被籍入。又诏廷美的儿女宜正名呼，不再称皇子、皇女；女儿去公主之号，女婿也被责降，去驸马都尉之号，并发遣往西京，就廷美安泊。著作佐郎刘锡知粮料院，曾以米数千斛借给廷美，太宗召见责问，刘锡顿首称死罪，太宗大怒，命令左右持梃者挝锡数十，委顿而止。赵白的两个兄长——著作佐郎赵和、光禄寺丞赵知微与亲属配隶沙门岛禁锢。五月，廷美的官属阎矩和孙屿"坐辅导无状"，被责降。知开封府李符上言："廷美不悔过，怨望，乞徙远郡以防他变。"于是，降廷美为涪陵县公，房州安置，派崇仪副使阎彦进知房州，监察御史袁廓通判州事，以监管廷美。虽然史称李符上言，是赵普的唆使，但是仔细考察，却不然。李符是在廷美被罢去开封尹后，被命知开封府的。开封府地位重要，又是廷美的继任，所以李符必然与太宗相亲，否则不会当此重任的。早在太宗即位前，李符即曾推荐弭德超到太宗幕府，弭后来成为太宗心腹，于此即可知李符与太宗关系之密切。李符上书攻击廷美，显然是迎合太宗，为太宗除病，无需乎赵普唆使的。其时，赵普复相不久，朝野内外，多是太宗亲信，以赵普的谨慎，是不会随意交通知开封府的，唆使其上言更无可能。

两年后，雍熙元年（984）正月，三十八岁的廷美在房州死去，太宗终于除去了一块心病。陈世隆在《北轩笔记》中说："反覆廷美，始终未尝有一显罪确情。"确实如此。

《长编》说："凡廷美所以得罪，则普之为也。"《宋史》本传也以此说赵普"学力有限而犹有患失之心"。毕沅《续资治通鉴》卷十，太平兴国六年，有考异说："廷美之阴谋，事无左证，特以地处危疑，为众人所属目，太宗已怀猜忌，普复从而谋孽之，故祸不旋踵耳。"总之，封建史家都认为，廷美死，赵普要负主要责任。这是由于他们要为皇帝避讳，不敢指斥，所以归罪赵普。害死廷美的元凶就是太宗自己，赵普只是帮凶而已。

赵普因献金匮之盟和太宗镇定局势的需要复相后，太宗比较优待他。十一月，合祭天地于圜丘以后，封赵普梁国公，普已下并进爵秩有差。太平兴国七年二月，封燕国长公主女为高平县主，次女为真宁县主。高平县主就是赵普的儿媳，承宗新娶一年多的妻子。

此时，赵普的政敌一一被他打了下去。太平兴国六年十一月，枢密使楚昭辅被罢为左骁卫上将军。太平兴国七年二月，宣徽北院使、判三司王仁赡罢为右卫大将军；向太宗悔过的宋琪，帮助王仁赡，也被贬官。至于老对头卢多逊，赵普自然更不放过了。

关于赵普整倒卢多逊，《长编》卷二十三，太平兴国七年四月记载：

赵普既复相，卢多逊益不自安。普屡讽多逊令引退，多逊贪权固位，不能自决。会普廉得多逊与秦王廷美交通事，遂以闻。上怒，戊辰，责授多逊兵部尚书，下御史狱。

《丁晋公谈录》记载此事，有所不同。《丁晋公谈录》记载道，赵普为首相后，对卢多逊说："某今入相，公必不可同处相。公欲得保全，但请上章乞退，必无虑耳！"卢多逊不听，反而上章太宗："陛下若不赐主张，微臣必遭毒手！"太宗大怒，下令罢卢多逊宰相职务。赵普奏曰："乞除卢兵部尚书罢相。"太宗不允许，将卢多逊上的章奏交给赵普看。后来，卢多逊因为交通秦王廷美的事贬谪于崖州（今海南省三亚市崖城镇）。

卢多逊当时并不知道，因为他"恣行不法，无所避忌"，专权过甚，已招致太宗猜忌；而赵普正为太宗信用，所以卢还想与赵普较量一下，不肯如赵普所暗示的那样，自动退休。赵普本来只要卢多逊退出政坛即可，如楚昭辅和王仁赡似的，并不想置卢多逊于死地。《长编》卷二十四，太平兴国八年四月记载，卢多逊流放崖州时，李符曾对赵普说："朱崖虽远在海中，而水土颇善。春州（今广东省阳春市）稍近，瘴气甚毒，至者必死，不若令多逊处之。"这是一个置卢多逊于死地的好办法。但赵普听后，却并未照办，而是仍将卢多逊流放到崖州去了。[①]赵普将卢多逊与廷美联系起来打击，一是迎合太宗迫死廷美的愿望，二是对付卢多逊的较量。《北轩笔记》说："比赵普以私怨恨卢多逊，不藉廷美，则不中太宗之妒，不藉廷美以中太宗之妒，则中多逊不毒。"揭破了赵普的用心。卢多逊与廷美交通的事一揭发，太宗果然大为恼怒，下令投入狱中审查。结果，当然是廷美的属吏和卢多逊都认罪了。太宗下令文武常参官集议朝堂。太子太师王溥等七十四人上奏，说多逊及廷美"顾望咒诅，大逆不道，宜行诛灭，以正刑章，赵白等请处斩"。太宗除杀死赵

---

① 又见《宋会要·方域七》之三二。

白等人外，表示宽宏大量，廷美勒归第，卢多逊则被削夺官爵，与家属一道流放到崖州。与卢多逊"雅相厚善"的中书舍人李穆，也被责授司封员外郎。从此以后，卢多逊一直住在崖州，并死在那里。整个太宗时期，卢多逊始终没有能够东山再起。卢赵之争也就以卢多逊失败而告终。

卢多逊，当时就有人说他"蠹贤怙势，恣行不法，无所避忌，终当南窜"①。他和赵普的争斗，并不是关乎国家大政方针的不同。这从他执政及为相的九年内，施政方针和赵普为相时并无不同，即可知道。卢多逊攻倒赵普，主要是为了自己获取更高权位。同样，赵普打倒多逊，流放崖州，也是出于个人恩怨。因此，卢赵之争，是宋初两大权臣的权力之争，并不关乎国家大计。在这场争斗中，卢多逊先居上风，终至失败；赵普虽受挫一时，而终获胜利。其根本原因，是赵普的根基和影响，远非卢多逊能比的。王称说："太祖皇帝之于赵普也，君臣相遇之际深矣。多逊以其区区之私而挤之，普既去位，为多逊者亦可已矣。而猜谮之谋，复用于太宗之世，不旋踵而致败。彼岂不知太宗之深念旧勋者以为如何哉？犯五不韪，而以伐人，此君子知息之将亡也。多逊之谓矣。"②王称的话，在一定程度上反映了卢赵二人的根基和影响的不同，及卢多逊失败的原因。

赵普再相后，太宗虽因其有忠效之功，比较尊宠，也除去了赵普的几位政敌。但是，太宗对赵普终有猜忌，而且在流放了专权的卢多逊以后，也不能容许再由赵普专权了。

太平兴国七年三月，中书尚是赵普、沈伦、卢多逊三人为相，太宗即任命"藩邸之旧臣"窦偁与郭贽为参知政事。同时，优赏告发廷美的心腹，以如京使柴禹锡为宣徽北院使兼枢密副使，翰林副使杨守一为东上阁门使，充枢密都承旨。四月，卢多逊流放，沈伦罢相；七月，太宗

---

① 《长编》卷二十三，太平兴国七年四月；又见《宋史全文》卷三，时间同《长编》。

② 《东都事略》卷三十一《卢多逊传》。

封长子德崇为卫王，第二子德明为广平郡王，德崇检校太傅，德明检校太保，并同平章事，诏卫王和广平郡王轮日往中书视事，实际使中书又增加了两位权相。参知政事窦偁死于十月；太平兴国八年三月，以表示悔过效忠且曾在一年前被赵普贬谪过的宋琪为参知政事。七月，又罢郭贽参知政事，赵普也"恩礼稍替"；太宗采纳左右的意见，以宿旧之臣李昉为参知政事。十月，太宗将儿子的排行字，由"德"改为"元"，长子德崇改名元佐，进封楚王；次子德明改名元佑，进封陈王；第三子德昌改名元休，封韩王；第四子德严改名元隽，封冀王；第五子德和改名元杰，封益王。五人并同平章事。同时，罢去了赵普的宰相职务，出为武胜节度使兼侍中。这一年，赵普六十二岁。十一月，以宋琪、李昉同平章事，令楚王元佐等五王同日赴中书视事，以李穆、吕蒙正、李至三人为参知政事。于是，中书等于有七相三参，中书事权更受到牵制与分割。

太平兴国八年四月，太宗曾洋洋自得地对宰相赵普说："朕顷在藩邸，颇闻朝臣有不修操检，以强词利舌，谤讟时事，陵替人物；或遣使远方，不存事体，但规财用，此甚辱国。今朝行宁复有此等耶！若人人自修，岂不尽善。"赵普吹捧道："陛下敦崇风尚，不严而治，轻薄之徒自然弭息矣。"由这段对话可以看出，在赵普为相后，虽则太宗兴起大狱，迫死廷美，封自己的儿子为王，但他的政权还是稳固的，所以他敢于自诩风尚过于太祖时期了。不难想到，赵普献出的"金匮之盟"及赵普的为相，起了多大的稳定作用。而政权一旦稳定，功高望重、声威煊赫的元老赵普，也就不能安于相位，必然要被罢免了。

太平兴国八年（983）十月，赵普罢相，但是太宗也不能不在表面上表示格外地尊崇。十一月，太宗亲自在长春殿设宴，为赵普饯行，并且作诗赐给他。赵普捧诗而泣曰："陛下赐臣诗，当刻于石，与臣朽骨同葬泉下。"这是与太宗生离死别了，太宗不禁动容答之。因此，到第二天，太宗又特意对近臣说："赵普于国家有大勋劳，朕布素时与之游从，齿发衰矣，不欲烦以机务，择善地俾之卧治，因诗导意。普感极且泣，朕亦为之堕睫。"宰臣宋琪回答说:"普昨至中书,执御诗涕泣,谓臣曰:'此生余年,无阶上答,庶来世得效犬马之力。'臣既闻普此言,今复闻宣谕,君臣始终之分,可谓尽善矣。"君臣两人的这番表演,不过是为向人们表示,君臣无间;其实,正好是"此地无银三百两",反而透露了他们两人之间的互相提防。右补阙、直史馆胡旦看穿了这一点,便在十二月献《河平颂》,序中说:"贼臣多逊,阴泄大政,与孽弟廷美,咒诅不道,爰构大难,赖天地社稷之福,圣皇之灵,觉而黜之。时又强臣普,恃功贪天,违理背正,削废大典,构豪杰之罪,饰帝王之非,榛贤士之路,使恩不大费,泽不广洽。""是天子前黜多逊,后遣臣普,防大患而遏大灾也。"颂里则有"逆逊远投,奸普屏外"等语。因为戳穿了太宗君臣之间关系的伪装,太宗见后震怒,胡旦投机不成,却被以"指斥大臣,谤讟圣代,下流讪上"的罪名,责为殿中丞、商州团练副使,支给半俸,不得签署州事。①

赵普这次为相期间,还做过一件事,就是解救曹彬。曹彬是宋初良将之一,在太祖时期,赵普曾推荐他领兵下江南。开宝九年(976)二月,曹彬四十六岁,被任命为枢密使。十月,太宗即位后,加曹彬同平章事,仍为枢密使。太平兴国八年(983)正月,由李符和宋琪推荐给太宗做幕僚的弭德超,当时任镇州驻泊都监、酒坊使,乘间以急变向太宗报告说:"枢密使曹彬秉政岁久,能得士众心。臣适从塞上来,戍卒皆言:'月头银曹公所致,微曹公,我辈当馁死矣。'"又巧诬以它事。收买军心,犯了大忌,因此太宗颇疑之。月头银是太宗即位后,下令每月赐给缘边士卒的白金,听到声誉却归于曹彬,由不得不嫉愤。参知政事郭贽极言救解,太宗不听,还是罢曹彬为天平节度使兼侍中。同时,以东上阁门使王显为宣徽南院使,弭德超为宣徽北院使,并兼枢密副使。此时,加上先已为枢密副使的柴禹锡,共有三位枢密副使,弭德超居其末位,而无正使。三人都是原来太宗的幕僚。从此以后,在太宗时期,枢密副使成了太宗

---

① 《太宗实录》卷二十七,《长编》卷二十四。

幕府人物的专利品。弭德超本来期望为枢密使，但只为副使，并且居末位，大失所望，于是常在枢密院诟骂王显、柴禹锡。王、柴二人报告太宗，太宗大怒，将德超除名，并亲属流琼州（今海南省海口）。

当初，弭德超巧诬曹彬时，郭贽救解，赵普也在太宗面前极力为曹彬辩解，太宗方才稍息其怒，出曹彬为使相。弭德超既被流放，太宗才完全明白曹彬是忠实的，于是待之愈厚。太宗想到自己看人竟然不如赵普等人，临朝累日不怿，对赵普等人说："朕以听断不明，几败大事，夙夜循省，内愧于心。"赵普明白太宗心思，回答说："陛下知德超才干而任用之，察曹彬无罪而昭雪之。有劳者进，有罪者诛，物无遁情，事至立断，此所以彰陛下圣明也，虽尧、舜何以过此。"这一番话，说得太宗美滋滋的，不再不高兴了。[①]曹彬后来把女儿嫁给赵普的孙子从约，与此是有一定关系的。

第二节　雍熙北征与《班师疏》

太平兴国八年十一月，六十二岁的赵普，以检校太尉兼侍中、武胜军节度使，出镇邓州（今河南省邓州市）。他的次子承煦，年二十岁，为牙职侍行。李重诲当时补邓州马步军都指挥使，赵普奏监州军。[②]

雍熙四年（987）二月，赵普六十六岁，徙为山南东道节度使，镇襄州（今湖北省襄樊市），改封许国公。承煦二十四岁，仍为牙职侍行，官为襄州衙内都虞候。

赵普在邓州和襄州，"皆以严重肃下，政务自集，唯圣节日即张乐，设宴则丰厚饮馔，凡一巡酒，则遍劝席中吃尽，尽与不尽，但劝至三而

---

① 《王文正笔录》，《长编》卷二十四，《宋宰辅编年录》卷二。本节中未注出处者，均见《长编》。
② 《宋史》本传，卷二百八十《李重诲传》。

止"。^①他小心谨慎,"家问中指拟审细,字画谨严",每逢太宗的诞辰节——
十月七日的乾明节(后改寿宁节),都派夫人和氏到京城朝见。他的长子
承宗,则一直在京师为侍卫官。^②这些做法,都是为了去太宗的疑心,以
能明哲保身,可谓煞费苦心。

赵普在邓州和襄州期间,影响最大的事就是在雍熙三年(986)五月
初从邓州上的《班师疏》,宋人说是"天下传颂"。《班师疏》主要是论及
雍熙三年北征事宜的。为了明了前因后果,不能不从燕云的地位说起。

燕云十六州之地,宋人或称幽燕,或称幽蓟,或称燕蓟,或称燕地,
或称幽州等十六州。陈乐素先生的《宋徽宗谋复燕云之失败》和侯仁之
先生的《燕云十六州考》,早已详细论述过了。本书为统一起见,只用燕
云一称。

(一)燕云的地位与契丹的情况

燕云,主要是指今天的河北和山西北部一带地区,包括北京与天津
在内。对于宋朝,最关重要的又是今河北北部的幽州一带。清代著名历
史地理学家顾祖禹在《读史方舆纪要》卷十一《顺天府》中写道:

> 府关山险峻,川泽流通,据天下之脊,控华夏之防,巨势强形,
> 号称天府。……金梁襄言:燕都地处雄要,北倚山险,南压区夏,
> 若坐堂皇而俯视庭宇也。又居庸、古北、松亭诸关,东西千里,险
> 峻相连,近在都畿,据守尤易。元木华黎曰:幽燕之地,龙蟠虎踞,
> 形势雄伟,南控江淮,北连朔漠,驻跸之所,非燕不可。

正因为燕云一带地势险要,所以唐代倚为北部边防屏障。五代初期,
契丹不能南下河北平原,也是因为幽州一带在中原王朝的控制之下。自

---

① 《丁晋公谈录》。
② 《东观馀论》卷下。

从儿皇帝石敬瑭割让燕云十六州之地给契丹以后，遂致北部门户洞开，契丹动辄牧马中原。真宗时，钱若水上言："臣闻魏博一镇尔，兵戎固不众于今日，而胡骑未尝南牧者，以幽蓟为北门，拒其险阻故也。石晋割地之后，由定武达沧海，千里受敌，虽设二关，镇之以重兵，莫可以御。故晋末度长河，汉初复扰边徼，以周世宗之英武，曾未能绝其寇中山、窥上党。"[1] 仁宗时，枢密副使富弼在《河北守御十二策》中就说："自石晋割燕蓟入契丹，中国无险可守，故敌骑直出燕南。"[2] 陈乐素先生在《宋徽宗谋复燕云之失败》一文中说："自辽之得燕云以来，汉人不特丧失唯一防御物长城，且反资敌以其地为南向侵略之根据地，而自燕至黄河之间，为广阔之平原，无天然或人为的有效防御。"周世宗收复关南之地以后，三关在防御上发挥了很大作用。雄州、高阳以东的地方，多河网沟渠，葭苇蒙蔽，一直通到海边，宋人称之为天牢天陷天罗天隙之地，足以限制契丹军马南下。张方平曾说："臣顷年奉使，见北边塘水渺渺如江湖，间有深浅，舟车皆不可渡，盖占北疆三分之二。敌心依依南望而踟蹰，抑知此之为惮也。"[3] 基本就是在描述上述地方的情况。在瓦桥一带南北分界之所，太祖又令专植榆柳，中通一径，仅能容一骑，用以限制南下之契丹骑兵。[4] 但是，雄州、高阳以东的定州、镇州一带，没有上述条件，就成为契丹南下之路。由此道南下，契丹军常长驱直到澶州，饮马黄河，威胁到首都开封的安全。

下面，再看看契丹方面的情况。应当注意的是，说到契丹的情况，不应只以宋人的记述作为主要凭据，特别不要误信宋人自夸的记载。我们还应当注意到，契丹是中华民族的组成部分，它最终融合于汉族之中了。因此，切不可以今天的民族斗争的眼光去看待宋和契丹的矛盾和斗争。

---

① 《东都事略》卷三十五《钱若水传》。
② 《长编》卷一百五十，庆历四年六月。
③ 《乐全集》卷二十二《请选择河北沿边守臣事》。
④ 《挥麈后录》卷一。

契丹，本来是东北一个部落的名称。它和中原发生关系，最迟在南北朝时期已经开始。后来，契丹被纳入唐帝国的版图，与中原的来往就更加频繁和密切了。隋唐以来，有不少契丹和奚族的归附者，居住在燕云一带。唐太宗又迁徙许多突厥人到燕云居住。由此，燕云成为许多少数民族杂居的地方，少数民族的生活风俗，仍然在这里大量保存着。安史之乱时，燕云一带的各族杂居情况，已经很普遍了。安禄山的军队中，就有大量的少数民族战士。进入五代以后，中原汉人大量流入燕云以北契丹居住的地方，还有全族迁入契丹地区的。边将和士卒叛入契丹的，更是屡见不鲜。契丹通过攻掠边城，也掳去大量的汉人。在契丹境内，建立起许多的汉城。据《辽史》卷三十七《地理志》的记载，在上京的汉城中，"有绫锦诸工作，宦者，翰林，伎术，教坊，角觝，儒，尼，道士。中国人并以汾、幽、蓟为多"。契丹的开国君主耶律阿保机，在915年（阿保机即可汗位第九年，后梁末帝贞明元年）为七部酋长所迫，交出可汗权力的标志——旗鼓之时，就提出条件："吾立九年，所得汉人多矣，吾欲自为一部，以治汉城。"[1] 此后，阿保机"率汉人耕种，为治城郭，邑屋、廛市如幽州制度，汉人安之，不复思归"。[2] 依靠这支力量，阿保机终于吞并了其余七部，统一了全契丹，建立起大契丹国。916年，阿保机自称皇帝，建元神册。

耶律阿保机依靠汉人，得以登上帝位。即位后更选拔了一批有政治头脑和统治经验的汉族士人，置诸左右，委以重任，这些人成为他建设国家机器和决定统治方略的谋士。其中最为著名的，是韩延徽、韩知古和康默记，阿保机甚至对韩延徽"以兄礼事之"。《旧五代史》卷一百三十七《契丹传》称："既尽得燕中人士，教之文法，由是渐盛。"岑家梧先生在《辽代契丹和汉族及其他民族的经济文化联系》一文中说："阿

---

[1] 《新五代史》卷七十二《四夷附录一》。
[2] 同上。

保机建立政权前后，汉族先进的政治、经济、文化对契丹的影响是极其重大的。契丹社会逐渐封建化过程，也就是不断吸收汉族先进影响的过程。这充分表明我国民族关系史上汉族的主体作用。虽然汉族当时在政治上是处于少数民族统治阶级的统治下，还是不断地发挥它的先进作用，给少数民族以巨大的影响，促进他们社会经济迅速发展。这正如马克思所说：'野蛮的征服者总是被那些他们所征服的民族的较高文明所征服，这是一条永恒的历史规律。'"

继阿保机而立的太宗德光，也是能利用汉人的一位统治者。936 年（契丹天显十一年，后晋高祖天福元年），德光利用石敬瑭求援的机会，把燕云十六州之地并入了版图。在此前后，有大批的汉人家族如赵普家族一样，从幽州南迁下中原去了，燕云的少数民族比例更增大了。燕云十六州有大宗税收，比较发达的工商业，较多的人口，这使契丹实力大增，汉化也日深。这时，契丹占据了幽州和大同两个有战略意义的据点，北负山险，南窥中原，取得了地理上的优势，在中国历史上实际上再次演成南北朝的局面。947 年（辽大同元年，后汉高祖天福十二年），德光改国号为大辽，并且一度率兵南下，攻灭了中原王朝——后晋。继德光而立的世宗兀欲，《契丹国志》卷四说他"慕中华风俗，多用晋臣"。

这样，在辽国的下层，原本有大量的汉人居住，燕云的归入版图，又增加了一大批汉人；在辽国的上层，又长期重用汉人为谋臣，于是，文化水平较低的契丹人便日渐汉化，同时，在辽国境内的汉人也部分地契丹化。据尹克明先生的《契丹汉化略考》一文考证，契丹从生活方面（耕种、制盐、其他各种技术）、建筑方面、文化方面（语言、文字、学术），到军事方面、制度方面（官制、礼仪、衣服、征税、法律），都逐渐汉化了。北宋的富弼即说："自契丹侵取燕蓟以北，拓跋自得灵夏以西，其间所生豪英，皆为其用。得中国土地，役中国人力，称中国位号，仿中国官属，任中国贤才，读中国书籍，用中国车服，行中国法令，是二敌所为，皆与中国等。而又劲兵骁将，长于中国。中国所有，彼尽得之；彼之所长，中国不及，当以中国劲敌待之，庶几可御，岂可以上古之夷狄待二敌也！"^①到五代末年的时候，辽国境内，契丹人和汉人的矛盾已大为缓和。姚从吾先生的《契丹汉化的分析》一文，把契丹族对汉化的反应分为四个时期：1. 克难自强时期，神册建元以前（901—916）。这一时期是自力更生，努力克服困难。2. 垦荒南侵时期，自神册建号到燕云十六州获得（916—938）。这一时期全盘接受汉化。3. 汉蕃兼容时期，自会同到澶渊之盟（938—1004）。这一时期是有限度的接受汉化与兼容并包。4. 择汉而从时期——即辽汉文化合流时期，自澶渊之盟到宋人谋复燕云（1004—1125）。这一时期放任自便，听从自然选择。据姚从吾先生的分析，赵宋建立时，辽国正处在全盘接受汉化后的第三个时期——汉蕃兼容时期，民族矛盾是趋向缓和的。

燕云一带，既然早已是各族杂居之地，民族矛盾比之辽国其他地区更为缓和，这一带的汉化亦更为厉害。成书于两宋之交的《松窗百说》记载："燕云九州，至今似唐时，余事不变者亦众。"即反映了燕云的汉化情况。辽据燕云以后，尊用燕云世族、大姓，以维系与当地人民的关系。元人王恽说："辽氏开国二百载，跨有燕云，雄长夷夏。虽其创业之君规模宏远，守成之主善于继述，亦由一时谋臣猛将与夫子孙蕃衍众多，克肖肯构，有以维持藩翰而致然也。""迄今燕之故老，谈勋阀富盛，照映前后者，必曰韩、刘、马、赵四大族焉。呜呼盛哉！"^②这样，契丹与汉人的上层统治者结合在一起，下层人民之间也友好相处，燕云地区作为大辽国的经济支柱地区，恢复和发展起来了。正如陈述先生所说："主要是由于统治者维持了传统的封建秩序，维护了地主阶级的利益。新来的统治者和汉人地主阶级结合，契丹以燕云作为联合汗国的一个组成部分，阶级利益制约了民族之间的矛盾。"^③由于燕云成为辽国的重要组成部分，

---

① 《长编》卷一百五十，庆历四年六月。
② 《秋涧先生大全文集》卷七十三《题辽太师赵思温族系后》。
③ 《契丹社会经济史稿》，第28—29页。

所以燕云有警，辽即倾全力相援，燕云一带的人民，也多帮助辽军守御。顾祖禹说："辽起于临潢，南有燕云，常虑中原之复取也，故举国以争之，置南京于燕，西京于大同，以为久假不归之计。"①《新五代史》卷七十三《四夷附录二》，记载辽穆宗闻知周世宗取关南的消息后，说："此本汉地，今以还汉人，又何惜耶？"是不足凭信的一面之词。

辽军的战斗力也较强。幽州蓟县人、中过辽国进士的宋琪，在宋太宗雍熙三年（986）正月上奏疏，谈及契丹事，反映了辽军的战斗力及用兵情况，他说："每蕃部南侵，其众不啻十万。契丹入界之时，步骑车帐不从阡陌，东西一概而行。大帐前及东西面，差大首领三人，各率万骑，支散游奕，百十里外，亦交相侦逻，谓之栏子马。契丹主吹角为号，众即顿合，环绕穹庐，以近及远。折木梢，屈之为弓子铺，不设枪营堑栅之备。每军行，听鼓三伐，不问昏昼，一匝便行。未逢大敌，不乘战马，俟近我师，即竞乘之，所以新羁战蹄有余力也。且用军之术，成列而不战，俟退而乘之，多伏兵断粮道，冒夜举火，上风曳柴，馈饷自赍，退败无耻，散而复聚，寒而益坚。此其所长也。"②正因为如此，五代时期，中原与辽军的战斗，败多胜少，越到后来，中原军队越不能抵敌。

（二）雍熙以前对于燕云的经营

宋初，太祖与赵普制定了先南后北的正确统一战略，在向南用兵的同时，对北方强大的辽国采取防御的态势。首先，力求避免不顾大局，只求泄忿于一时的无谓冲突，采取人不犯我，我不犯人的态度。其次，选择和任用大将，加强边防，敌来我御，坚决予以还击，敌去即止，不扩大冲突。这样，保持了北部边境的基本安宁。张方平曾评论太祖时的边防政策说："昔太祖但以丰财练兵保边为事。尝积帛内府，谓左右曰：'北人若敢似昔时犯边，我以二十匹绢购其一人首，料其精兵不过十万，

---

① 《读史方舆纪要》卷十《直隶方舆纪要序》。
② 《宋史》卷二百六十四《宋琪传》，《长编》卷二十七。参见《儒林公议》卷下。

我用绢二百万匹，其人尽矣。'壮哉！圣人之谋。兵法所谓先为不可胜以待敌之可胜者也。"①

经过太祖时期的养精蓄锐，到太宗初年，辽强宋弱的局势已发生改变。所以太平兴国四年（979）进攻北汉时，辽军来援，被宋军击败，北汉遂亡。这时，宋军已有了战胜辽军的能力和可能，燕云很有希望收复。但是，太宗在北汉平定后，贸然北征，急于建立不世之功，结果招致高梁河之败，宋军损失惨重，太宗也十分狼狈。《默记》卷中记载：

> 神宗……一日语及北虏事，曰："太宗自燕京城下军溃，北虏追之，仅得脱。凡行在服御宝器尽为所夺，从人、宫嫔尽陷没。股上中两箭，岁岁必发。其弃天下，竟以箭疮发云。"

《默记》卷上记载，高梁河之败时，钱俶按后军徐行，太宗才得逃脱。《能改斋漫录》卷十二《高氏出太皇太后以有阴德之助》记载，当时，南北兵皆溃，只有高琼护卫太宗逃走，诸将都不知太宗之所在。于此可见高梁河之败的惨状。

高梁河之败的原因，主要有五条。一是战略上的轻敌思想；二是军纪不肃；三是战术错误；四是宋军人心不稳，将士不用命；五是辽景宗"务行宽政"，"任人不疑"，任用了一时人材，如耶律休哥、耶律斜轸、耶律沙、敌烈等将领，所以能战胜宋军。②

高梁河败时，曾出现拥戴德昭的事，使太宗深为惧怕和担忧，所以他返京后，不去整顿军队，却急忙逼死了德昭。洪迈即说："太平兴国，失于轻举，又不治败将丧师之罪，至令披猖以迄于今。"③

太平兴国五年（980，辽乾亨二年）十一月，太宗再次督师伐辽，

————————

① 《乐全集》卷十八《对诏策》。

② 参见《宋辽和战关系中的几个问题》和《柴荣与宋初政治》。

③ 《容斋四笔》卷三。

当然地再遭惨败。《宋史》卷四《太宗一》记载：

> 十一月己酉，帝伐契丹，……戊午，驻跸大名府。诸军及契丹
> 大战于莫州，败绩。

《辽史》卷九《景宗纪下》记载：

> 十一月壬寅，休哥败宋兵于瓦桥东，守将张师引兵出战，休哥
> 奋击，败之。戊申，宋兵阵于水南，休哥涉水击破之，追至莫州，
> 杀伤甚众。己酉，宋兵复来，击之殆尽。丙辰，班师。乙丑，还次
> 南京。

当年十二月，翰林学士李昉、扈蒙等上奏疏说："河朔之区，连岁飞挽，近经蹂践，尤极萧然。虽荐偶于丰穰，恐不堪其调发。""惧彼残妖，亦恐劳于大举。伏望申戒羽卫，旋旆京都，善养骁雄，精加训练，严敕边郡，广积军储，讲习武经，缮修攻具，俟府藏之充溢，洎闾里之富全，期岁之间，用师未晚。"[①]

右拾遗、直史馆张齐贤在《上太宗论幽燕未下当先固根本》的奏议中说："河东初平，人心未固，岚、宪、忻、代，未有军寨，入寇则田收顿失，扰边则守备可虞，而反保境偷生，畏威自固。""自古疆场之难，非尽由戎狄，亦多边吏扰而致之。若缘边诸寨，抚御得人，但使峻垒深沟，蓄力养锐，以逸自处，宁我致人，李牧所以称良将于赵，用此术也。所谓择卒未如择将，任力不及任人。如是，则边鄙宁矣。边鄙宁则辇运减，辇运减则河北人民获休息矣，获休息则田业增而蚕织广，务农积谷，以实边用。且戎狄之心，固亦择利避害，安肯投死地而为寇哉。"

---

① 《诸臣奏议》卷一百二十九《上太宗谏北伐》。

但是，太宗并未接受李昉、张齐贤等人的意见。太平兴国六年（981），逼死德芳；伙同赵普，抛出"金匮之盟"。七年（982），贬黜廷美，五子并封王。其间，一直没有整饬高梁河及莫州战败后的军队，虽然也多少做了一些北征的准备，但是军队的战斗力和士气都不如太平兴国四年时，将士们的畏敌情绪很严重。

太平兴国七年五月，左拾遗、知相州田锡在《上太宗论边事》的奏议中说："今北鄙绎骚，盖亦以居边任者，规羊马细利为捷，捕斩小胜为功，贾怨结仇，乘秋致寇，召戎起衅，此之由。伏愿申饬将帅，谨固封守，勿尚小功，许通互市，索获蕃口，抚而还之。如此，不出五载，河朔之民，得务三农之业，亭障之地，可积十年之储。""戎族未乱，无烦强图，狄势未衰，何劳力取？待其乱而取之则克，乘而兵之则降，既心服而志归，则力省而功倍。"①

从这份来自河北边防前线的奏议中可以看到，把宋辽战争完全归于辽的侵扰是不对的。太宗高梁河之败以后，边境守将改变了太祖时的做法，常为泄忿或争功而在边境生事，以捕斩辽方人民而求功，从而常引起辽方的报复入侵，而边将又龟缩于城堡之内，任其抢掠。这样，边境战争不断，河北州县，备受困扰，不待大战，已自疲惫。《长编》卷三十，端拱二年十一月即记载，雍熙北征以前，"将臣以重兵戍边者，多生事致寇，河朔曾无宁岁"。但是，田锡的奏议并未引起太宗的重视，其意见未被采纳。

反观辽方，在高梁河之战以后，更重视经营和守御燕云。乾亨元年（979，宋太平兴国四年）冬天，辽景宗令耶律休哥总南面戍兵，为北院大王。二年（980，太平兴国五年）十二月，休哥拜于越，这是辽国极贵之官。乾亨四年（982，太平兴国七年）九月，辽景宗死，圣宗即位，其母承天后称制。承天后是一个有才略的政治家，她顺应契丹社会封建

---

① 以上奏议均见《诸臣奏议》卷一百二十九《边防门》。

化的历史趋势，在以韩德让为首的汉族官僚辅佐下，效法汉人的统治方法，进行了改革。承天后称制时期的政治和军事活动，巩固了辽国的统治，为圣宗时期完成封建化和辽国的盛世奠定了基础。[①] 对于燕云，承天后称制伊始，即令休哥总南面军务，以便宜从事，全权委托休哥守御了。从此以后，直到统和十六年（998，宋真宗咸平元年），休哥一直镇守幽州。从太平兴国四年起，休哥在幽州长达二十年之久。休哥是辽国著名大将，智勇双全，很有政治头脑。《辽史》卷八十三《休哥传》说他"智略宏远，料敌如神。每战胜，让功诸将，故士卒乐为之用"。"均戍兵，立更休法，劝农桑，修武备，边境大治。"他不轻启边衅，"以燕民疲弊，省赋役，恤孤寡，戒戍兵无犯宋境，虽马、牛逸于北者悉还之"。休哥实行的边境政策，与宋边将恰成了鲜明对比。民心向背和胜败也就不待战而可知了。

（三）雍熙北征

辽圣宗初立时，宋太宗想趁机议和。《辽史》卷十《圣宗纪一》记载："乾亨四年（太平兴国七年）十二月，南京（即幽州）留守荆王道隐奏，宋遣使献犀带请和。诏以无书却之。"太宗在求和遭到拒绝后，羞忿之下，又想一战，便又积极准备北征了。

太平兴国八年（983）十一月，太宗对宰相说："数有人自北边来，侦知契丹事。自朝廷增修边备，北人甚惧。威虏军主财吏盗官钱，尽室奔入契丹，至涿州，州将不敢受，悉遣还。"[②]

太宗既昧于知己，又暗于知彼，休哥不轻启边衅的政策，却使太宗误以辽方恐惧。这种错误的估计，使太宗不免过高地估计了自己的力量，更加想北征取胜。

雍熙元年（984）八月，右补阙、知睦州田锡在《上太宗应诏论火灾》

---

① 见《承天后与辽圣宗的历史作用》一文。
② 《长编》卷二十四。

的奏疏中说："时久升平，天下混一，致陛下谓升平自得，资陛下以功业自多，日迁月移，浸成圣性，左取右奉，无非睿谋。所以陛下出一言，乃以谓汤武可偕；陛下行一事，乃以谓尧舜可继。自缵大位，于今九年，四方虽宁，万国虽静，然刑罚未甚措，水旱未甚调，陛下谓之太平，谁敢不谓之太平！陛下谓之至理，谁敢不谓之至理！"①田锡要太宗不要舍近求远，不要朝令夕改，要"临下以宽"。但太宗不以为然。

雍熙二年（985）正月，太宗与宰相宋琪谈起石敬瑭"求援于契丹，遂行父事之礼，仍割地以奉之，使数百万黎庶陷于契丹"。宋琪回答："恢复旧境，亦应有时。"太宗以为然。北征之事，已势在必行了。

雍熙三年（986）正月，知雄州贺令图及其父怀浦、薛继昭、刘文裕、侯莫陈利用等人相继上言，说："契丹主年幼，国事决于其母，其大将韩德让宠幸用事，国人疾之，请乘其衅以取幽蓟。"这本是想当然的猜测之语，太宗却览后大喜，遂决意北征，并且又想亲征。这时，参知政事李至有《上太宗谏亲征》的奏疏，反对太宗亲征，并说："愿陛下且务缮修，更资训练，蓄威以养锐，观衅以伐谋。"②太宗虽接受意见，不再亲征，但对暂不要北征的意见，却听不进去。已罢相的宋琪见状，上疏献平燕之策，指出平燕之路，就多为太宗采用了。

正月和二月，太宗先后派四支大军，三路北征：东路曹彬、米信两军，由雄州直趋涿州；中路田重进一军，由定州出飞狐；西路潘美、杨业一军，出雁门。同时，任命右谏议大夫刘保勋知幽州行府事，随曹彬军出发，以备接管幽州。又下诏，申明出兵之意，派人联络高丽国，约其夹攻。这次出兵，是准备了几年的大规模军事行动，声势浩大。仅曹彬、米信的东路两军，"在行之兵实二十万"，三路大军，不下三十万

---

① 《诸臣奏议》卷三十七。原作雍熙六年八月上。按雍熙仅四年，"自缵大位，于今九年"，当为雍熙元年。《长编》卷二十五，正系此疏于雍熙元年。原文当是形近而误作"六"矣。

② 《诸臣奏议》卷一百二十九，参见《长编》卷二十七。

兵力。①

　　三路大军出动以后，开始进展很顺利，尤其是中路的田重进和西路的潘美，累战获利。在优势的宋军面前，休哥按以往所行战略，集中兵力坚守幽州，不与宋军决战；同时派人报告辽主，请求派大军前来支援；另外，派轻骑出曹彬、米信军后，断宋军粮道。

　　五月，辽方援军陆续到达幽州前线，承天后和圣宗也亲临前线督战，辽军大举反攻。休哥亲率大军，与曹彬等人的东路军交战，在涿州、岐沟关和巨马河一带，连续击败宋军，东路军二十万人溃散。六月，耶律斜轸率军迎击宋西路军，朔州一战，勇将杨业被擒，宋军数万被歼，西路军溃败。中路军田重进，急忙退兵至定州驻扎。这一战后，宋初的宋辽均势被打破，辽方从此占了优势。《辽史》卷八十三的论赞即说："宋乘下太原之锐，以师围燕；继遣曹彬、杨继业等分道来伐。是两役也，辽亦岌岌乎殆哉！休哥奋击于高梁，敌兵奔溃；斜轸擒继业于朔州，旋复故地，宋自是不复深入，社稷固而边境宁，虽配古名将，无愧矣。"可知从高梁河之败到雍熙之败，正是宋弱辽强的转变时期。

　　十一月，辽军乘胜南下，河朔震动，太宗被迫起用宿将，命左卫上将军张永德知沧州，右卫上将军宋偓知霸州，右骁卫上将军刘廷让知雄州。十二月，辽主督军，休哥以数万骑，与刘廷让战于君子馆，宋军数万被歼，刘廷让仅以身免。当时，休哥主张长驱南下，略地到黄河边上，承天后和辽圣宗不同意，辽军北返。

　　此后，辽军不断南下。端拱元年（988）冬天，辽军攻陷满城、祁州、新乐等地。端拱二年（989）正月，攻占易州。当是之时，"乘塞疮痍之兵，至不满万，赵魏大震。虏遂深入，陷郡县，杀官吏，执士民，将吏依壁自固"。河朔"悉料乡民为兵以守城"，"取乎三晋之民而得十万之众"，"皆白徒，未尝习战阵，但坚壁自固，不敢御敌"。辽军"所过郡邑，

──────────

① 《太宗实录》卷三十五，《长编》卷二十七，《元丰类稿》卷四十九《添兵》。

攻不能下者，则俘取村墅子女，纵火大掠，辇金帛而去。魏博以北，咸被其祸"。"自邺而北，千里萧然。天子下哀痛之诏，而边吏屡请益兵。"①

太祖时期及太宗初年选练的精锐部队，至此损失殆尽，北部边防，遂门户洞开。真宗初年，京西转运副使、太常博士、直史馆朱台符说："当是时也，以河为塞，而赵、魏之间，几非国家所有。既阻欢盟，乃为备御，屯兵马，益将帅，刍粟之飞挽，金帛之委输，赡给赏赐，不可胜数。由是国之食货，匮于河朔矣。"②南宋的叶适也说："召募之日广，供馈之日增，盖雍熙、端拱以后，契丹横不可制而然耳。"③宋代的积贫积弱，就是从此开端的。经雍熙惨败后，太宗胆破，对大臣说："卿等共视，朕自今复作如此事否！"④再也不敢提起收复燕云了。

吕中曾说："岐沟之败有三：既平河东之后，三出王师，屡与敌接而不获俟时，一也；其事始于贺令图之父子，而赞成于王显数人，中书不预闻，二也；曹彬违上诏旨，三也。"⑤第三点原因其实是为太宗推卸责任的话迷惑了。前两点原因，是有一定道理的。细细考察，雍熙北征的失败原因，主要有五点。第一即是吕中所说，时机不对，过于信任亲信。第二，由于时机不对，民心并不支持。"边民蚩蚩，不知圣意，皆谓贪其土地，致北戎南牧。"⑥第三，太宗防范将帅过甚，要其死板地按所颁阵图作战。"夫将帅者，……近代动相牵制，不许便宜，兵以奇胜，而节制于阵图，事惟变适，而指踪以宣命，勇敢无所施，智谋无所用，是以动而奔北也。"⑦第四，前敌将帅曹彬等人，本系庸才，并无将略，只知执行成命。端拱二年（'989）正月，张洎曾在奏议中指出，雍熙北

---

① 《元丰类稿》卷四十九《契丹》；《乐全集》卷十三《民兵》；《长编》卷二十八，雍熙四年正月。
② 《长编》卷四十四，咸平二年三月。
③ 《水心别集》卷十一《兵总论二》。
④ 《长编》卷二十七，雍熙三年六月。
⑤ 《宋史全文》卷三，雍熙三年五月引。
⑥ 《长编》卷三十，端拱二年正月王禹偁奏疏语。
⑦ 《诸臣奏议》卷三十七，朱台符《上真宗应诏论彗星旱灾》。

征时，"元戎不知将校之能否，将校不知三军之勇怯，各不相管辖，以谦谨自任，未闻赏一效用，戮一叛命者"。"敌人未至，万弩齐张，敌骑既还，箭如山积。""阵场既布，或取索兵仗，或迁移部队，万口传叫，嚣声沸腾，乃至辙乱尘惊，莫知攸往。""王师雾集，声詟戎敌，然而矢石未交，奇正先乱。呜呼！军政如此，孰救败亡！"[①]第五，辽方将帅，有勇有谋，辽国内部，较为安定。

（四）赵普的《班师疏》

雍熙三年五月，赵普在邓州，从前线溃散下来的败卒、民夫，把失败的消息传到了邓州，当时朝廷还不知道呢。赵普便上《班师疏》，并附了劄子，认为当时不宜北征，建议赶快班师，并加强边防，以防辽军南下。

赵普认为，当时北征，是"驱百万户之生灵，咸当辇运，致数十州之地土，半失耕桑，则何异为鼹鼠而发机，将明珠而弹雀，所得者少，所失者多。只于得少之中，犹难入手，更向失多之外，别有关心，全未见于便宜，可重兴于详酌"。他主张"不凝滞于物，见可而进，知难而退，理贵变通，情无拘执"，应当赶快班师。他提醒说，"秦始皇之拒谏，终累子孙；汉武帝之回心，转延宗社。如或迟晚，恐失机宜"。

赵普分析了辽方的情况，指出，说契丹时逢幼主，地有灾星，是不对的。"殊不知蕃戎上下幽州，各致其生涯，土俗照临外处，不可以征讨。若彼能同众意，纵幼主以难轻，不顺群情，无灾星而亦败。"

赵普也分析了北宋方面的情况。他指出，在朝廷，是"两省少直言之士，灵台无有艺之人"，文武官吏，"才奉委差，便思侥幸，虽询利害，各避嫌疑。而况毁誉生心，贪求恣意，扶同狂妄，率以为常。其间久历事者，明知而佯作不知；初为官者，不会而仍兼诈猾。多非允当，少得纯良"。在前线，则沿边州郡荒凉，粮草运输困难。他以邓州为例，指出：

"窃见当州管界，承前多是荒凉，户小民贫，程遥路僻，量其境土，五县中四县居山，验彼人家，三分内二分是客。昨来差配，甚觉艰辛。""所较乃是二万家之贫户，出此十万贯之见钱，所以典桑卖牛，十间七八，其间兼有鬻男女者，亦有弃性命者。""潜思今日人情，不可再行差配；如或再行徭役，决是广有逃移。"真是"民愁未定，战势方摇，仍于梦幻之中，大作烦劳之事"。

赵普指出："旬朔之间，便为七月，窃虑内地先困，边庭早凉。北狄则弓硬马肥，渐难擒制；中国则民疲师老，应误指呼。"边防之事，值得忧虑。"乘慈恕舍，却虑追奔，须作堤防，免输奸便。伏乞皇帝陛下，密授成算，遐宣睿谋，但令硬弩长枪，周施御捍，前歌后舞，小作程途，纵逼交锋，何忧乏力？只应信宿，寻达城池，便可使战士解鞍，且作防边之旅，耕夫归舍，重为乐业之人。""此事既行，天下幸甚。"

赵普提出，应当实行汉武帝时，主父偃、徐乐、严安辈所上长书，及唐玄宗时宰相姚崇所行十事，"可以坐销患害，立致升平"。他并且将长书及十事抄录进呈。他说："有道之事易行，无为之功最大"，如果能够"安和寝膳，惠养疲羸，长令外户不扃，永使边烽罢警，自然殊方慕化，率土归仁。既四夷以来王，料契丹而安往。""如斯吊伐，是谓万全。"可以看出，赵普的计谋是：安定内部，孤立契丹，待机再举，契丹可灭！①

赵普在奏疏中曾抄具的主父偃、徐乐、严安所上书，见于《史记》卷一百十二《平津侯主父列传》。主父偃上书言及九事，八件是关于律令的，一件是谏伐匈奴的，其中引秦始皇和汉高祖事为鉴戒，希望汉武帝罢征匈奴之兵。徐乐和严安，都是上书言世务，各一事。徐乐说，秦的灭亡，是由于"民困而主不恤，下怨而上不知，俗已乱而政不修"；他希望汉武帝"独观万化之原，明于安危之机，修之庙堂之上，而销未

---

① 《班师疏》据《邵氏闻见录》卷六所载。

形之患。其要，期使天下无土崩之势而已矣"。严安指出，"周失之弱，秦失之强"，秦灭亡的原因是"穷兵之祸也"；当时的边防政策"非所以安边"，"非所以持久"，要注意"兵久而变起，事烦而虑生"；他说，当时的忧患是外郡太重，有齐、晋复亡的危险。三人书奏后，汉武帝召见，对他们说："公等皆安在？何相见之晚也！"于是三人均拜为郎中。

姚元崇直奏唐玄宗的十事，《旧唐书》卷九十六《姚崇传》没有记载，《新唐书》卷一百二十四《姚崇传》有记载，是：政先仁恕，不幸边功，法行自近，宦竖不与政，租赋外一绝之，戚属不任台省，接大臣以礼，群臣皆得批逆鳞、犯忌讳，绝道佛营造，推汉代吕禄、王莽、阎显、梁冀乱天下鉴戒为万世法。唐玄宗答应实行十件事，姚崇才出任宰相。

赵普抄具了主父偃等人的上书和姚崇提出的十事，并且说："匡时救弊，无出于斯。"从这里就不难看出，赵普在当时的政治主张是什么，他对当时的形势是如何估计的了。很清楚，赵普看到了当时内政的危机，认为整顿内政才是迫切问题，而北征时机不成熟，条件不具备，应当暂缓进行。

对于赵普的《班师疏》，在宋代就有两种不同的看法。一种看法是极力称赞，说是天下传颂；另一种看法，则认为赵普根本反对收复燕云，以致造成大误，导致北宋的灭亡。

真宗时，钱若水上疏论边事，说："故相赵普请回军之奏，姑冀息民，悉非远谋。"但是钱若水同时提出的边防政策，却也不过是太祖时期的办法而已。[①] 南宋的吕中说："齐贤徒知契丹未可伐，而不知燕蓟在所当取。岂惟齐贤不之知，虽赵普、田锡、王禹偁亦不之知也。盖燕赵（当为蓟）之所当取者有二：一则中国之民陷于左衽，二则中国之险移于夷狄。燕蓟不收则河北之地不固，河北不固则河南不可高枕而卧也。特太

---

① 《东都事略》卷三十五《钱若水传》。

宗之时未有其机耳。"① 南宋的学者叶适也说:"自石晋割而不合,太宗征而不定,赵普、田锡、王禹偁之流,固尝以志复燕蓟为非矣。"② 叶适又说:"取幽州岂有秘计? 而浪战亦安能有获? 必尽择智勇廉仁者为将,尺寸守之,虏来使不得乞,去勿追逐,斗虏而无斗燕民,不计岁月,待其自溃,然后筑长城,实塞下,则夷夏分而汉虏安矣。普既不足以知此,王旦、寇准,迄变为澶渊之和;韩琦、富弼,一一承用;及国难梗棘,河北、河东尽委与之,未闻以为非者,尧舜三代礼义之区,独江淮而已。其误皆出于普。"③ 叶适言语是够激愤的了,但其办法,择边将守之,是太祖时已行之有效的,为赵普所支持;而"待其自溃",则不啻是空谈了。赵普在《班师疏》中,要太宗对于"蕃戎""何须挂意",是针对雍熙败后的太宗心理而言,并不是反对收复燕云。

从当时的形势分析,《班师疏》是有见识的。太宗看到此疏时,岐沟失败的消息,已报告到朝廷。太宗下诏褒奖赵普,并告诉他,边防事宜已经安排妥当。但是,赵普的建议,太宗一项也不准备实行,边防上已完全空虚,无法有效地防御了。朔州、君子馆接连失利,辽军纵横驰骋于河北平原。后来,在真宗咸平二年(999)四月,主客郎中、知虢州谢泌上疏,说:"唐姚崇献明皇启太平凡十事,雍熙末,赵普尝录以献,俄命普复入相,于时天下之人皆以为致太平之策,无出于此。寻而普病,又北狄扰边,所以因循未行其一事。"④

结果,《班师疏》成了赵普表达忠心的信物,也成了太宗宠待元勋的事例。这是令人叹息的。

---

① 《宋史全文》卷三,太平兴国五年十二月引《讲义》曰。
② 《水心别集》卷十《取燕一》。
③ 《习学记言序目》卷四十八《皇朝文鉴二·奏疏》。
④ 《长编》卷四十四。

第三节　第三次担任宰相

《班师疏》使赵普声名更高，一时间，其成了众望所归的宰相人选。

雍熙四年（987）二月，六十六岁的赵普移镇襄州（今湖北省襄樊市）。九月，太宗诏以来年正月有事于东郊，亲耕籍田。赵普上表，请求入觐，参加籍田之礼，"辞甚恳切"。太宗恻然，对宰相李昉说："普开国元臣，朕所尊礼，宜从其请。"

十二月，赵普到京城朝见，太宗召升殿慰抚。赵普见了太宗，不禁感咽，太宗亦为之动容。

太宗次子、开封尹、陈王元僖上疏说："普开国旧老，得参帷幄，厚重有谋，忠诚言事，不苟求恩顾以全禄位，不私徇人情以邀名望，此真圣朝之良臣也。窃闻憸巧之辈，朋党比周，众口嗷嗷，恶直丑正，恨不斥逐退徽以快其心。何者？盖虑陛下之再用也。然公谠之人，咸愿陛下复委之以政事，启沃君心，羽翼圣化，国有大事使谋之，朝有宏纲使举之，四目未察使明之，四聪未至使达之。官人以材则无窃禄，致君以道则无苟容，贤愚洞分，玉石殊致，当使结朋党以驰骛声势者气索，纵巧佞以援引侪类者道消，沈冥废滞得以进，名儒懿行得以显，大政何患乎不举，生民何患乎不康？匪逾期月之间，可臻清净之治。"[①] 太宗见到预定继位的儿子如此推崇，就准备重新启用赵普了。

端拱元年（988）正月，赵普参加了籍田之礼。二月，宰相李昉授右仆射罢政。赵普为太保兼侍中，吕蒙正为中书侍郎兼户部尚书、同平章事。

这时，赵普的《班师疏》朝野传颂，赵普以姚崇十事为号召，肩负

---

① 《长编》卷二十八。

重望入相，已是六十七岁高龄。太宗生怕他因此专权，特地对他说："卿勿以位高自纵，勿以权势自骄，但能谨赏罚，举贤能，弭爱憎，何忧军国之不治？朕若有过，卿勿面从，古人耻其君不为尧舜，卿其念哉！"与赵普并相的吕蒙正，时年四十五岁，是太宗即位后第一次科举——太平兴国二年时的状元，太宗十分信任，担心他威望不够，才以赵普为首相，"藉普旧德为之表率也"，又戒谕赵普不要专权。赵普明白这一点，与蒙正同在相位，常推许他。

赵普入相后，正立班宣制，工部侍郎、同知京朝官考课雷德骧听后，手执的朝笏不觉坠地。他儿子雷有邻，在太祖时曾上书告赵普，直接促成了赵普的罢相，他也因此得以复官，所以此时十分害怕，唯恐遭到卢多逊一样的命运。雷德骧便赶紧上疏乞归田里，又请对，向太宗陈述原因。太宗多方勉谕，并说："卿第去，朕终保全卿，勿以为虑。"雷德骧固请不已。太宗只好罢知京朝官考课，让他仍奉朝请，并特赐白金三千两，以慰其心。雷德骧总算得到了保全。

闰五月，赵普的次子、襄州衙内都虞候承煦，被任为六宅使。赵普入相后并没有为承煦求官，太宗特意任命，以表示尊宠。

七月，太宗对赵普说："卿耆年触热，固应不易。自今长春殿对罢，宜即归私第颐养，俟稍凉乃赴中书视事。"赵普顿首谢。[1]《玉壶清话》卷六记载此事："旧制，宰相报到，未刻方出户书。会岁大热，特许公（赵普）才午归第，遂为永制。"

端拱二年（989）四月，太宗到赵普家视疾，说明赵普的病已不轻。[2]自此以后，到淳化元年（990）正月为止，赵普虽为首相，但因病已不理中书之事了。所以，赵普第三次入相，时间虽有两年，真正在中书判事，不过一年左右。

---

① 以上见《长编》卷二十八，卷二十九。
② 此据《续通鉴长编纪事本末》卷十，今本《长编》无。

赵普在这一年时间内，主要做了三件事：罢黜枢密副使赵昌言等人，杀掉太宗亲信侯莫陈利用，策划西北边防之事。

枢密副使赵昌言和盐铁副使陈象舆、度支副使董俨、知制诰胡旦、右正言梁颢五人结成一伙，日夜在赵昌言府第聚会，京师人称之为"陈三更、董半夜"。有一个佣书人，名叫翟颖，素与胡旦亲狎。胡旦为翟颖"作大言狂怪之辞"，让翟颖上之。"其言多排毁时政，自荐可为天子大臣，及力举十数人皆公辅之器，昌言内为之助。"宰相李昉，受到他们的攻击，被太宗罢免。赵普秉政后，深为嫉恨这一伙人。端拱元年三月，开封尹许王元僖派亲吏仪赞廉得他们的罪状，捕翟颖入狱，由开封府判官张去华审讯，翟颖具伏其罪。太宗大怒，将翟颖决杖流海岛，责昌言为崇信节度行军司马，象舆复州团练副使，俨海州、旦坊州、颢虢州司户参军。

赵昌言是太宗心腹，太宗常想用他为相，赵普恶昌言刚戾难制，翟颖事发，便请求杀死赵昌言，太宗还是宽恕了昌言。赵昌言贬谪后，赵普又请求杀掉他，太宗不许。后来，淳化二年（991），赵普已罢相到西京，赵昌言起知蔡州。淳化四年（993）十月，赵普死后一年，赵昌言就做了参知政事。[①]

胡旦，就是在太平兴国八年（983）赵普罢相时，上书说"逆逊远投，奸普屏外"的人，并因此被太宗贬谪。可是，仅仅五年后，胡旦又升至知制诰。端拱元年三月胡旦再贬后，"坐擅离所部谒宋白于郇州，既被劾，特释之。徙绛州。稍复工部员外郎、直集贤院，迁本曹郎中、知制诰、史馆修撰"。[②]胡旦两次被贬，都是由于赵普，而太宗在两次贬后，都又任用他为知制诰，可见胡旦是被太宗看重的亲信。胡旦后来参与王继恩拥立元佐的阴谋，与太宗的信任和纵容是有关的。

---

① 《宋史》卷二百六十七《赵昌言传》。
② 《宋史》卷四百三十二《胡旦传》。

盐铁副使陈象舆，与赵昌言厚善。赵普为使相时，贻书台阁，体式皆如申状，得者不敢当，必封还之，独象舆不却。赵普受到怠慢，十分生气。[①]陈象舆敢与赵普抗礼，因为他也是太宗的亲信之一。

胡旦通过翟颖所上章，据称"其言多排毁时政"。是攻击太宗的时政吗？不会的，那样太宗早就会斥逐他了。可以推知，攻击的时政，必然是太祖时期的时政。因此，赵普打击赵昌言、胡旦一伙人，实际上是打击太宗亲信中企图扰乱时政、改变太祖之制的人。由于得到太宗之子陈王元僖的帮助，一时得以成功。

打击侯莫陈利用，是赵普为维护法制，向太宗亲信开的第二刀。

侯莫陈利用在太平兴国初卖药京城，因为"多变幻之术，眩惑闾里"，被太宗召见，"试其术颇验，即授殿直，骤加恩遇，累迁至郑州团练使"。这样一个江湖骗子，便一下子成了太宗亲信，"前后赐与，宠泽莫二"。利用因此非常恣横，无复忌惮，甚至"居处服玩，皆僭乘舆宫殿之制"。"依附者颇获荐用，士君子畏其党而不敢言。"赵普深为痛恨，为相后，在三月派人"廉得专杀人及它不法事，力于上前发之"。太宗只得遣近臣就案，利用具服。于是，诏除名，流商州，仍籍没其家。《责侯莫陈利用诏》指责他"结党潜诬于良善，在官但恣于逾违，恶迹满盈，丑声沸腾"。[②]但不久太宗又下诏，把家产还给侯莫陈利用。赵普预感到太宗又要起用利用。正巧，窦仪之子——殿中丞窦谭曾经监管过郑州的榷酤，当时对班列的同僚说："利用每独南向坐以接京使，犀玉带用红黄罗袋。澶州黄河清，郑州将用为诗题试解举人，利用判试官状，言甚不逊。"赵普听知后，召窦谭至中书，询问他所说情况，让他上疏告发利用。京西转运使宋沆，在初次抄没利用家财的时候，"获书数纸，言皆指斥切害"，也拿来上报。赵普获得侯莫陈利用这两件罪状后，对太宗说："利

---

① 《长编》卷二十九，端拱元年三月。
② 《宋大诏令集》卷二〇三。

用罪大责轻，未塞天下望，存之何益！"太宗说："岂有万乘之主不能庇一人乎？"赵普回答："此巨蠹！犯死罪十数。陛下不诛，则乱天下法。法可惜，此一竖子，何足惜哉。"这一番大道理，使太宗无话可说，不得已，只好下令赐死于商州。不久，太宗又后悔了，赶紧派使者前去解救，等赶到，侯莫陈利用已被磔于市矣。听说这件事的人，无不拍手称快。[①]这件事得罪了太宗亲信，有人便到处宣扬，说赵普在中书接见群官，"必语次寻绎有言人短长者。既退，即命吏追录之。事发，引以为证。由是群官悚息，无敢言者，中书事益壅蔽"。

处置侯莫陈利用时，与他交结的一些大臣也被责降。如《宋史》卷二百七十六《袁廓传》记载：

> 性夸诞，敢大言，好诋讦。判户部勾院。廓强项好争，数与判使等较曲直于上（太宗）前，声气俱厉，上每优容之。然勾稽精密，由是部领拥积，为郡吏所诉，诏御史辨问，廓谒见宰相赵普自理。属郑州团练使侯莫陈利用得罪，廓尝与利用书札往还稔昵。普谓之曰："职司常事，此不足云，与利用交结款密，于理可乎？"廓惊惭泣下，不能对。数日，出知温州。

太平兴国七年（982）五月，定难军留后李继捧献其所管辖的五州八县，归顺宋朝，并且全家到了京师开封。当时，李继捧的弟弟李继迁不肯顺从，起兵反抗。此后，李继迁虽然几经挫折，甚至连母亲也被宋军擒获，但是终于击败了宋军，雄据西北。宋朝廷虽然几次招谕李继迁，但他"终不肯降，益侵盗边境"。赵普为相后，在五月建议，仍旧让李继捧管辖夏台故地，让他去消灭李继迁。于是，太宗召当时任感德节度使（驻耀州，今陕西省铜州市耀州区）的李继捧赴阙。太宗亲书五色金

---

① 《长编》卷二十九，参见《宋会要·职官六四》之七。

花笺赐李继捧国姓——赵，改名保忠，授定难军节度使，将夏州等五州的钱帛、刍粟、田园等都赐给保忠，并派右卫第二军都虞候王杲领兵千人护送上任。《宋史》本传说："保忠反与继迁同谋为边患，时论归咎于普。普为时论所窥，不得专决。"这段记载出于《玉壶清话》卷六。吕中说："保忠之再入夏台故地，实普之谋也。后保忠反与保吉（即继迁）合，大为边患。何普能知符彦卿之不可与兵权，而不能知保忠之不可复归夏州耶？田锡尝言：李继迁不合与夏州，又不合呼亡为赵保吉，其切中时事之膏肓乎！"① 李焘辨证说："按保忠卒与继迁相结，此时未也，论者何咎普太早邪？又并言为同列所窥，当时吕蒙正及辛仲甫、王沔等也。按，普去后沔始专政，此时抑亦未敢。"② 至于赐李继迁夏州等五州，更与赵普无关。

赵普二月为相后，在三月遂黜赵昌言等人，杀死侯莫陈利用；五月，又策划处理了西北边防事宜，一时声威大震。太宗便在七月要他颐养身体，少管朝政。赵普也因身体不好，逐渐不理朝政，在家养病了。

端拱二年正月，三十六岁的右拾遗直史馆王禹偁上《御戎十策》，太宗深加叹赏，赵普尤其器重他。从此，赵普与王禹偁相识，成为忘年交。

七月，天上出现彗星，赵普早已在家养病，但是听到有人因为彗星出现，上书说是"合灭契丹"，鼓动太宗再行攻辽，于是不顾病体衰弱，在八月上了他的第二篇著名奏议《彗星疏》。在疏中，他历引《尚书·尧典》《汉书·天文志》《左传》《晋书·天文志》《蜀记》《梁书》《唐书》等前代史籍，说明彗星"合灭契丹"的说法是荒谬的，并说："臣所愿者，除旧布新之事，专乞陛下亲行；变灾为福之祥，乃为陛下已有。"他希望太宗勤修内政，则"多难兴王，传闻于往昔；殷忧启圣，实见于当今"。

---

① 《宋史全文》卷三，雍熙元年九月。
② 《续通鉴长编纪事本末》卷十，今本《长编》无。

同时，要求按前代惯例，罢免自己的宰相职务，以答天谴。太宗终于没有出兵攻辽，也没有罢免赵普。[①]吕中称颂说："以妖星合灭契丹，此司天之谀也，普力言之，得大臣格君之道矣。"[②]

南宋的林駉说："赵中令金匮藏书，鼎铛有耳，盖开国勋旧也。我太宗追念故绩，召居揆席，始终无怠焉。噫！太宗之恩固厚矣。而赵中令台论斥劾，略不敢肆，其自畏亦甚也。"[③]前半段话是一派吹捧之言，后半段话还算道出了一点真情。吕中指出："赵普之再入相也，与乾德之初入相不同。盖太祖时规模广大，故普慨然以天下自任而敢于事；太宗规模繁密，故普不免远嫌疑，存形迹，而救过之不暇。"[④]吕中已看出了赵普在太祖和太宗时为相之不同。

综观赵普晚年，虽因献"金匮之盟"，与太宗有了默契，太宗在表面上尊宠有加，得以保住了荣华富贵之地位。但是，他与太宗的关系，若即若离，是互相利用、互相提防的。因此，赵普虽两度为相，但时间总共不过四年，在政治上没有多大建树。由于赵普的声望和影响，太宗始终不愿让他久在相位，掌握大权，以免他权高震主。太宗时期，除即位初年的薛居正等三相外，其余为相者，都是两三年即被罢。相不久任，成为太宗加强皇权的一种办法。

第四节　赵普之死

自端拱元年（988）七月起，赵普的身体状况已明显地差起来。端拱二年（989），赵普六十八岁，病情日益加重。五月，赵普上疏说："臣

①　《皇朝文鉴》卷四十一，又见《诸臣奏议》卷三十七，《长编》卷三十。
②　《宋大事记讲义》卷四《灾异》。
③　《古今源流至论·后集》卷六《全功臣》。
④　《宋大事记讲义》卷四《宰相》；又见《宋史全文》卷三，端拱元年二月引吕中曰。

久萦疾苦，近者始获朝参，窃疑大限非遥，深恩未报，事当关听，敢不尽诚。"可知其病虽有好转，但已自觉不久于人世。在疏中，他极力推荐张齐贤说："齐贤素蕴机谋，兼全德义，从来差遣，未尽器能。虑淹经国之才，堪副济时之用，如当重委，必立殊功。"又以劄子说："齐贤德义，素为乡里所推，而又深知福业，谨择交游，中外卿士，举无出其右者。"七月，太宗以齐贤为刑部侍郎、枢密副使。

十月，赵普病情加重，只得请病假，在家休养。太宗多次到他家中探望慰问，赐予加等。十月七日，是太宗的生辰节——乾明节，赵普已经无力前去祝贺了。在王禹偁代作的《为乾明节不任拜起陈情表》中，赵普说："臣向婴羸疾，久免起居"，"曳履方艰于步武，捧觞实阻于欢呼"。①

淳化元年（990）正月，赵普因为病重，四次上表，请求致仕（退休）。这四表也都是王禹偁代作的。在五日上的《求致仕第一表》中，赵普说："知进知退，贤达之格言；有始有终，君臣之大义。"表明了要求退休的坚定意志。他又说："既责重以位高，果积忧而成病。今春（按，指端拱二年春，此表上于五日，作于端拱二年十二月）始于微恙，遂至沉疴。陛下终赐哀怜，多方治疗痊平。未几，步履犹艰。自兹特免常朝，仍司大政，无一言以裨圣听，无一拜以觐天颜。在中书则省吏扶行，羞看朝士；归私第则鸣驺前导，耻见都人。已为废疾之身，曷称具瞻之地。"因此，他要求允许他告老退休，以无妨贤路。《第二表》说："若兹死亡无日，未解弼谐之任，颇伤公共之朝，但冒宠于三台，终取笑于千古，是以恳求致仕。"十四日上的《第三表》说："臣闻老氏玄言，诫于知足；箕子洪范福尚考终。臣虽至愚，窃慕兹义。况才非王佐，位极人臣。出则拥上将军之鼓旗，贵居方面；入则佩大丞相之印绶，首冠台司。三代有赠官，诸子居贵仕。俸禄锡赉，聚之则何啻万金；

---

① 《小畜集》卷二十三，以下诸表均出此，不再另注。以上未注者，见《长编》卷三十。

官爵阶勋，数之则无非一品。""齿发衰残，形骸病弱，此而不退，是谓无厌。""若一旦溘先朝露，尚秉洪钧，则埋骨泉台，幽魂负愧，书名国史，后嗣何观？沥恳披肝，期于得请。"十八日，又上《第四表》说："伸告老之诚，实为暮齿。""明君之驭百官，各使得其所。是以壮而入仕，老而悬车，明有终也。""臣今日暮途穷，居常待终，气羸则药剂无功，手颤则粥杯难把。谓出纳惟允臣，则蹇涩于言词；谓股肱惟良臣，又艰难于步履。衰残之状，备对天颜；尸禄之愆，累烦圣听。实谋归骨，讵敢要君，鄙志不移，有死而已。"四表上后，太宗只得在二十一日罢去赵普的宰相职务，让他以守太保兼中书令，行河南尹，兼功德使，充西京（今河南省洛阳市）留守。

赵普在二十一日的任命下达后，当即又连上四表，辞让西京留守，请求退休。

他在《让西京留守表》中说："臣闻掌王八柄，是为生杀之权；分务两都，实总居留之地。顾惟老朽，曷称崇高。伏念臣出自孤寒，本非俊杰，久处秉钧之任，止因开国之期。""自遭沉疴，已逾新岁，启手足而能余几日，为股肱而深负明时，是以泣血挥毫，呼天抗表，愿罢万钱之俸，预营五尺之坟，尽是哀鸣，固非饰诈。岂惟陛下过私天眷，复降徽章，别开荀令之池，俾守周公之宅。荷君亲终始之分，近古殊无；守官阙宗庙之司，非才莫可。况臣手不能运，足艰于行，苟闻命以不辞，是舍轻而即重，前求罢相，皆是欺天，不惟受君子之诛，兼恐取樵夫之笑。有死而已，臣不敢当。"《第二表》说："所望尽停厚俸，高谢台司，随太平之老农，作皇家之旧相，是为大愿。""西都事繁，中分邦政，留守禄厚，十倍宰臣，臣若受之，是无厌也。岂止冒荣于当世，亦将取笑于后人。""伏望陛下存退人之大体，割念旧之小慈，赐以安车，期于就木，虽死之日，犹生之年。"《第三表》说："顾老疾之婴缠，荷圣恩之稠沓，因辞荣而受禄，是冒宠以沽名，泣血慭魂，下遑启处。""伏念臣去年抱病，久在中书，上有万乘聪明，下有三臣辅弼，臣安则署敕，困则高眠，尚多虚羸，不任来往。而况西京分务，百职具存，七世之庙甚严，万夫之政斯在，既非卧理之地，尚增尸禄之尤。且三千贯之俸金，数百家之赋调，夺其膏血，奉此衰残，虽曰优臣以恩，乃是速臣之死。兴言及此，苟活何为！”"伏望陛下容其告老，察以由衷，俾谐知足之心，尽寝已行之命。朝退夕死，臣无恨焉。"《第三表》上后，太宗派人送给赵普亲笔信，说："开国勋旧，惟卿一人"，"颐养洛阳，事光青史"。赵普便又上《第四表》说："步履艰难，言辞謇涩，不求致仕，是谓贪荣。""若须令赴任，不许罢官，尸素转多，忧劳速死，恐无益也，适足苦之。伏望陛下思一物失所之言，察匹夫不夺之志，寝兹成命，俾遂初心。则长往九原，免有冒荣之耻；更生一日，亦蒙载造之恩。"①

《第四表》上后，太宗令入内小底押班韩守英"载赐御札"。当晚，又令宰臣吕蒙正以下大臣数人，到赵普家中，宣读圣旨，又赐批答说："开国旧勋，惟卿一人，不同他等，无烦固辞。俟首途有日，当就与卿别。"赵普无奈，只好让王禹偁作表呈上，要求"稍俟有瘳，以膺成命。谨当遍求良药，精疗沉疴。恳愿未间，忧惶失次"。二月，太宗允许赵普过了清明节，选日朝辞，仍令乘檐子于崇政殿入见。②

三月，赵普病稍见好，"力疾请对，赐坐移晷，颇言及国家事"。太宗一一答应采纳，但后来毫无实际行动。三月二十日，赵普要出发了，太宗到赵普府第看望。又宣命，派赵普长子、左羽林大将军承宗送他到西京；令赵普次子承煦随他到西京侍疾，仍不落请受，给俸。赵普保举刘昌言为西京通判，太宗同意，予以任命。到西京后，赵普便把政事全部托付给刘昌言去处理。③

其后，太宗自从在开封府时即开始让人收集并编纂的《太平圣惠

---

① 《宋会要·礼四七》之二，又《礼四七》之一；《东都事略》本传；《长编》卷三十一；《续通鉴长编纪事本末》卷十。

② 同上。

③ 《长编》卷三十一，《小畜集》卷二十三，《东都事略》卷三十六《刘昌言传》。

方》，历十五年时间，成书一百卷。太宗将模印好的第五十一卷至一百卷并排门目录一卷，共五十一册，都用紫绫装褫，黄绢作签，让进奏院递到西京，赐给赵普。赵普让王禹偁代他作表感谢。《太平圣惠方》一百卷，到淳化三年（992）五月，才以印本颁天下，听吏民传写。

淳化二年（991）七月，是赵普七十岁生辰，太宗特地派他的长子承宗携带手诏并生辰礼物到西京赐给他，"衣袭六宫之制，器分三品之珍，出鞍马于内闲，分彩缯于天府"。承宗返京复命后不久，即死去，年方四十一岁。年老多病的赵普，得知承宗死讯，分外伤感，遂致卧床不起，病情恶化。

十月，寿宁节将到，赵普已无法起身，让王禹偁代他作了《为寿宁节不任朝觐奏事状》，说："二年伏枕之余，历夏经秋，有增无减，莫预欢呼之会，仅成病废之身。"赵普因为病重，预感到不久于世，担心他的侄子仕进无阶，又上了《奏侄男表》，请求授予跟随了他三任、在西京留守衙内任职的侄子官职。太宗览表后，"不循常例，特降殊恩"，授赵普之侄大理评事。这个侄子，大约是赵普二弟赵贞的儿子，因赵贞死得较早，所以一直跟随赵普。①

淳化三年（992）二月，七十一岁的赵普令西京通判刘昌言代其三次上表，要求致仕（退休）。三月乙未朔，"以普为太师，封魏国公，给宰相俸料（仍发给宰相的薪水），令养疾，俟愈日赴阙"。还派遣赵普的弟弟、宗正少卿赵安易将诏书去赐给他②。

四月，太宗特派使者到西京，赐赵普羊酒，并带去手诏问劳。手诏不名，说："皇帝问太师，顷以微疴，恳求引退，朕以据守二宅之重，中书八柄之剧，虑其职务，尚烦耆耋，爰改维师之秩，用谐就第之安，解簿领之纠纷，加药石之治疗。公家之事，不挠于襟灵；师臣之心，益

---

① 《小畜集》卷二十三，卷二十四。
② 《续通鉴长编纪事本末》卷十，《宋史》本传。

劳于瘝瘵。必应闲适，已遂康宁。行闻有瘳，与朕相见。今遣使往彼抚问，仍赐饲羊上樽，具如别录。太师其爱精神，近医药，强饮食，以副朕眷注之意焉。"①

七月，又到了赵普生辰。这时，赵普已罢中书令，按惯例是没有生辰礼物赐给的。太宗特意派他的侄女婿、左正言、直昭文馆张秉前去，赐给他生辰礼物。赵普听到消息，又思念起承宗来，张秉未到，赵普已经病危了。十四日，赵普病故于西京洛阳，终年七十一岁。

七月十八日，太宗得知消息，表示悲悼，并对近臣说："普事先帝与朕，最为故旧，能断大事。向与朕尝有不足，众人所知。朕君临以来，每待以殊礼，普亦倾竭自效，尽忠国家，社稷臣也。闻其丧逝，凄怆之怀，不能自已。"说着说着，流下了眼泪，"左右皆感动"。太宗下令，赠赵普尚书令，追封真定王，②谥忠献。太宗派右谏议大夫范杲摄鸿胪卿，护丧事；下令：葬日，设卤簿鼓吹如式。太宗又亲撰神道碑，亲自书写，赐给赵普家属。

赵普的两个女儿，都是和氏所生，这时均已成年，封为郡主。和氏上言太宗，说两个女儿都愿当尼姑，太宗再三劝谕，不能夺其志，便赐长女名志愿，号智果大师；次女名志英，号智圆大师。

赵普次子承煦，这时二十九岁。太宗封为官苑使，领恩州（今河北省清河县西）刺史。

淳化四年（993）二月，有司备卤簿，葬赵普于洛阳北邙之原，附祭于他家族的祖庙中。

临终前，赵普还对廷美之事耿耿在念。两宋之交的百岁老人撰《枫窗小牍》卷上记载：

---

① 《宋会要·礼四七》之二，又《礼四七》之一。参见《宋史》和《东都事略》本传。

② 《宋会要·仪制一一》之二、《一三》之八，《宋史》本传，《长编》卷三十三等，均作真定王。《东都事略》本传和《名贤氏族言行类稿》卷三十八《赵普》作真定郡王，恐误。

　　赵韩王疾，夜梦甚恶，使道流上章禳谢。道流请章旨，赵难言之，从枕跃起，索笔自草曰："情关母子，弟及自出于人谋；计协臣民，子贤难违乎天意。乃凭幽祟，逞此强阳，瞰臣气血之衰，肆彼魇呵之厉。倘合帝心，诛既不诬管蔡；幸原臣死，事堪永谢朱均。"云云。密封，令勿发，向空焚之。火正燕亟，而此章为大风所掣，吹堕朱雀门，为人所得，传诵于时。竟不起。

　　这段记载，好似小说家言，很难令人相信真有其事。但是，却可以反映出士大夫阶层为廷美的事深深追咎着赵普。人之将死，其言也善。在生命即将终结的时候，赵普回想起帮助太宗打击廷美的事，会有愧于心的。

第八章　赵普的学识及为人

第一节　赵普的学识与著述

（一）赵普的学识

赵普出身于小吏世家，青少年时代又是在动乱迁徙中度过，所以早年读书不多，不博知。这是史籍一致记载的。

《神道碑》说，赵普"性本俊迈，幼不好学"。《宋史》本传说："普少习吏事，寡学术。"《隆平集》卷四《赵普传》说他"初无学术"。《五朝名臣言行录》卷一和《长编》卷七记载，赵普"初以吏道闻，寡学术"。《孙公谈圃》卷上说他"未尝以文称"。《直斋书录解题》卷十七记载："普开国元臣，不以文著。"这些记载，一致指出了赵普早年不博知的特点。这一点还可以从下面几件事例进一步得到证实。

《湘山野录》卷中记载：

> 太祖皇帝将展外城，幸朱雀门，亲自规划，独赵韩王时从幸。上指门额问普曰："何不只书朱雀门？须著之字安用？"普对曰："语助。"太祖笑曰："之乎者也，助得甚事！"

《邵氏闻见录》卷一的记载，对话略同，只是作"明德门"。南宋的孙奕所著《履斋示儿编》卷十二，引《杨文公谈苑》的记载，与《湘山野录》的记载相同；孙奕也注意到了《邵氏闻见录》的记载不同，说："明德与朱雀，二名不同，未知孰是。"

马永卿《嬾真子》卷三记载：

> 今印文榜额有之字，其来久矣。太初元年夏五月，正历以正月为岁首，色尚黄，数用五。注云：汉用土数五，五谓印文也。若丞相曰：丞相之印章。诸卿及守相印文不足五字者，以之字足之。……后世不然。印文榜额有三字者足成四字，有五字者足成六字，但取其端正耳，非字本意。

《履斋示儿编》卷十二引用了马永卿这段记载后说："惜乎！韩王生于马大年之前，不及举是说以敷陈之。"马大年即马永卿，是北宋末年的人。他记印文五字一条，南宋初年的袁文在《瓮牖闲评》卷三已驳之，认为："今既不尚土德，又不用五数，奈何以此责今人，谓印文只取端正而不用五字乎！"

邓拓同志据《邵氏闻见录》的记载说："可见赵普的文化水平不高，连拟定一个门楼的榜额都不会，罗里罗索地叫做什么'明德之门'。"[1] 总之，这件事的确反映出赵普对于典故不熟悉，知道得不多，文化水平不高。这是太祖初年的事情。

《玉壶清话》卷二记载：

> 王宫保溥，……教其子贻孙，尤负奥学。上尝问赵韩王曰："男尊女卑。男何以跪而女不跪？"历问学臣，无有知者。惟贻孙曰："古者男女皆跪，至天后世，女始拜而不跪。"韩王曰："何以为质？"贻孙曰："古诗云：长跪问故夫。"遂得振学誉。

这件事，《宋史》卷二百四十九《王溥传》和《石林燕语》卷一也

---

① 《燕山夜话》合订本，第401—402页。

记载了。这件事不仅反映出赵普学问不博，而且反映出宋初的学臣大都不大博知。

《宋朝事实》卷十一记载：

> 太宗将南郊，彗星见。宰相赵普召检讨杜镐问之。镐曰："当祭，日食犹废祭。谪见如此，罢祀不疑。"遂从其说。

从这件事可以看出，直到晚年，赵普对于天人感应一类的事情还是拿不准的。

关于这一类的记载，在宋人的笔记小说中还可以找到一些。应当注意的是，宋人所说"不博知"，是指书本知识，指历代典故，而不是指实践经验。赵普以吏道闻名于世，行政管理工作的实践经验是很丰富的。建隆元年李筠、李重进反抗时，赵普曾引兵法及历史上的诸葛亮、诸葛诞、袁绍等人之事，向太祖分析形势，可见他在早年对兵法和史书还是读了不少的。有实践经验，重视治国的实际知识，这是赵普能够成为太祖主要辅臣的学识基础。

由于赵普早年读书不多，知识不广博，又是宋初的开国元勋，因此便有"半部论语治天下"的传说附会在他身上。甚至凡提到赵普，就要说起"半部《论语》治天下"的故事。1962 年，邓拓同志曾写一篇短文，以"半部《论语》治天下"作为一个读书少而精的例子加以推崇；1974 年，就有人借此大做"评法批儒"文章，攻击邓拓同志[1]。因此，这个传说的真伪及其形成过程，很有必要详加探索。

"半部《论语》治天下"的故事，据笔者所知，最早出自南宋人的记载，而且在南宋中后期。

较早的是领嘉定（1208—1224）中乡荐的林駉的记载。《古今源流

---

[1] 《燕山夜话》合订本，第 401—404 页；卞石中：《批半部论语治天下》。

《至论》前集卷八《儒史》载：

> 赵普，一代勋臣也，东征西讨，无不如意，求其所学，自《论语》
> 之外无余业。

在这段话下面，有小注："赵普曰：《论语》二十篇，吾以一半佐太
祖定天下。"

宝庆二年（1226）进士罗大经撰《鹤林玉露》乙编卷一记载：

> 杜少陵诗云："小儿学问止《论语》，大儿结束随商贾。"盖以《论
> 语》为儿童之书也。赵普再相，人言普山东人，所读者止《论语》，
> 盖亦少陵之说也。太宗尝以此语问普，普略不隐，对曰："臣平生所知，
> 诚不出此。昔以其半辅太祖定天下，今欲以其半辅陛下致太平。"普
> 之相业，固未能无愧于《论语》，而其言则天下之至言也。朱文公曰：
> "某少时读《论语》，便知爱。其后，求一书似此者，卒无有。"

黄震（1213—1280）著《黄氏日钞分类》卷五十记载：

> 国朝开国元勋无如赵韩王，守成贤相无如李文靖（真宗时宰相
> 李沆）。韩王每断大事，惟读《论语》，曰："佐艺祖定天下，才用得
> 半部！"文靖作相，亦尝读《论语》，曰："节用爱人，使民以时两句，
> 尚未能行。"呜呼！必若是，斯可言大臣之读书矣。

端平（1234—1236）中尝知江州的赵善璙著《自警编》卷一记载[①]：

---

① 元人张光祖《言行龟鉴》卷一《学问门》，即据此而扩编，见《四库全书总目提要》卷
一百二十三《子部·杂家类七》。

太宗欲相赵普，或谮之曰："普山东学究，惟能读《论语》耳。"太宗疑之，以告普，普曰："臣实不知书，但能读《论语》，佐艺祖定天下，才用得半部，尚有一半可以辅陛下。"太宗释然，卒相之。

但是，现在所能见到的最早记载"半部《论语》治天下"说的，当属龚昱编《乐庵语录》，该书成书于淳熙五年（1178）以前[①]。《乐庵语录》卷五记载：

先生所至授徒，其教人无他术，但以《论语》朝夕讨究，能参其一言一句者，莫不有得。或曰："李先生教学且三十年，只是一部《论语》。"先生闻之曰："此真知我者！太宗欲相赵普，或谮之曰：'普山东学究，惟能读《论语》耳！'太宗疑之，以告普，普曰：'臣实不知书，但能读《论语》。佐艺祖定天下，才用得半部！尚有一半，可以辅陛下！'太宗释然，卒相之。"

《乐庵语录》以下四书所载，大略相同，观其记述，非出自撰，应有所本。考之史册，确有其源。

《宋史》本传记载：

晚年手不释卷，每归私第，阖户启箧取书，读之竟日。及次日临政，处决如流。既薨，家人发箧视之，则《论语》二十篇也。

本传的论赞说："家人见其断国大议，闭门观书，取决方册，他日窃视，乃《鲁论》耳。"

《东都事略》本传记载：

当其为相，每朝廷遇一大事，定一大议，才归第则亟阖户，自启一箧，取一书，而读之有终日者，虽家人不测也。及翌旦出，则是事决矣。用是为常。后普薨，家人始得开其箧而见之，则《论语》二十篇。

《铁围山丛谈》卷三记载：

当其（指赵普）为相时，每朝廷遇一大事，定大议，才归第，则亟闭户，自启一箧，取一书，而读之有终日者，虽其家人莫测也。及翌旦出，则是事必决矣。用是为常。故世议疑有若子房解后黄石公事，必得异书焉。及后王薨，家人始得开其箧而视之，则《论语》二十卷。

《宋大事记讲义》卷四《宰相》记载：①

赵中令欲决大事，则读《论语》终日；李文靖亦曰：为宰相如"节用爱人，使民以时"两句，可终日行之。圣人之言，其有益于人也如此。一《论语》也，张禹以之而误成帝，何晏以之而祸西晋，书惟在人善用耳。

《东都事略》作者王称，是南宋初年的人，其父王赏曾为实录修撰。《铁围山丛谈》作者蔡絛是北宋末年大奸臣蔡京的小儿子，两宋之交的人。吕中则主要生活在理宗（1225—1264）时期，但他是据记载而发议论的。《宋史》所记，与《东都事略》有差异，未知是否《国史》原文。综合诸书所载而观之，"半部《论语》治天下"的故事，源出于史籍所

---

① 又见《宋史全文》卷四，淳化三年七月，引吕中曰。

载赵普读《论语》决断大事，至少在北宋末年已广为流传，这是可以肯定的。但其中的具体演变情况，已经弄不清了。

"半部《论语》"说是否可信呢？《赵普神道碑》和现存的《长编》，都没有记载"半部《论语》"的说法，也没有提及赵普读《论语》。事有可疑。赵普在太宗时两度为相时，太宗早已熟知他，也未有因为他读书少而犹豫的事，而是在政治上有求于他才起用他的，这和"半部《论语》"故事所说完全不同。从两宋历史情况来看，"半部《论语》"的故事，显然是在理学诞生以后，理学家们为抬高《论语》的地位，附会到赵普身上的。这个故事很生动，便在以后数百年间，为儒生们津津乐道，遂致广为流传，几成定论。但实在是不可信以为真的故事。

北宋初年，《论语》的地位并不太高。据《太宗实录》卷三十三所载雍熙二年（985）四月丙子的诏书，《论语》是作为与《尔雅》《孝经》并列的三小经，科举考试时，附于周易、尚书、明法三科的。《论语》地位与《五经》（易、书、诗、礼、春秋）并驾齐驱甚至凌而过之，是在南宋朱熹撰《四书集注》（《论语》《中庸》《大学》《孟子》）之后的事。宋初士大夫称引《论语》者很少见到。现存的赵普的《班师》《彗星》及《上太祖请行百官考绩表》，还有保存在《小畜集》中的表状之属三十篇，都没有称引《论语》，甚至连孔子的话也没有引用过一句。说赵普只读《论语》，令人无法首肯。

从赵普学识增长的情况来看，"半部《论语》"说也是不可信的，因故事中说赵普只读《论语》。

赵普早年读书不多，但入宋尤其是为相以后，却很注意勤奋学习，学识大为长进，晚年颇为渊博，不再是早年不博知的情况了。

赵普入宋后，在中枢长达十四年以上，有丰富的官藏图书可供阅读，有条件看书学习。这是有利于他学习的环境条件。

太祖好读书，常劝勉臣下读书。早在追随周世宗攻打淮南时，太祖就曾经购得大批图书运回；他"性严重寡言，独喜观书，虽在军中，手不释卷"。[①] 建隆三年（962）二月，太祖对近臣说："今之武臣，欲令尽读书，贵知为治之道。"《后山谈丛》卷四记载："太祖常幸秘书省，召管军官，使观书焉。"因此，太祖重视儒臣。《宋朝事实》卷二记载，太祖有"宰相须用读书人"的慨叹；此事又见于《归田录》卷一、《长编》卷七《能改斋漫录》卷三，记载略同。《范太史集》卷十四《劝学札子》载："太祖皇帝以神武定四方，创业垂统，日不暇给。然晚年尤好读书，尝曰：'宰相须用读书人。'"在儒臣中，太祖重视的是有吏治才干的儒臣，以致陶榖发牢骚说："堪笑翰林陶学士，一生依样画葫芦。"[②] 但是，太祖"宰相须用读书人"的慨叹，反映出他对于读书学习的重视和提倡。朱熹曾说："国初人便已崇礼义，尊经术，欲复二帝三代，已自胜如唐人。"[③] 就是说的宋初重视学习经史的风气。

赵普是太祖的心腹股肱之臣，太祖更是常劝他多读书了。《宋史》本传说："及为相，太祖常劝以读书，晚年手不释卷。"《玉壶清话》卷二的记载，更为详细：

> 太祖尝谓赵普曰："卿苦不读书，今学臣角立，隽轨高驾，卿得无愧乎？"普由是手不释卷。然太祖亦因是广阅经史。
>
> 聂崇义，建隆初拜学官，河洛之师儒也，赵韩王尝拜之。

《诗话总龟》卷三十九，引《云溪友议》，也记载了赵普拜聂崇义之事。

赵普"以天下事为己任"，自誓"当以身许国"，为了治理天下，汲取鉴戒，主观上也想勤奋学习。他读的书，以史书为多，很注意历代名臣事迹。从他的奏议中可以看出，诸如《左传》《史记》《汉书》等正史，他是很熟悉的；主父偃、姚崇等名臣的议论，他是很留意的。由于他的

---

① 《长编》卷七，乾德四年五月。
② 《续湘山野录》。
③ 《朱子语类》卷一百二十九《本朝自国初至熙宁人物》。

勤奋学习，学识大为长进，在奏疏中常常广征博引，援古论今，颇为该博。所以《神道碑》说："及至晚岁，酷爱读书，经史百家，常存几案，强记默识，经目谙心，硕学老儒，宛有不及，既博达于今古，尤雅善于谈谐。"从这些记载中也可以看出，说赵普只读《论语》一书，是多么地荒谬了。

赵普在宋初政治中能够发挥巨大的作用，与他的勤奋学习，不断提高学识水平和治国才能，是有很大关系的。《宋史》本传的论赞即说："昔傅说告商高宗曰：'学于古训乃有获，事不师古，以克永世，匪说攸闻。'普为谋国元臣，乃能矜式往哲，蓍龟圣模，宋之为治，气象醇正，兹岂无助乎！"

（二）赵普的著述

赵普的著述，史籍记载的不多，有如下几种：

1.《龙飞日历》

赵普自己写的书，见于史籍的仅有一种，就是《龙飞日历》，记载太祖陈桥兵变、夺取政权的事。这本书的名字多歧，宋人记载即不同。

袁本《郡斋读书志·后志》记载：

> 《龙飞日历》一卷。右皇朝赵普撰，记显德七年正月艺祖受禅事。是年改元建隆，三月，普撰此书。普时为枢密学士。

《通考》卷一百九十六《经籍二十三·史部传记类》，引《郡斋读书志》（衢本），同于袁本，仅将赵普撰书的时间作二月。此条见衢本《读书志》卷六《杂史类》，实作三月。

《通志》卷六十五《艺文三·史部杂史》记载："《宋世龙飞故事》一卷。"《宋会要·选举三二》之二一作：《皇宋龙飞故事》。

《宋史》卷二百零三《艺文二》记载："赵普《飞龙记》一卷。"《长编》卷一，在记载太祖受禅之事时，在注中引用了赵普《飞龙记》一书。

《玉海》卷四十七《艺文·杂史》载：

> 建隆《龙飞日历》，一卷。赵普记显德七年正月艺祖受禅事。是
> 年改元建隆，三月，普撰此书。普时为枢密学士。

卷五十一《艺文·典故》载：

> 书目：《龙飞故事》一卷。集贤院大学士赵普记载太祖飞龙
> 故事。

从《玉海》的记载看，《龙飞日历》和《龙飞故事》，卷数相同，都
是赵普所撰，所记内容也相同，应是一书二名。而清代史学家钱大昕说：
"赵普《飞龙记》一卷，亦名《龙飞日历》。"[①]是有道理的。如此，《龙飞
日历》《龙飞故事》《飞龙记》，实是一书三名。赵普亲自指挥了陈桥兵
变，事后记载兵变事，是不奇怪的。大概最初是按日记载太祖夺权的经
过，故名为《龙飞日历》。后来在传抄和刻印过程中，书的名字被略加
改动，便有《飞龙记》《龙飞故事》等书名出现了。

明初修《永乐大典》时，录入此书，用的是《飞龙记》一名；同时，
还录入《艺祖受禅录》和《景命万年录》二书。《四库全书》仅存其目，
未录其书。《四库全书总目提要》卷五十二《史部八·杂史类存目一》
记载：

> 《艺祖受禅录》一卷，旧本题宋赵普、曹彬同撰。记太祖初生及
> 幼时事特详……。
> 《龙飞记》一卷，旧本题宋赵普撰。书作于建隆元年，盖太祖即

---

① 《廿二史考异》卷七十三《艺文二·传记类》。

位之初也。然普既有《受禅录》，何以又为此书？疑与《受禅录》皆后人所依托，以普及曹彬为文武佐命，各假其名耳。

《景命万年录》一卷，不著撰人名氏。记太祖受禅之事，略与赵普《龙飞记》同，而叙得姓及前数代事特详……。

由上述而知，三本书记述各有侧重，不是一书。《四库提要》以有《受禅录》，便怀疑《龙飞记》不是赵普所撰，失之无据。说赵普与曹彬是文武佐命，亦误。若说假借普、彬之名，只能是因为二人均配享太祖庙庭。曹彬并未参加陈桥兵变，怎能成为佐命呢？《景命万年录》和《受禅录》二书，宋人所撰无疑，但在宋代均未题撰人。《通考》卷一百九十六《经籍二十三·史部传记类》将二书并列，下引晁氏曰："未详撰人，记赵氏世次，艺祖历试迄受禅事。"可见，《受禅录》一书，在宋代本来没有题作"赵普、曹彬同撰"。《永乐大典》录入时已作赵曹同撰，则这个题名的出现，是元代的事了。所以，《受禅录》不是赵普所撰，更与曹彬无关。《龙飞记》的书名，也当出自元代，是《龙飞日历》的又一次改名。《龙飞日历》一书，宋人并无疑惑之语，应是赵普所撰无疑。

据北宋人写的《道山清话》记载，陶毅撰《开基万年录》一书，或者就是《景命万年录》？

《龙飞日历》一书，《四库全书总目提要》入"存目"。笔者曾多方查找，仍杳如黄鹤，未知尚有存世者否？在《佛祖统记》卷四十三，还存留了《龙飞日历》的一段文字：

> 先是，民间有得梁志公铜牌记云："有一真人起冀州，开口张弓在左边，子子孙孙保永年。"江南李主，名其子曰弘冀；吴越钱王诸子，皆连弘字，期应图谶。及上（太祖）受禅，而宣祖之讳正当之（原注曰：太祖皇考，上弘下殷，追谥宣祖）。赵普《皇朝飞龙记》。

据《佛祖统记》所注，上述记载引自蔡氏《丛谈》。而今本蔡絛《铁围山丛谈》中，实不见有引赵普《飞龙记》的文字，不知何时佚去。

2. 赵普的文集

据宋人记载，赵普的文集共有四种本子：

（1）奏议本。

《遂初堂书目》记载有"赵韩王谏稿"，未注卷数。《直斋书录解题》卷十七《别集类中》，说《中兴馆阁书目》记载有赵普《奏议》一卷。《宋史》卷二百零八《艺文八》记载的"赵普奏议一卷"，当是出于《馆阁书目》。

（2）三卷本文集。

袁本《郡斋读书志》卷四下记载："《赵韩王集》三卷。"此又见于衢本《读书志》卷十九《别集类下》。赵希弁在袁本卷五下《附志》中，说到他藏有三卷本文集一册，其内容是：列刘昌言所作《行状》于前；记一，表疏二十九，附手诏批答五；奏状、札子二十五，附御诗二十一；启状十，词帖三。

（3）五卷本文集。

据袁本《读书志》卷五下《附志·别集二》记载，是赵希弁以其家藏的三卷本文集，增加了"《谢请班师批答》一表，《贺平江南》一表，及与诸公遗书"等六十八篇，重新编集而成。其内容是：以太宗皇帝《御制神道碑》冠于帙首，并《行状》为一卷；次以记；又次以表疏；又次以奏状，札子；又次以启状，词帖，成五卷。实际上，赵普的文字只有四卷。

（4）十卷本文集。

南宋史学家李焘所编，并为之作序，名为《赵韩王遗稿》，共十卷，见录于《直斋书录解题》卷十七《别集类中》，是麻沙书坊刊本。据《直斋书录解题》，其内容是："末有刘昌言所撰行状，奏议止十篇，余皆表状之属也。"《通考》卷二百三十三《经籍六十·集部别集类》所引的李燾的序说:"王禹偁尝赋诗哭普,谓其章疏,与夏训、商谟相表里。本传独载普谏伐幽州,辞多删润,每恨弗见其全。网罗搜索,久乃得普遗文,而幽州之奏咸在,后有论星变及荐张齐贤二奏,其言谆谆,要本于仁。呜呼,贤矣! 禹偁褒赞,谅不为私,而史官简编,诚可叹息。乃次第其遗文,以传于世。其四六表状,往往见禹偁集,盖禹偁代作也。虽禹偁代作,必普之心声云耳,因弗敢弃。顾草疏决不止此,当博求而附益之。"

王禹偁诗见《小畜集》卷九,是赵普挽歌的第五首,诗曰:"陶镕存庶汇,霖雨润寰区。旧疏同伊训,遗章入禹谟。"据李燾的序,十卷本文集把王禹偁代作的表状也编了进去。比较一下就可以看出,所谓十卷本,其内容尚不及三卷本多。所以,宋人所编的赵普文集,以五卷本搜集最多。

上述四种文集,《四库全书总目提要》没有著录一种,大约在清代已不复存在了。厉鹗《宋诗纪事》卷二《赵普》条,说他有集。不知厉鹗是确实见过,还是据史籍而言。反正到今天,四种文集已经都看不到了。

《建炎以来系年要录》卷六十一,绍兴二年十二月记载,吕颐浩说尝见太祖与赵普论事书数百通。但未见其他宋代史籍提及。今日所见,只有《东原录》中,有太祖批答赵普奏一通而已。这几百通论事书,四种文集均未收入。

赵普的四种文集虽然今已不存,但其中的文章,还保留下来一部分。按五卷本检查:卷一的刘昌言作的《行状》,李燾写《长编》时引用过,今已不存;太宗撰的《神道碑》,可以在《宋朝事实》卷三和《名臣碑传琬琰集删存》卷一看到。卷二的记和卷五的启状和词帖,都已不存。卷三的表疏,原来有三十一篇,现在存留的有:《班师疏》,《彗星疏》,《谢请班师批答表》,《上太祖请行百官考绩表》,《荐张齐贤表》等五篇。陈振孙说是"天下至今传颂"的二疏,《班师疏》见于《邵氏闻见录》卷六、《三朝北盟会编》卷一（系录自《邵氏闻见录》）、《诸臣奏议》卷一百二十九、《皇朝文鉴》卷四十一、《宋史》和《东都事略》本传、《长编》卷二十七、《太平治迹统类》卷三等处，以《邵氏闻见录》所录最为完整;《彗星疏》见于《皇朝文鉴》卷四十一、《诸臣奏议》卷三十七、《长编》卷三十等处。《谢请班师批答表》，见于《宋史》本传、《长编》卷二十七、《太平治迹统类》卷三等处。《上太祖请行百官考绩表》，仅见于《诸臣奏议》卷七十二。《荐张齐贤表》，见于《诸臣奏议》卷四十六、《长编》卷三十、《太平治迹统类》卷三等处。卷四的奏状、札子，即李焘所说的"表状之属"，五卷本有二十五篇，十卷本大大超过此数；现存者，只在《小畜集》卷二十三和卷二十四保存有王禹偁代作的三十篇。看来，五卷本的二十五篇，不在此内。

3. 赵普的诗

赵普的四种文集里，都没有提到他有诗，仅三卷本说他有词帖三。《宋诗纪事》卷二，引自《陆氏善鸣集》，录有赵普《雪中驾幸敝庐恭记》一诗，是一首五言十五韵的长诗。厉鹗在诗后的按语说："此诗出近人陆次云选本，不知其何所据。且殷字是宣祖庙讳，普不应犯。姑存之，以俟考。"现把这首诗全文抄录于下，以供大家研究。

雪中驾幸敝庐恭记

贞元重数英，滕六剧菲葩。

漠漠初濡础，皑皑欲聚沙。

间阎银作界，宫阙玉为家。

调鼎惭盐撒，沾温觉絮加。

端凝三殿瓦，欣动五云车。

冰柱撑茅屋，琼枝拥翠华。

微行停跸警，冷漏静街哗。

具野曾无隗，磻溪岂问牙。

公然门驻辇，那信室盘蜗。

积素堪麟画，飞黄想兔罝。

一庭看素练，十道趣宣麻。

戎索筹先后，雄才辨等差。

神威殷地轴，御指落天花。

袁卧甘朝稳，裴功敢夜夸。

雪山行献瑙，早晚列星槎。

第二节　赵普的为人

二十世纪最伟大的科学家爱因斯坦曾经说过这样的话："领导人物的道德品质比之他们纯粹的智慧结晶对于一代人以及对于历史进程也许有更巨大的意义。"[①]事实的确如此。因此，我们在研究历史的时候，不能不对那些在历史上居于领导地位的人们的个人品质予以关注，由此而产生了许多历史的偶然性。赵普，作为宋初的领导人物之一，也有必要对他的为人进行研究，以了解他的道德品质。

赵普的为人，有其长处，也有其短处，这些都毋庸讳言。

赵普值得称颂的优点，主要有三条：以天下事为己任，能举贤任能，不为子弟求恩泽。

《宋史》本传说："普性深沉有岸谷，虽多忌克，而能以天下事为己任。宋初，在相位者多龌龊循默，普刚毅果然，未有其比。"赵普在青年时代，便钦慕唐太宗的统一事业；执政中枢以后，有意效法盛唐名相姚崇，做一番事业。他长于吏道，"智深如谷"，"划旧布新"，[②]"十年居

---

① 转引自杨振宁《读书教学四十年》，第38页。
② 《清容居士集》卷十七《刘敏叔画八君子图赞·赵普图赞》。

调鼎之司，帷幄伸谋，股肱宣力"。①南宋史臣洪迈说："赵韩王佐艺祖，监方镇之势，削支郡以损其强，置转运、通判，使掌钱谷以夺其富，参命京官知州事以分其党，禄诸大臣于殿岩而不使外重，建法立制，审官用人，一切施为，至于今是赖。"②他策划制定了开国政策，坚持循制而行，以求安定致治；但是，他又并不保守，王禹偁在《御戎十策》中的变法主张，他深为赞赏，这是很不容易的；晚年，他还不惜触犯太宗亲信，坚持维护法制。这一切，都反映出赵普时时以天下事在念，为赵宋国家的繁荣，进行了不懈的努力。当然，他是在为他的阶级服务，为封建政权操劳，这乃是时代和阶级的烙印决定了的。然而，他以天下事为己任的精神，无疑还是有着借鉴意义的。所谓"天下兴亡，匹夫有责"，也就是这个意思。

赵普能够举贤任能，"人之有技，若己有之"，"人所当用，虽万乘之怒不移"。③欧阳修曾在《上杜中丞论举官书》中说："修尝闻长老说，赵中令相太祖皇帝也，尝为某事择官，中令列二臣姓名以进，太祖不肯用。它日又问，复以进，又不用。它日又问，复以进。太祖大怒，裂其奏掷殿阶上。中令色不动，插笏带间，徐拾碎纸，袖归中书。它日又问，则补缀之复以进。太祖大悟，终用二臣者。彼之敢尔者，盖先审知其人之可用，然后果而不可易也。"④《涑水记闻》卷一和《宋史》本传也有相似的记载。

从史籍记载看，赵普举荐和赏识的人不少。南宋刘克庄《后村诗话》续集卷二说："本朝大臣多怜才好士，如赵中令于王黄州……。"王黄州即王禹偁。赵普赏识的人很多，现据史籍记载，缕述如下。

辛仲甫，《宋史》卷二百六十六有传，说他"少好学，及长，能吏

---

① 《宋大诏令集》卷六十五《赵普罢相授使相制》。
② 《容斋随笔》卷七《佐命功臣》。
③ 《宋大事记讲义》卷四《宰相》，《黄氏日钞分类》卷五十。
④ 《欧阳文忠文集》卷四十七。

事"。《玉壶清话》卷一，记述了赵普推荐他的情况 [1]：

> 太祖问赵韩王，儒臣中有武勇兼济者何人？赵以辛仲甫为对，曰："仲甫才勇有文，顷从事于郭崇，教其射法，后崇反师之。赡辨宏博纵横，可用。"

太祖即用为西川兵马都监。后来，太宗派辛仲甫出使辽国，圆满完成了任务，显示了外交才干。辛仲甫官至参知政事。

张齐贤，《宋史》卷二百六十五有传，说他"议论慷慨，有大略，以致君之术自负；留心刑狱，多所全活"。他出知代州，曾屡次打退辽军进攻，守边有术。赵普推荐他时赞其"素蕴机谋，兼全德义"，称他是"经国之才"，张齐贤因此得以再入枢密院，为副使。张齐贤四践两府，两次为宰相。

官至参知政事的郭贽，"性温和，颇能延誉时隽"，是一个忠厚长者，受到赵普的推许。[2]

吕蒙正，"质厚简宽，有重望，不结党与，遇事敢言"，因此在与赵普同为宰相时，受到赵普的称赞和器重。[3]

冯拯，以书生谒见赵普，普奇其状，曰："子富贵寿考，宜不下我。"见于《宋史》卷二百八十五《冯拯传》。若据《涑水记闻》卷六，则冯拯乃是赵普劝使就学，并为之延誉，使其及第。冯拯后官至宰相。

田锡、王禹偁，是宋初有名的鲠直敢言之臣，赵普很器重他们；两人对赵普也非常推崇敬重，尤其是王禹偁，还成了赵普的忘年交。王禹偁，"及策名从事，中书令赵韩王荐其文章。太宗皇帝既已知名，命召

---

① 参见《长编》卷十三，开宝五年末。
② 《宋史》卷二百六十六《郭贽传》。
③ 《长编》卷二十九，端拱元年二月。

试中书，宸笔赐题"。① 他"是北宋政治改革派的先驱，是关心民瘼、敢说敢为的好官，是诗文革新的旗手，是据实直书、不畏时忌的史家"；②赵普去世时，他为商山副使，在挽歌中沉痛地说："商山副使偏垂泪，未报当年国士知！"可见其感遇之深。田锡在端拱二年（989）正月的奏疏中也说："今宰相普，三入中书，再出藩镇，重望硕德，元老大臣，人所具瞻，事无不历，乞陛下以军旅之事，机密之谋，悉与筹量，尽其规画。此乃国家大体，君父至公！"③田锡、王禹偁，都喜欢抨击时政，并因此而屡遭贬黜，他们自称是"朝行孤立知音少，闲步苍苔一泪垂"。④但是，他们却受到开国元老赵普的器重，也未见他们攻击赵普，这反映出，赵普在和后辈大臣的交往中，能够礼贤下士，使他们感恩图报。从思想上来说，恐怕也是有共鸣之处的吧。

刘昌言，《东都事略》卷三十六《刘昌言传》记载："赵普留守西京，辟昌言为通判，府事悉以委之。普薨，昌言感普知己，为经理其家事。"

许逖，《欧阳文忠全集》卷三十八《司封员外郎许公行状》记载，许逖知冠氏县时，"数上书论北边事。时赵普为相，四方奏疏不可其意者，悉投二瓮中，瓮满辄出而焚之，未尝有所肯可。独称君为能，曰：'其言与我多合。'"许逖为地方官，多有治绩，"其材能称于其官"。

李继凝，是宋初佐命功臣李处耘的侄子。《太宗实录》卷四十五，端拱元年八月记载："继凝无文采，性颇廉谨，所至皆以勤干称，屡为宰相赵普推荐。上于便殿召继凝与语，谕以将大用之意。"

张质，《宋史》卷三百九《张质传》记载：隶枢密院兵房，颇为赵普、曹彬所知。练习事程，精敏端悫，未尝有过。

王贻孙，是王溥之子，"尤负奥学"，为赵普器重。朱昂，为文"敦

---

①　《苏魏公文集》卷五十六《小畜外集序》。

②　《王禹偁事迹著作编年》序。

③　《长编》卷三十。

④　《小畜集》卷七《寄田舍人（锡）》。

崇严重"，深为赵普所器重，说他"有君子之风，寿德远到"。^①鲜于伯圭，"赵普判秦（按，误）州，辟为观察判官卒"。^②

赵普推荐和赏识的人，不是吏治有方，就是重厚好学，大都敢于直言。对于徒有文学而不通吏道的文臣，赵普是不欣赏的。如王化基，是太宗登基后的第一批进士之一，没有几年即知岚州，"赵普以为骤用人，非有益于治也，改淮南节度判官"，让他去熟悉吏事。^③

赵普在宋初三十多年时间内，出将入相，曾权倾一时，但是，他能够抑制亲属，戒谕子弟，不为子弟求恩泽。《神道碑》记载：

> 常诫诸弟诸子，以为："受宠逾分，富贵逼身，一领名藩，再登上相，以身许国，私家之后，吾弗预焉。尝念顷自宥密，升于宰辅，出入三十余年，未尝为亲属而求恩泽。尔等各宜砥砺，无尚吾过。"故自始至末，亲党无居清显者。

后来，在靖康元年（1126）三月，监察御史胡舜陟曾称颂赵普为相十二年，子犹白身。^④《群书考索》续集卷三十九《宋朝恩荫之滥》说："赵韩王以佐命之功，出入将相二十余年，而其子之为六宅使，出于天子之特授，其弟之为河南推官，犹十年不赴调。大臣之于子弟如此，则当时之群工百执事，又安敢有所希觊哉！"

赵普的长弟赵贞（固），官至尚书都官郎中；次弟安易，太祖时，"迁河南府推官，会普居相位，十年不赴调"，到淳化三年（992）赵普死时，安易才做到宗正少卿；幼弟赵正，因死得早，才仅官东头供奉官。太祖时赵普为相，其妹夫侯仁宝希望优游自适，也不过让他分司西京而已。

---

① 《玉壶清话》卷二。
② 衢本《郡斋读书志》卷十九《别集类下》。
③ 《东都事略》卷三十七《王化基传》，参见《玉壶清话》卷八。
④ 《宋会要·职官六九》之二二。

赵普的两个儿子，长子承宗，官至左羽林大将军，是赵普亲属里官职最高的了，但是个散职，没有多少实际权力。次子承煦，"普历河阳、武胜、山南，皆为牙职，普未尝为求官。端拱初，太宗特命为六宅使。普薨，拜宫苑使，领恩州刺史，累迁昭宣使，加领诚州团练使"。①

赵普唯一的一次为子弟求恩泽，是在他临终前不久，为侄男求官，太宗授其大理评事。这在很大程度上还是出于对亡弟的友爱。

赵普遭受非议的短处，主要有四点：一是为人忌刻，喜欢报复；二是贪污受贿，聚敛谋财；三是生活腐化；四是专政弄权。其中大部分是事实，也有一些是不实之词，与他和太宗的矛盾有牵连。

《宋史》本传说赵普"多忌克"；《隆平集》卷四《赵普传》说他"性多忌克"；《涑水记闻》卷一记载："普为人阴刻，当时以睚眦中伤人甚多"。看来，赵普为人忌刻，喜报私怨，在宋代已成定论了。但是，说到具体事例，却不太多，而且多不可信为确事。

《宋史》本传记载：

> 初，太祖侧微，普从之游。既有天下，普屡以微时所不足者言之。太祖豁达，谓普曰："若尘埃中可识天子、宰相，则人皆物色之矣。"自是不复言。

题为李贽写的《史纲评要》，在卷二十七《宋纪》记录了一这段话，批注说："赵普小人，不有愧于太祖之言耶。"

这段记载，出自《丁晋公谈录》，在"屡以微时所不足者言之"的后面，紧接着还有一句："潜欲加害。"朱熹辑《五朝名臣言行录》，在卷一辑入《丁晋公谈录》的记载。元人修《宋史》时，又从《五朝名臣言行录》抄入，仅删去"潜欲加害"四个字。

---

① 《东都事略》本传。诚州当作成州，《元丰九域志》卷三载，成州，开宝六年升为团练。

这段记载的基础是第一句："太祖侧微，普从之游。"但是，赵普第一次遇到太祖，是在后周显德三年（956），太祖当时已经是殿前都虞候了，不是在"侧微"时。所以，在太祖侧微时，赵普并不认识他，更不可能跟随他游历。因此，所谓"屡以微时所不足者言之"云云，也就失去了可能性。《丁晋公谈录》的记载，当是得自传闻，不足信凭的。

《孙公谈圃》卷下记载：

> （琼崖）岛上水出黎戎，饮四州，人少忤其意，即毒其上流，故鲜能入其巢穴。国初时，有一节度使，忘其名，姓王，不悦于赵普，因使讨之。

太祖时期的节度使，姓王的有王审琦、王彦超、王全斌等人，都不曾与赵普发生过矛盾。《宋史·太祖本纪》和《长编》，也没有记载宋初有用兵琼崖之事。《孙公谈圃》的记载，是传闻，而不是事实。

其他说赵普忌刻的事例，如诬陷冯瓒，陷害廷美，陷害致死刘恕，报复陈象舆等事，在本书的有关章节已经论述过，都与事实有出入，并且都牵涉到太宗，封建史臣归罪于赵普，是很自然的事。

虽然宋代史籍几乎一致说赵普忌刻，好报复，但所记事例却大都不是事实。因此，即使赵普确有这种劣习，那也不是如史籍所说的那样严重。

赵普的贪污受贿，聚敛谋财，是有名的，其事例不胜枚举。江南赠银五万两，吴越送瓜子金十瓶，不过是其大者而已。贩木规利，营邸店规利，使赵普大大发了财。大中祥符四年（1011）十一月，赵普的妻子和氏去世，真宗命中使录其家赀，数量相当大。[①]这时，已是赵普死后二十年了，他在世时，其家财的数量，自然是更大了。赵普自己在《求

----

① 《长编》卷七十六，注引《三朝宝训》。

致仕第三表》中就说过："俸禄赐赍,聚之则何啻万金。"其余家财,数量当大于俸赐。虽然,赵普也许是袭用萧何的办法,以释太祖的疑心,但同时也想为后世子孙,留下丰富的遗产,有一己的私利在作怪。

赵普广有家财,所以其生活腐化,很是豪华奢侈。他曾以隙地私易尚食蔬圃以广其居。《梦溪笔谈》卷二十四记载:"赵韩王治第,麻捣钱一千二百余贯,其他可知。盖屋皆以板为笪,上以方砖甃之,然后布瓦,至今完壮。"所谓"麻捣",是因为"涂壁以麻捣土,世俗遂谓涂壁为麻捣"。《画墁录》记载:"赵韩王两京起第,外门皆柴荆,不设正寝。三间小厅,事堂中位七间,左右分子舍三间,南北各七位,与堂相差,每位东西庑凿二井。后园亭树,制作雄丽,见之使人竦然。"

《宋史》本传说,赵普"为政颇专,廷臣多忌之"。赵普为相时,事无大小,都亲自决断,为政是颇为专权的,并因此引起了太祖的猜忌而导致罢相。但是,有关赵普专权的记载中,有两条记载影响较大,却不是事实。

《宋史》卷二百九十三《田锡传》记载:

> 时赵普为相,令有司受群臣章奏,必先白锡。锡贻书于普,以为失至公之体。普引咎谢之。

中华书局校点本的校勘记,引邵晋涵《南江札记》卷四,说:"锡字乃普字之误。"《渑水燕谈录》卷一、《隆平集》卷十三《田锡传》、《东轩笔录》卷十四、《东都事略》卷三十九《田锡传》等处,也都记载了这件事,但都说群臣章奏是先报告赵普,而不是报告田锡。《长编》卷二十二,据《国史·田锡传》和《真宗实录》,也说是报告赵普。所以,《宋史》本传的记载,当是传抄传刻中致误的,应当改正才是。

据《宋史·田锡传》,这件事是在太平兴国三年(978)至太平兴国六年(981)之间发生的。而在这一段时间内,赵普根本不在宰相任上。

《长编》卷二十二的注中，李焘考辨说："谨按普复入相，乃六年（981）九月辛亥（17），在锡为河北转运后凡十日。又《实录》载锡所献书比本传尤详，书言从驾大名，及二月十六日请皇帝东封，皆非普当国时，明甚。书又言，相公佐先帝取吴越，事今上平并汾，其称多逊，亦明甚。不知两朝史官何以如此差误也？使赵普蒙此恶声，岂不冤乎？"田锡授河北转运使在九月壬寅（8）。李焘据赵普仕历及田锡之书本身而作的辨证，是无容置疑的。据此可知，这一条关于赵普专权的记载，是张冠李戴，应是卢多逊所为。

《长编》卷二十九，端拱元年三月记载：

> 或云普于中书接见群官，必语次寻绎有言人短长者。既退，即命吏追录之。事发，引以为证。由是群官悚息，无敢言者。中书事益壅蔽。

李焘接着在注中说："中书事益壅蔽，此据附传。然普三入相，所谓命吏追录人长短，殆皆窦偁事也，普必当不如此。而附传则以为普素所蓄积皆如此，则恐过矣。故因窦偁事著此语，且以或云，略见普未必常如此之意。"

窦偁之事，详见本书第七章第三节，就是赵普让窦偁告发侯莫陈利用事。打击侯莫陈利用，是打击了太宗的亲信，因此而有不利于赵普的流言蜚语，是不足为奇的。而"中书事益壅蔽"，最少是在疑似之间，不能相信。

赵普为相时，专权过甚，这是事实。但是上述两条有关赵普专权的记载，却是不实之词，不能凭信。

要之，赵普是一位以天下事为己任的辛勤的政治家，治理国家能够尽心尽力。但是，他不是一个洁身自好的人，其道德品质没有多少感召力。因此，对他的称颂极多，非议也颇多。

第九章　赵普的政治思想

赵普平生著文不多，留存者更属寥寥，这给我们探讨赵普的政治思想，带来了困难。但是，对于政治家的赵普，不探究其政治思想，那是不合适的。本章根据现存的一鳞半爪的零星资料，加以探索，以期能反映他的政治思想。

赵普的政治思想的核心，笔者以为，应是"道理最大"的思想；表现在实际行动中，就是坚持按制度办事。

宋人记载"道理最大"之说者甚多。北宋沈括《补笔谈》卷一记载：

> 太祖皇帝尝问赵普曰："天下何物最大？"普熟思未答。间再问如前，普对曰："道理最大。"上屡称善。

北宋李季可《松窗百说》也记载了此事，并称颂说："所以定天下垂后世者，莫不由之。"《中兴圣政》卷四十七记载，乾道五年（1169）三月戊午（2），明州州学教授郑耕道在进对时，对孝宗说："太祖皇帝尝问赵普曰：'天下何物最大？'对曰：'道理最大。'太祖皇帝屡称善。夫知道理为大，则必不以私意而失公中。"孝宗说："固不当任私意。"在这段记载之下，有史臣留正等人的评论说："天下惟道理最大，故有以万乘之尊而屈于匹夫之一言，以四海之富而不得以私于其亲与故者。若不顾道理，则曰：予无乐乎，为君惟予言而莫予违也。私意又安得不肆？寿皇圣帝（即孝宗）因臣下论道理最大，乃以一言蔽之曰：'固不当任私意。'呜呼！尽之矣！'"①《宋大事记讲义》的淳祐丁未（七年，1247）刘实甫《序》，也提及太祖与赵普的这段对话，接着说："此尧、舜之问，稷、契之对也。我朝所以理学者，其论已兆于此；而国家延洪之休所以超轶汉、唐者，徒恃有此义理耳。舍义理而言治，非知者言也。"

从上述记载与评论看，赵普有此语，应是无疑的。赵普是深思熟虑之后，才讲出此语的；宋人也特别重视赵普此语，推崇备至。因此，"道理最大"，确是赵普政治思想的核心，它要求无论是何人，包括皇帝在内，都必须按照道理办事，不能按一己的私意去胡做。这反映出赵普思想中具有某种民主性的东西。

赵普所说的"道理"，与老子所说的"道"是有一定联系的。"道"一字作为专门问题来讨论，给以各方面的规定，可说是从《老子》一书开始的。在老子看来，社会应当效法自然，所谓道，不仅是自然界运行的规律，而且应当是人类社会活动的法则。而赵普也曾说："帝王若赏罚无私，内外无间，上求其理，下竭其诚，驯至太平，不为难事。"又说："天发生于春夏，肃杀于秋冬，不私一物，此所以能长久，王者所宜法也。"②这可以说是"道理最大"一语的注脚，说明赵普的所谓道理，实际上还是老子所说的"道"。这个"道理"，要求帝王内外无间，不私一物，像自然界的气候变化一样，循规运行，不随意变化，才能够达到天下太平。赵普的这种思想，明显地带着黄老思想的色彩。在实际政治生活中，赵普正是遵循这种思想去行事的。

《国老谈苑》卷一记载：

> 赵普在中书，每奏牍，事有庆太祖意者，固请之于上。或拂之于地，普缓拾之，振尘以献，理遂而已。

---

① 又见《宋史全文》卷二十五。
② 《长编》卷二十三，太平兴国七年五月；卷二十九，端拱元年十二月。

《罗豫章集》卷一记载^①：

> 太祖朝，臣僚有功当进官，帝不喜其人，欲勿进。赵普力请之。帝怒，固不与转官。普争之曰："赏者，圣人所以劝善；罚者，圣人所以惩恶。夫爵赏刑罚，乃天下之爵赏刑罚也，非陛下之爵赏刑罚也，陛下岂得自专之耶？"帝不能容，乃拂衣起，普亦随之；帝入宫门，普立于宫门不退。帝乃悟，卒可其奏。

在这段记载之后，罗从彦加按语说："赏罚者，人主之大柄也；赏所以劝功，罚所以惩罪，天下共之。太祖时，臣僚之有功当进官，此天下之大公也。帝不喜其人，欲勿进，此蔽于私者也。普力请之，至犯帝怒。普之言赏罚，盖合天下之大公，无可贬者。然古之善谏者不然，优游不迫，因其所明而道之，则其听之也易于反掌。故讦直强劲者率多取忤，而温厚明辨者其说多行。若普者，不遇刚明之君，能勿触鳞乎？"然而，这不正反映了赵普刚正不阿的品质吗？

《宋史》本传记载^②：

> （以赵普为相，）中书无宰相署敕，普以为言。上曰："卿但进敕，朕为卿署之可乎？"普曰："此有司职尔，非帝王事也。"令翰林学士讲求故实，窦仪曰："今皇弟尹开封，同平章事，即宰相任也。"令署以赐普。

认为刑赏是天下的事，不能独由皇帝一人专断；皇帝与有司各有职责，不能违反制度，互相侵夺；不合理之事，必争之使遂理，这些正是

---

① 《长编》卷十四，开宝六年八月亦载此事。
② 又见《宋会要》职官一之六八；《长编》卷五，乾德二年正月；《国老谈苑》卷一等处。

赵普"道理最大"思想的反映。这些，也符合汉初黄老思想指导下的为治理念。根据这种思想，执行法令要符合宽简原则，注意政策尺度，执法要准确，法令一经确定，就具有绝对效力，皇帝也不能随意改动。因此，赵普认为，尧舜之所以明圣，也不过是"有劳者进，有罪者诛，物无遁情，事至立断"。太宗要包庇侯莫陈利用，说："岂有万乘之主不能庇一人乎？"赵普回答："此巨蠹！犯死罪十数，陛下不诛，则乱天下法。法可惜，此一竖子，何足惜焉。"太祖要处置韩重赟，太宗要处置曹彬，赵普都极力救解，辨明事实真相，反对苛察①。

从"道理最大"的思想出发，赵普把国家的法令和制度放在最高的地位上，在宋初很注意建立和完善各种制度与法令，以为后世留下可循之法。正是在这种思想指导下，赵普辅佐太祖，加强了法制建设，颁布了一系列法令，建立了一整套行政管理制度，形成许多"家法"。太祖本来就以长治久安为念，多知前朝兴废之由，又受到赵普的强有力影响，也比较重视法制，遵循治国的道理了。乾德五年（967）正月，太祖因曹彬"清廉畏谨"而优赏他时，即说："惩劝，国之常典，无可辞也。"王赞为河北诸州计度使，"振举纲维，所至发摘奸伏，无所忌"，太祖便知他可以付以大事，命其权知扬州军府事，"盖将大用之"。太祖曾对侍御史知杂、判御史台事冯炳说："朕每读《汉书》，见张释之、于定国治狱，天下无冤民，此所望于汝也。"②希望天下无冤民，反映出太祖对法制的重视，及对准确执行法令的要求。由于太祖的重视，赵普的努力，宋初的法制建设颇有些成效，做到了"事为之防，曲为之制，纪律已定，物有其常"，使宋代社会走向稳定与和平时期。

黄老思想是以虚无为本，以因循为用，从有为到无为，实行清静致治的。宋仁宗曾说过："古称无为而治者，必当先有为而致无为。"文彦

---

① 《长编》卷二十四、卷二十九、卷八。
② 《长编》卷八、卷二、卷十四。

博回答说:"虞舜垂衣而治者,亦皆先有为而致无为。"①赵普的"道理最大"思想,具有浓厚的黄老思想色彩,他在宋初施政,重视法制纲纪的建设,正是有为,其目的是为了达到无为而治。赵普为相时,焚毁"不可其意""不欲行之"的奏疏,宋代史籍记载者甚多②,正是他无为而治思想的反映。南宋末年的黄震说,赵普这样做,"使小人生事之徒不得逞,可谓得大臣体"。南宋前期的史臣洪迈,把赵普焚表疏事,与汉初曹参的不事事、东晋王导的不复省事及唐初房玄龄、杜如晦传无可载之功并提,说:"此六七君子,盖非扬己取名,了然使户晓者,真名世英宰也!岂曰不事事哉!"③赵普的所为与曹参一样,而曹参是汉初黄老思想的著名代表人物。这说明宋代便已有人看出了赵普的黄老思想。

　　赵普在《彗星疏》中说过:"凡关世事,否泰相逐,倚伏盈虚,岂能常定?"这明显是老子的辩证法思想。在《班师疏》中,他说:"有道之事易行,无为之功最大。""所宜端拱穆清,啬神和志,自可远继九皇,俯观五帝。"太宗之子陈王元僖曾上书太宗说,如果再委赵普以大政,就可以做到"沈冥废滞得以进,名儒懿行得以显,大政何患乎不举,生民何患乎不康,匪逾期月之间,可臻清净之治"。赵普在淳化元年(990)所上的《贺册尊号表》中,解释"法天崇道"的尊号说:"法天之义,可以体刚健而奉高明;崇道之名,可以守虚无而务清净。"④从赵普上面的这些话,可以更清楚地看出他的黄老思想。赵普的"道理最大"说,就是黄老思想的反映,从他的为政和他的话语中,看得很清楚。《元史》卷二百零二《释老传》说:"释、老之教,行乎中国也,千数百年,而其盛衰,每系乎时君之好恶。是故,佛于晋、宋、梁、陈,黄老于汉、

---

① 《诸臣奏议》卷八《上仁宗论治必有为而后无为》。

② 《欧阳文忠全集》卷六十六《司封员外郎许公行状》,《东都事略》本传,《长编》卷十四,《隆平集》卷四《赵普传》,《邵氏闻见录》卷六等。

③ 《黄氏日钞分类》卷五十,《容斋随笔》卷七《名世英宰》。

④ 《小畜集》卷二十三。

魏、唐、宋，而其效可睹矣。"把释、老之盛衰，完全系于"时君之好恶"，无视社会和政治形势的因素，是完全的唯心主义解释。大乱之后成分裂局面，佛（释）教盛行；大乱之后归于统一，其初则盛行黄老思想。这似乎是中国历史发展的规律，其根本原因是政治形势的发展和社会意识的变化。但是，《元史·释老传》说宋代盛行黄老思想，则是正确的。宋初黄老思想的流行，是从太祖时期开始的，主要辅臣赵普的思想，就是一个典型例证[①]。

然而，宋初与汉初相距一千多年，毕竟不同了。宋初是在汉武帝"罢黜百家，独尊儒术"之后千余年，并且处在封建社会后期，所以，黄老思想不可能像汉初那样占据统治地位，它的流行，是在"独尊儒术"的前提下。赵普的政治思想中，还有一个重要组成部分，就是重视民情人心，把它看成是实现政治稳定的极其重要的因素。这一点，与其说是黄老思想的反映，不如说是儒家民本思想的反映更为确切。

赵普也讲天命，但他认为，天命不过是说说而已，人心才是决定的因素。早在陈桥兵变时，他就说："兴王易姓，虽云天命，实系人心"；若能"人心不摇，则四方自然宁谧"。因此，他通过约束诸将，不令剽劫都城，以此争取民心，得到拥护与支持。

赵普对于天人感应的那一套东西，是不怎么崇信的。他认为，水旱等天灾都是"时运使然"，是自然的变化，而不是由于人的行为引起的，所以即使尧和汤这样的大圣人也避免不了[②]。在《彗星疏》中，他说："傥时运以相逢，于圣贤而不免，尧水汤旱，乃是名征。"赵普自己说，到老也不会阴阳五行之事，在《彗星疏》中，他痛斥了彗星合灭契丹的谬说。他不用阴阳五行的理论来解释彗星之变，而是"惟将正理参详，以前书验证"，认为"三坟五典，必可依凭"，举出《尚书·尧典》，历引《汉

---

① 本章以上部分，参阅了姜广辉《试论汉初黄老思想》一文。
② 《长编》卷二十四，太平兴国八年九月。

书·天文志》《左传》《晋书·天文志》《蜀记》《梁书》《唐书》中的典故，证明彗星合灭契丹的说法是无稽之谈。他指出，如果说是人事引起了彗星之变，那也是"战争劳役"，引起"群生造业"，"随缘感招"，所以"人心颇郁，上象自差，起狂夫思乱之谋，生丑虏犯边之计，天时人事，不比寻常"。他建议太宗，亲行"除旧布新之事"，"变灾为福"，"恭承天戒，大慰物情，明施旷荡之恩，更保延长之祚"，这样，就能够"多难兴王"，"殷忧启圣"，"何福不生？何灾不灭？"

赵普认为，"文王葬枯骨，天下称仁。夫民犹草也，草上之风必偃。若帝王用心行道，上合天意，民自悦服"。而所谓"用心行道"，就是"必思为苍生建长利"。所以，帝王要用心爱民。太祖曾对赵普说："下愚之民，虽不分菽麦，如藩侯不为抚养，务行苛虐，朕断不容之。"赵普回答说："陛下爱民如此，乃尧舜之用心也。"这就是说，爱民必须抚养下民，这样就可以和尧舜一样了。赵普还认为，要爱民，必须"恤念生民，每闻利病，无不即日施行"，"持其纲领，行其正道，以齐一之"；还要关心民众疾苦，"减民租税"，"古圣王爱民之心，止于此矣"。爱民之意，不能只行之于一时，"惟始终力行之，天下幸甚"。[①]

《长编》卷十四，开宝六年八月记载[②]：

> 一日，大宴，雨骤至，上不悦。雨良久不止，上怒形于辞色，左右皆震恐。普因进言："外间百姓正望雨，于大宴何损？不过沾湿供帐乐衣耳。此时雨难得，百姓得雨各欢喜，作乐适其时。乞令乐官就雨中奏技。"上大悦，终宴。普临机制变，能回上意类此。

这件事，李焘据刘昌言所作《赵普行状》，说是乾德五年（967）春

---

① 《长编》卷二十九、卷七、卷二十三、卷二十四，《宋会要·礼四五》之二。
② 又见孔平仲《谈苑》。

天的事。俗语说:"春雨贵如油。"据《长编》卷八,乾德五年七月,太祖有诏说:"夏秋以来,水旱为沴。"可见在春季时就更需要下雨了。因此,雨中奏乐之事,不仅反映出赵普的临机制变,更反映了他对民情的体察和重视。

综而论之,赵普的政治思想,有儒家思想,也有黄老思想。在当时儒家思想占主导地位的情况下,他的思想不可能越出这个范围。但历史上明君贤臣的治迹,又使他接受了黄老思想,在宋初施政时带上了浓厚的黄老之治色彩。

第十章　赵普的历史地位

第一节　宋朝对赵普的追崇褒录

淳化三年（992）七月赵普死后，赵宋皇朝一直非常推崇赵普，不仅迭加追赠，而且不断褒录其子孙后裔。这表明了赵普在有宋一代的崇高地位，从另一个侧面反映了赵普为赵宋皇朝立下的巨大功勋。

赵普死后，追封真定王。后来，又追封韩王，故世称赵韩王。赵普何时追封韩王，史籍记载不同。弄清楚赵普何时追封韩王，对太宗末年和真宗初年政治变化的了解，是有益的。

宋代史籍中，明确记载赵普追封韩王时间的，是《宋史》和《东都事略》本传。但二书所载时间不同，《东都事略》作"至道二年（996）"，《宋史》作"真宗咸平初（998）"。二者孰是，值得考究。

赵普死后，赠尚书令，追封真定王，在宋初是特殊荣典。建隆四年（963）死的慕容延钊，赠中书令，追封河南郡王。开宝七年（974）死的王审琦，赠中书令，追封琅琊郡王。太平兴国七年（982）死的高怀德，赠中书令，追封渤海郡王。太平兴国九年（984）死的石守信，赠尚书令，追封威武郡王。赵普的恩典，超过了这些开国功臣；而文臣中的其他人，死后连追封郡王的也没有。由此可以看到赵普在宋初的独尊地位。

此外，据景德元年（1004）七月四日礼官之言，赵普是宋代第一位在死后举哀的大臣，礼仪特别隆重[①]。

---

① 《宋会要·礼四一》之七。

太宗在赵普死时还念念不忘他"向与朕有不足",而且已经给了他特殊的恩荣。在太宗在世时,再追加赵普恩典,于理于情都不合。据查,至道二年正月,太宗祀天地于圜丘,大赦,中外文武加恩,但是没有追加恩典给死人。除此而外,至道二年内再无其他大典礼了。因此,至道二年追封韩王是不可能的。

咸平元年,真宗已经即位一年,局势已基本稳定,这一年内又没有什么大的典礼而加恩群臣,无端追封死者,也不可能。

至此,赵普追封韩王的时间成了悬案。

咸平二年(999)二月,真宗在所颁《赵普配享太祖庙庭制》中,已称他为"追封韩王",所以赵普追封韩王,必在咸平二年以前。

根据太宗死、真宗即位前后的形势分析,赵普追封韩王,应当在至道三年(997)。《东都事略》是误"三"作"二",《宋史》是误"真宗初"为"真宗咸平初"。

太宗因为先后逼死德昭、德芳、廷美,长子元佐佯狂自废,次子元僖死后罢册礼,弄得皇室内部危机重重。至道三年三月,太宗死去,王继恩准备故技重演,企图再次拥立皇帝,阻止已立为太子的赵恒(真宗)继位。由于宰相吕端采取了有力措施,真宗才得以继位①。

真宗即位后,为了安抚人心,稳定局势,在吕端辅佐下,采取了许多措施。安定皇室,争取士大夫,是当时的当务之急。于是,真宗追复皇叔廷美西京留守兼中书令、秦王;赠皇兄魏王德昭太傅,岐王德芳太保;以元佐为左金吾卫上将军,复封楚王,听养疾不朝;诏中外仍称已死的元僖为太子;太宗的其他儿女和太祖的女儿,都加官晋爵。这样,大大平息了皇室内部的不满情绪。真宗又加封宰执,诏中外群臣进秩一等,并且广开言路,以争取士大夫的归心。这时,对于宋初第一位开国元勋的赵普,应当有所追赠才是。大中祥符三年(1010)九月,真宗还

---

① 详见拙文《宋太宗论》《吕端与宋初的黄老思想》。

曾赐钱三十万给卢多逊的儿子，让他安葬父母。从真宗对赵普家属的关照看，赵普应当早有所追赠了。因此，赵普追封韩王，当在至道三年四至六月间，真宗即位不久时。

咸平二年（999）二月丙申（12），真宗下诏，以赵普配享太祖庙庭，这是封建社会中，大臣所能享受的最高荣誉。《宋会要·礼一一》之一和《礼一一》之二，两处都记录了赵普配享的诏书：

> 诏曰：朕听政之暇，观书益专，遂见国初始经王业，我太祖皇帝将膺帝箓，已肇人谋。当或跃之秋，属艰难之际，周微吕望，安能定不拔之基；汉匪萧何，无以佐勃兴之运。时则有故太师、赠尚书令、追封韩王、谥忠献赵普，蕴负鼎之雄才，畜经邦之大略，首参密画，力赞沉机，辅弼两朝，出入三纪，茂岩廊之硕望，分屏翰之剧权，正直不回，始终无玷，播为巨美，勒在丰碑，实千载之伟人，庶九原之可作烈魄，未陪于严祀彝章，曷称于有知。遂俾缙绅，详求典故，考行既闻于余裕，出纶必叶于通规，义著幽明，道符今古，宜以普配飨太祖庙庭，仍遣官奏告本室。

《宋大诏令集》卷一百四十二载《赵普配享太祖庙廷制》：

> 故太师、尚书令、追封韩王赵普，识冠人彝，才高王佐，翊戴兴运，光启鸿图，虽吕望肆伐之勋，萧何指纵之效，殆无以过也。而自辅弼两朝，周旋三纪，茂岩廊之硕望，分屏翰之剧权，正直不回，始终无玷，谟猷可复，风烈如生。宜预享于大烝，永同休于宗祐，兹为茂典，以答旧勋。其以普配享太祖庙廷。

从推崇已极的配享诏书和《配享制》看，真宗在即位之初即追封赵普为韩王，也就不足为怪了。

哲宗绍圣三年（1096），赵普的曾孙——西京左藏库使、荣州刺史思齐上书，请求在祖乡真定府建立赵普的庙，哲宗从其请，下诏，建赵普祠庙于真定府。①

高宗绍兴十三年（1143）正月，重新建立景灵宫。十八年（1148）五月，下令寻访韩王赵普以下十六名原庙佐命配享功臣后裔，各令摹写貌象投纳，绘画于景灵官之壁。皇武殿供奉太祖，赵普的画像就在皇武殿内，署曰："韩忠献王赵普。"②

赵普的家属及后人，也受到有宋历代皇帝的关照。

《长编》卷七十四，大中祥符三年八月载：

> 封长乐郡主女赵氏为成纪县君。赵氏，普之孙，燕国长公主之外孙。有司言，国朝以来，郡主女未有封爵之制。特命之。

在此以前，咸平六年（1003）十月，长乐郡主高氏曾为其弟（即高怀德与燕国长公主之子）殿直高处约求亳州兵马监押，未得真宗允许。③而七年后，却特命高氏之女，明显是照顾赵普的孙女。

大中祥符四年（1011）十一月，诏选使臣一人，管勾故太师赵普家事。普妻和氏卒，因其家自请而从之。④

天禧二年（1018），赵普的次子承煦死去，年五十五岁，官昭宣使，领成州团练使，真宗赠中书令。五月，赵普的长媳长乐郡主，向真宗献出家中藏书八百卷，真宗命将书存放到秘阁，赐给长乐郡主三十万钱。⑤

---

① 《宋会要·礼二〇》之三七，《通考》卷一百零三《宗庙十三》。
② 《玉海》卷五十七《艺文·图绘名臣》，《宋会要·礼一一》之六、之八，《宋史》卷一百零九《礼十二·功臣配侑》。
③ 《长编》卷五十五。
④ 《长编》卷七十六。
⑤ 《东都事略》本传，《麟台故事拾遗》卷上。

　　庆历七年（1047）九月，洛苑使、嘉州团练使赵从约上太宗御制及书其祖普碑。加从约眉州防御使[①]。

　　神宗熙宁八年（1075）闰四月甲寅（23），因为赵普的后代不及荫补，神宗特别下令，录赵普四代孙希鲁为右班殿直。希鲁就是请求立赵普庙的思齐的儿子，后来官至宜州观察使，赠太保。思齐的几位兄弟的姻家，都是当朝权贵。思聪之妻，是武安军节度使宋守约的女儿；思恭之妻，是知枢密院事冯京的女儿；思行之妻，是神宗的皇后向氏的妹妹。希鲁的堂弟希诏，娶妻向氏，是向皇后兄弟安康郡王宗回的女儿，封乐平郡夫人。[②]

　　神宗元丰元年（1078）八月丁巳（16），以内殿承制、阁门祗候赵思齐为洛苑副使。思齐自陈供职十年无过犯，而神宗以其为赵普嫡长曾孙，特迁之。

　　元丰二年（1079）十一月丁卯（3），追封文思使李谅母天水县太君赵氏永嘉郡夫人。以谅言，赵氏，韩王普之曾孙，献穆大长公主之诸妇，乞依伯父端懿妻加赠例也。

　　元丰五年（1082）十月庚午（23），以洛苑副使、勾当皇城司赵思齐为供备库使。以神宗批思齐即韩王普裔孙之长故也。

　　元丰六年（1083）七月乙丑（22），供备库使赵思齐领荣州刺史。思齐勾当皇城司任满，法当迁官，诏以思齐普曾孙之长，特除之，他人毋得援例。

　　哲宗元祐元年（1086）五月甲戌（18），诏：赵普子孙赵矞、赵訾，各特给与初官一半俸给。

　　元祐元年八月丁未（22），擢赵普曾孙、西京左藏库使思明为西上阁门副使，从刘挚等荐也。

<hr>

①　《长编》卷一百六十一。
②　《长编》卷二百六十三，《宋史》卷十五《神宗二》，《赵韩王六世小谱》。

255

元祐六年（1091）四月辛卯（2），三省言：吏部奏，供备库副使赵思复乞以磨勘转西京左藏库副使一官，回授男三班差使希元转借职。诏：思复为是赵普之后，特许回授，余人毋得引例。五月庚辰（22），监察御史安鼎言："供备库副使赵思复乞将磨勘所转一官回授男希元，固已违法。朝旨未下，思复丁忧，希元未尝受官。其兄思齐复陈赵普勋劳，以申前请，朝廷辄遂从之。借职虽轻，赏命为重，乞行改正。吏部按赵希元系元祐元年八月以差使差选，合至六年八月磨勘转借职。"诏：赵思复不许回授，其希元已授借职，特免追改，仍自今年八月后起，理磨勘年限①。

绍圣初（1094），哲宗亲政不久，下诏：赵普社稷殊勋，其诸孤有无食禄者，各官其一子，以长幼为序，毋过三人。②

元符三年（1100）正月，哲宗死去。三月，徽宗即位，庚寅（23）下令，录赵普的后代。

高宗绍兴元年（1131）正月庚申（22），诏：赵普佐命元勋，视汉萧何，宜访其子孙，量才录用。

绍兴三年（1133）七月丁卯（14），诏录用六朝勋臣，自曹彬至蓝元振三百二十人子孙。其后得赵普、赵安仁、范质、钱若水诸孙，皆官之。

绍兴七年（1137），朝廷录勋贤之世，官赵普六世孙洪等十二人。

直到光宗即位后，在绍熙元年（1190）三月丁卯（13），仍下令录赵普后代一人。③

《涑水记闻》和《邵氏闻见录》在卷一都记载，赵普"其子孙至今享福禄，国初大臣鲜能及"。《东都事略》本传说："普之子孙，至今显

---

① 均见《长编》。

② 《宋史》卷一百零九《礼十二》。

③ 以上见《宋史》卷十九《徽宗一》，《中兴圣政》卷九、卷十四，《建炎以来系年要录》卷四十、卷六十七，《宋史》卷三十六《光宗纪》，《宋会要·选举三二》之一六，《赵韩王六世小谱》。

荣不绝。"《容斋随笔》卷七也说："国朝褒录韩王苗裔，未尝或忘。"从以上事实可以看出，《涑水记闻》等四书的记载确是事实。

第二节　千年几人说赵普

有宋一代，对赵普虽然倍加推崇，对他的后代不断褒录，但北宋时期的官方记载中，赵普的功绩却有意无意地被隐没了。

无论是太宗时修的《太祖实录》（即《旧录》），还是真宗时修的《太祖实录》（即《新录》），以及仁宗时修的《三朝国史》，都没有记载，是赵普提出了解除禁军宿将兵权的建议和削夺藩镇的三大纲领。[①] 太宗在赵普生前的《加恩制》中，称颂他："三登黄阁，人推燮理之功；连拥碧幢，吏服廉平之政。书诸国史，格彼上元。"[②] 但在《神道碑》中，也只是含混地写道："爰自累代以来，朝廷多故，诸侯专政，兵甲乱常，加以僭伪未平，师旅未备，余风未殄，思有以革之。王（指赵普）以庶务草创，深惟远图，利害靡不言，纤微靡不达，忠尽其力，言无转规，启心不疑，振举风俗，故得遐迩悦服，政令惟新，皆其功也。"成书于北宋的私史《隆平集》，在卷四《赵普传》中，除了叙述赵普的仕历外，就没有提到赵普对于开国大政的建树。元祐党人之一的张舜民撰《画墁录》，就说削方镇"或云陈希夷（即道士陈搏）之策"。

王禹偁对赵普极为推崇，赵普死时，他有挽歌十首，见于《小畜集》卷九。其诗如下：

其一

玄象中台拆，皇家上相薨。

---

① 《长编》卷二，建隆二年七月，注。
② 《宋大诏令集》卷五十九。

大功铭玉铉，密事在金縢。

无复同鱼水，空嗟失股肱。

若言丰沛旧，陪葬近长陵。

其二

经纬千年业，陶熔万物功。

藩垣龙节在，禁掖凤池空。

卤簿蒙寒雨，铭旌飏晓风。

太常草仪注，全似葬周公。

其三

重位经三入，高年过七旬。

有言皆为国，无日不忧民。

温树萧萧影，甘棠漠漠春。

遥知神德庙，配享更何人！

其四

国丧三台首，家藏五庙尊。

纪功谁秉笔，册赠帝临轩。

盛德留千古，贞魂闭九原。

皇情弥轸悼，天柱折昆仑。

其五

麟丧虚灵囿，凤衰空帝捂。

陶镕存庶汇，霖雨润寰区。

旧疏同伊训，遗章入禹谟。

九原何所恨？犹未灭匈奴！

其六

空留遗象在凌烟，谁继堂堂命世贤？

将相位高三十载，风云道合一千年。

霖收傅说岩前雨，石陨娲皇补后天。

见说吾君举哀处，重瞳挥洒泪潺湲。

其七

君恩虽听罢居留，官拜维师命更优。

异物忽随黄石葬，晚年终负赤松游。

凭谁借箸论归马，无须停车问喘牛。

唯有功名书信史，肯同尘土一时休？

其八

曾拜四章辞相府，又陈三表罢留司。

朝廷年德刘仁轨，终始功名郭子仪。

印镂黄金尘暗澹，堂闲绿野草离披。

吾君若念先朝旧，应似文贞御制碑。

其九

忍听鼕鼕窆鼓声，笳箫呜咽暮云凝。

勋劳自合同萧相，谥法还须比魏徵。

晓月暗垂丹旐露，夜风轻触缥帷灯。

三川父老知何限？尽逐灵輴泪满膺。

其十

元老令终归葬日，有司重奏辍朝时。

骈罗卤簿三公礼，告赴同盟五月期。

何处更求廊庙器？是谁重作帝王师！

商山副使偏垂泪，未报当年国士知！

北宋真宗时人李畋所撰《该闻录》（见涵芬楼百卷本《说郛》卷九）记载，唐肃曾说，像丁谓那种"动多而静少，任智而鲜仁，可以佐三（王？）事，可以冢庶僚"的人，"若得太祖朝赵中令、吕丞相居其上，则丁之用不私，位不危也"。李畋在其后称赞说："至哉言乎！"于此可见当时大臣对赵普执政用人之推重。

元祐大臣刘挚、孙升等人也很推崇赵普。元祐元年（1086）三月，御史中丞刘挚上言说："国朝承五代之弊，太祖、太宗肇基帝业，时则有若赵普，文武兼资，识时知变，辅相两朝，成太平之基。"在一篇为不录赵普子孙鸣不平的议论《巷议》中，刘敞说："方祖宗在侧陋时，韩王故人也。祖宗龙飞，韩王之功为多。祖宗有天位，地不过数州，擅生杀、名号者相属也，韩王宣其股肱之力，强者诛夷，弱者臣从，日辟国百里，卒使中国为一统；修法令章程、传世之具，至今天下赖之。以比萧、曹，不可谓功薄也。""方韩王之时，天下地狭人寡，财力不足，而敌国多。韩王能以弱为强，以小为大。"① 元祐元年九月，监察御史孙升在上奏时说："祖宗之用人，创业佐命如赵普，守成致理如王旦，受遗定策如韩琦。此三人者，文章学问不见于世，然观其德业、器识、功烈、行治，近日辅相，未有其比。"②

北宋时期的私家笔记中，记载了赵普对开国大政的建树。其中，司马光《涑水记闻》和邵伯温《邵氏闻见录》二书的记载比较详细，并且相同。《丁晋公谈录》《王文正笔录》《渑水燕谈录》，也有较详细的记载。《涑水记闻》卷一，在记载了赵普收内外兵权的建议及实行情况后，评论说："向非赵韩王谋虑深长，太祖果断，天下何以治平！至今斑白之老不睹干戈，圣贤之见，何其远哉！普为人阴刻，当时以睚眦中伤人甚多，然其子孙至今享福禄，国初大臣鲜能及者，得非安天下之谋，其功大耶？！"《邵氏闻见录》卷六，在全录了《班师疏》及札子以后，说："其忧国爱君之深，有出乎文章之外者，虽杂陆宣公（即唐朝陆贽）论事中不辨也。"司马光和邵伯温，对于赵普都是很推崇的。但应当注意到，他们对赵普的为人已有微词。而其他北宋时的笔记，如《丁晋公谈录》《玉壶清话》《湘山野录》《孙公谈圃》《画墁录》《东轩笔录》等书，以及《隆

---

① 《长编》卷三百七十二，《公是集》卷四十一。
② 《长编》卷三百八十八。

平集》中，对于赵普为人的非议就更多而且具体化了。由此可以看出，赵普为人的不足之处，北宋时已在士大夫中广为流传，成为定论了。

到南宋初年，李焘独撰《长编》，并且呈孝宗阅过，成为一部官史。李焘据《涑水记闻》《王文正笔录》和《丁晋公谈录》，在卷二，建隆二年七月，记载了赵普收宿将兵权的建议和三大纲领，并在注中说："此事最大，而正史、《实录》皆略之，甚可惜也，今追书。"至此，赵普的这段功绩才进入官方的记载之中。王称私家撰《东都事略》，史臣洪迈撰《容斋随笔》，也都极力称颂赵普。洪迈把赵普比作伊尹、周公、萧何、房玄龄，称颂他"真名世英宰也"。王称在《赵普传》的论赞中说："自古受命之君，必有硕大光明之臣，以左右大业。太祖光宅中夏，普以谋议居中用能，削百年藩镇之权，划五季僭伪之国，拨乱世反之正，独相十年，天下廓廓，日以无事。至太宗，宠遇愈隆矣。古之人臣有非常之功，则人主亦必报之以非常之礼。观二帝所以待普者，可谓至矣。勋名灿然，与宋无极盛哉！"南宋理学大师朱熹，辑《五朝名臣言行录》，卷一有赵普。朱熹对于赵普的安天下之功，也是称颂的。他说："赵韩王佐太祖区处天下，收许多藩镇之权，立国家二百年之安，岂不是仁者之功？"[①]

赵彦卫《云麓漫钞》卷八记载："近世行状、墓志、家传，皆出于门生故吏之手，往往文过其实，人多喜之，率与正史不合。如近日蜀本《东都故事·赵普传》，与正史迥然如两人，正史几可废。前辈尝以《邵氏闻见录》与《石林避暑燕居录》等，以岁月参之，皆不合。"《东都故事》一书，现在存留的宋代官私目录书均未著录，不知道是不是《东都事略》的别名。这个《赵普传》的内容，也不可知了。

《古今源流至论·前集》卷八，引《昭勋崇德阁记》说："方艺祖之开国也，以仁兴武与，壶浆百姓，请命于上天，削百年之根据，合诸国之瓜分，西顾而诛李筠，南盼而戮重进，平蜀而孟昶俘，逾越而刘鋹缚，

浮梁东渡，天下为家，蓬宇轩豁，悉主悉臣。当是之时，非赵、薛、沈、吕诸公之功而谁功？""方僭伪之未平，九县飙回，三精雾塞，赵、薛赞谋画策固有功矣，而曹、潘仰仗威灵，纠率义旅，亦创业之奇勋也。"卷九《定策大臣》说："天开有宋，伟人间生，社稷元勋，鼎彝弗泯。是故开国勋旧，弘济艰难，盖以天下为己任；金匮之藏，首俾国论，慈闱之训，仰决圣谟，其弼亮之美，可以对越乎穹壤。"《功臣配享》说："我艺祖之开国也，中令元勋，弘济艰难。"《续集》卷五《三公》说："赵韩王开国旧勋，一代柱石，其勋孰高焉"，"于是以太师除之"。《宰相下》说："开国元勋，金匮有书，周公其忠也。"

吕中《大事记讲义》卷二《宰相》说："赵中令相太祖之功，在于收藩镇之权，迟幽蓟之伐。其再相太宗之功，在于上彗星之疏、谏北伐之书，而金匮一书，尤宗庙社稷之大计也。然自唐以来，宰相入见，必命坐，大政事则面议之，其余号令除拜、赏刑废置，但入札子，画可降出，即行之。国初，三相自以前朝旧臣，稍存形迹，每事具札子进呈。普独以天下为己任，故为政专事，所以启德骧父子之谤也。自是以后，居正、义伦，不过方重清介自守之相耳。"①他又说："谏北伐一疏，有以沮贪功之辈；论彗星一疏，有以破诡谀之言。而以上亲决庶狱，察见隐微，相率称贺，则近于谀；令李符告廷美怨望，则近于讦矣。"②

《鹤林玉露》丙编卷二中说："赵韩王定混一之谋于风雪凌厉之中，销拔扈之谋于杯觞流行之际，真社稷臣矣。"

《群书考索》续集卷三十二《累朝宰相得人》说："开国勋旧，弘济艰难，收藩镇之权，迟燕蓟之伐，建万世之长策，去一时之凤蠹。补缀奏藁，任官无遗才；随立官门，行赏无废功。鼎铉之喻，凤契帝心；金匮之藏，有裨国论。中令之功多矣。"

---

① 又见《宋史全文》卷二，开宝六年八月引吕中曰。
② 《宋史全文》卷四，淳化三年七月引《大事记》曰。

南宋末年的王柏，有《鲁斋集》，卷八《赵普赞》说："五闰将晓，大明赫然。抑抑人杰，佐命之元。功铭玉铉，名注金縢。风雪夜计，一新乾坤。"

应当注意的是，南宋时期，对燕云问题及北宋初年的国策，看法是有所变化的。

南宋初年，赵普谏取燕云，为士大夫们所称颂；而徽宗时期联合女真灭辽，则为士大夫深所追咎。邵伯温就说："呜呼！中令从祖宗定天下，尚以取幽燕为难。近时小人窃大臣之位者，乃建结女真、灭大辽、取幽燕之议，卒至天下之乱。悲夫！"[1]

秦桧为相，在高宗支持下，收大将兵权，杀害抗金名将岳飞，力求与金人和议。叶适描述当时情况说："秦桧以为国权不可外假，兵柄不可与人，故屈意俯首，唯房所命，以就和约；废诛诸将，窜逐名士，使兵一归于御前；督府结局，收还便宜，使州郡复承平之常制。桧方矜其勋伐，自比赵普，以为经国之长算莫能及也。"[2] 及岳飞恢复名誉，秦桧遂为世人所痛恨。秦桧自比赵普，士大夫便有对赵普的开国政策的非议和指责了。

罗泌在《路史·国名纪》卷四《封建后论》中说："呜呼！欲治之君不世出，而大臣者每病本务之不知。此予所以每咎徵、普，以为唐室、我朝之不封建，皆郑公、韩王之不知以帝王之道责难其主，而为是寻常苟且之治也。"

朱熹说："本朝鉴五代藩镇之弊，遂尽夺藩镇之权，兵也收了，财也收了，赏罚刑政，一切收了，州郡遂日就困弱。靖康之祸，房骑所过，莫不溃散。"[3]

吕中和叶适等人认为，赵普、田锡、王禹偁、张齐贤等人不知道燕云在所当取，"固尝以志复燕云为非矣"。叶适甚至认为，北宋灭亡，南

① 《邵氏闻见录》卷六。
② 《水心别集》卷十四《纪纲四》。
③ 《朱子语类》卷一百二十八《本朝法制》。

宋偏安，也是赵普失误的后果。对宋初的国策，叶适说："国家因唐、五季之极弊，收敛藩镇，权归于上，一兵之籍，一财之源，一地之守，皆人主自为之也。欲专大利而无受其大害，遂废人而用法，废官而用吏，禁防纤悉，特与古异，而威柄最为不分。虽然，岂有是哉！故人材衰乏，外削中弱，以天下之大而畏人。是一代之法度又有以使之矣，宜其不能尽天下之虑也。"[①]

文天祥说："祖宗矫唐末五代方镇之弊，立为郡县繁密之法，使兵财尽关于上，而守令不得以自专。昔之擅制数州，挟其力以争衡上国者，至此各拱手趋约束，卷甲而藏之。传世弥久，而天下无变，然国势由此浸弱。"[②]

南宋刘克庄《后村先生大全集》卷一百零三《题跋》类中，有一篇《赵忠献王》，专门谈及赵普。全文如下：

> 与夫人书前称名，云："冬寒，尊体起居万福。"后系衔云："山南东道节度使兼侍中、许国公赵（原注：花押）状上夫人。"夫妇之际，相敬如此。然其间如药钱、首饰之类，或甚琐碎，乃若昵昵儿女语。何耶？自昔大贤哲、大勋业人，未有薄于所厚者，岂必贵倨自尊，使嫂蛇行葡匐，妻不敢仰视哉？世言忠献城府深，有海底井之诮，特未见其家书尔。国朝大臣如张齐贤母、王旦夫人，皆得朝见。况忠献造七国元臣，祖宗雪夜尝幸其第，以嫂呼夫人，固待之如家人骨肉矣。身为藩臣，不获廷贺，遂遣妇女诣阙，此人情也，亦故事也。黄长睿辨其非位高多惧而然，是矣，然以为忠顺之至诚见于礼，则赐君臣间犹有未相孚者。忠献前此虽为卢多逊所间，及金滕一启，上意释然，其拥旄武胜，水鱼之欢如初久矣，岂复藉礼以见诚乎！

① 《宋史全文》卷三；《水心别集》卷十《始议二》。
② 《庐陵文丞相文山先生全集》卷一《己未上皇帝书》。

所谓"黄长睿"云云，是指黄伯思《东观馀论》卷下中的说法。刘克庄在这里介绍的是赵普给他夫人的一封信的写法：开头称夫人名字，最后落款连官衔一并写上，显得相敬庄重；中间则充满了家庭琐事中的话语，又显得很亲热。所以刘克庄说，如果人们见了赵普这封家信，就不会挖苦他是"海底井"了。

南宋末年，蒙古铁骑纵横大江南北，灭南宋，建元朝。元代的汉族士大夫们，身虽入元，但有很多人怀念宋朝，以亡宋遗民自居，念念不忘亡国的惨痛。甚至身为元代史臣的袁桷，也自称遗民。由此，他们喜欢探究宋朝灭亡的原因，从而对宋初未取燕云，深致不满。元初的刘因和郝经，还为此而深深地追咎赵普。

刘因《静修文集》卷十《白沟》诗写道：

> 宝符藏山自可攻，儿孙谁是出群雄？
> 幽燕不照中天月，丰沛空歌海内风。
> 赵普元无四方志，澶渊堪笑百年功。
> 白沟移向江淮去，止罪宣和恐未公。

郝经《陵川文集》卷十五《龙德故宫怀古》十三首之一则说：

> 常怪韩王智数多，不从太祖据山河。
> 黄流岂是天为堑？青屋谁知是帝罗！

元人因身处异代，没有忌讳，所以也敢于直接议论烛影斧声之谜和金匮之盟。自称"城北遗民"的徐大焯，在《烬馀录》中就记述了许多宋初佚事。

元代史臣袁桷在《清容居士集》卷四十一《修辽金宋史搜访遗书条列事状》中说："杜太后金縢之事，赵普因退居洛阳，太宗嫉之，后以此事密奏，太宗大喜。秦王廷美、吴王德昭、秦王德芳皆缘普以死。今《宋史》普列传无一语及之。李焘作《通鉴长编》，亦不敢载；私家作普别传，始言普将死，见廷美坐于床侧，与普忿争。"据《宋史》卷二百零二《艺文二·史类七·传记类》记载，李焘确实有"《赵普别传》一卷"。

黄溍《日损斋笔记》说，李焘《长编》"其书太祖开宝九年十月壬子夜之事，亦是舍正史而取野录，笔削之意，莫得而详也"。

元末杨维桢有《慈母爱诗》和《拟宋太史书赵普辞》。据《宋纪受终考》卷中所引，《诗》中说："慈母爱，爱幼雏，宋家光义为皇储。龙行虎步状日异，狗趋鹰附势日殊。膝下岂无六尺孤，阿昭阿美非呱呱？夜榻鬼静灯模糊，大雪漏下四鼓余。百官不执董狐笔，孤儿寡嫂夫何呼？呜呼！床前戳地银柱斧，祸在韩王金匮书！"《辞》中说："宋赵普弑其君匡胤。"

令人奇怪的是，元人似乎不知道太祖死时赵普不在京城，德昭、德芳死于赵普复相以前。

对于释去内外兵权的举动，袁桷说："杯酒释兵柄，此启运立极之基也。然文盛武衰，亦自此始。揽风云图，痛当作恸。"[1]胡一桂说："太祖深思天下唐末以来，生民涂炭，知所以处藩镇收兵权之道。既以从容杯酒之间，解石守信等兵权，复以后苑之宴，罢王彦超等节镇，于是宿卫、藩镇不可除之痼疾，一朝而解矣！"[2]

元代刘敏叔曾经画过赵普图，袁桷在图后题赞说："五季横溃，万姓阻伤。划旧布新，赫日荡光。变通维时，君臣尔详。丕显韩王，应运斯翔。佐帝立极，肇服众国。销兵弛财，邦本茂植。独相十年，黎献安谧。弼违雍容，不挠厥色。百壬肆妖，乔岳漂摇。智深如谷，终止且消。金縢天开，轩冕以朝。简在帝心，王勋日昭。燕尾之眉，贯玉之姿。炳灵丹青，庶或类之。"[3]袁桷的题赞，对赵普是很推崇的。

---

[1] 《清容居士集》卷四十七《书艺祖皇帝十节度风云图后》。
[2] 《宋史纪事本末》卷二《收兵权》引。
[3] 《清容居士集》卷十七。

总之，元代对于赵普虽有非议，但总的说来还是十分推崇的。元人修的《宋史》的本传论赞，基本反映了元人的观点。

到了明代，对赵普的评价有所下降。

《明太祖实录》卷十七记载，乙巳（1365，元惠宗至正二十五年）八月辛卯，朱元璋读《宋史》，至赵普说太祖收诸将兵权，对起居注詹同说："普诚贤相。使诸将不早解兵权，则宋之天下未必不五代若也。史称普多忌刻，只此一事，功施社稷，泽被生民，岂可以忌刻少之！"

但是，到了洪武二十一年（1388），礼官择上历代名臣始终全节者三十五人，从祀帝王庙时，明太祖朱元璋说："赵普负太祖，不忠，不可祀！"[1]

所谓"赵普负太祖"，是指什么呢？题名李贽的《史纲评要》卷二十八，在真宗即位时有一段评语，恰好可以回答这个问题："陈桥之谋，实光义、赵普所为；杜太后临终传位之语，亦义与普阴主之。故其君臣始终各不能负云耳。独恨负太祖为甚，今日如何相见于地下也耶？深为光义危之矣！若太祖，真豁达大度之圣主也。"原来，赵普负太祖，是指他参与金匮之盟，帮助太宗光义。

明人谈及赵普，有代表性的是三个人，一个是编撰《宋史纪事本末》的陈邦瞻，一个是写了《宋史论》的张溥，一个是写《宋纪受终考》的程敏政。此外，可注意者有李贽和仇俊卿二人。但明人论及赵普，一般都不出太祖朱元璋定下的调子。

在《宋史纪事本末·叙》中，陈邦瞻说，宋代"其制世定俗，盖有汉唐之所不能臻者。独共弱势宜矫，而烦议当黜，事权恶其过夺，而文法恶其太拘，要以矫枉而得于正则善矣"。卷二《收兵权》中，陈邦瞻说："宋祖君臣惩五季尾大之祸，尽收节帅兵柄，然后征伐自天子出，可谓识时势、善断割，英主之雄略矣！然观其任将如此，此岂猜忌不假人以柄

---

① 《今言》。

者哉！后世子孙不深惟此意，徒以杯酒释兵权为美谈。至南渡后，奸臣犹托前议，罢三大帅兵以与仇敌连和，岂太祖、赵普之谋误之耶！然当时务强主势，矫枉过直，兵材尽聚京师，藩篱日削，故主势强而国势反弱矣，亦不可谓非其遗孽也。"

张溥《宋史论》卷一论收兵权说："收兵权之谋，发于赵普。普固文吏，利损将权。""时会适逢，投戈为快，岂必尽说辞力哉？""观其文臣典州，老将御边，久任责成，战守并用，万年景福，何尝去兵？末世处堂，祖功有咎，赫赫文武，宁为东迁贬德哉！南渡，贼桧为金人反间，纳范同之策，召三大将入朝，尽收兵权，谬附前说，则又开门揖盗者矣！"论金匮之盟说："开宝中，赵普罢出河阳，私表自讼，名为拱护皇弟，而志存推刃。太祖不察，宝同金縢，仁人之心，宁过于厚。卢多逊专政，与普积一，普心倾之，发端秦王，告变之徒如柴禹锡者，蝟毛而起，淮南雾露，一朝溢损，天子犹恨恨不已，普益得售其奸。诛流满朝，痛填骨肉，万世首恶，非二人谁归乎？"论燕云问题说："论者谓张齐贤议抚驭，赵普请班师，老成谋国，不啻金汤。然山前后十六州，久沦左衽，汴京藩篱，势在必争，太宗进取，未闻失策。"

李贽是明代著名的进步思想家，他在《藏书》卷十四，把赵普列入《名臣传》的"经世名臣"之中，但在赵普对太宗说："愿备枢轴，以察奸变"的话下，批注道："奸恶。"题名李贽的《史纲评要》，卷二十七，在记载杜太后遗言后，评注说："这都是光义、赵普密谋太后，太祖在术中而不知。盖陈桥之谋，实以太祖尝之耳。至此，复归之光义矣，不大可恨哉！"杯酒释兵权后，评注说："赵普善画策，太祖亦善行策。"削方镇之策后，评论说："都处置得好。"在赵普屡以微时所不足于帝及己者为言时，批注说："赵普小人，不有愧于太祖之言耶？"评论赵普以怨诬死冯瓒："恶"。雷德骧攻击赵普，批注说："德骧父子，都是小人。"赵普出镇河阳，上表自诉，评论说："太祖既为杜太后所误，又为赵普所愚，可恨，可恨！然太祖毕竟是个圣人。"在太宗即位时，评论说："若烛影斧声之疑，又俗儒之见也，丘琼山辨之是矣。"卷二十八，在赵普说，太祖已误，岂容再误时，评论说："普之言极是，但廷美何以遂得罪？"在廷美被贬时，评论说："普至此则恶矣。"在赵普第二次罢相时，评论说："君臣始终可为两全之语，极中二人膏育。"在赵普请求委赵保忠夏台故地时，评论说："都是奸计。"赵普死时，批注说："陛下岂容再误，所云能断大事耶？故知二人有首尾也。"评论"半部论语"说是"胡说"。在寇准定议立太子时，评论说："如寇公，方可谓能断大事；若赵普，一团私心耳。"在记载李沆读《论语》时，批注说："是真读《论语》者。赵普小人，何尝见《论语》一面？然亦岂止一普已耶？"

"烛影斧声"之事，元人多以为是太宗弑兄之迹。元末明初，黄潛、宋濂首先辨析此事，认为太宗并无篡弑之事。明儒程敏政因之，撰《宋纪受终考》三卷，专门考辨此事。上卷，录"眉山李氏焘《续通鉴长编》，僧文莹《湘山野录》，蔡惇《直笔》，王禹偁《建隆遗事》，《宋史》太祖纪、太宗纪、程德玄传、马韶传、宋后及王继恩传"等书中有关太祖与太宗授受的记载，说明史籍中本来就没有记载太宗篡逆之事。中卷，录"《宋朝类要》，双湖胡氏一桂《史纂通要》，四明陈氏桱《通鉴续编》，铁崖杨氏维桢咏史诗辞《慈母爱》、拟宋太史书赵普辞，清江贝氏琼《笔议轩记》，黄文献公潛《日损斋笔记》，潜溪宋氏濂《笔记序略》"等书中的有关记载，探求太宗弑逆说的来源。下卷，录"石门梁氏寅《宋史略》，保斋刘氏定之《宋论》：太后杜氏遗诏、壬子夜四鼓宋主殂、太平兴国改元，刘文介公俨《乡试策问》并《策》"等书的记载，力辨太宗弑兄说为子虚乌有之事。在该书的《序》中，程敏政说："观太祖于太宗，如灼艾分痛与夫龙行虎步之语，始终无纤芥之隙，非病狂丧心者，其孰肯舍从容得位之乐，而自处于危亡立至之地哉？且宋三百年，立国仁厚，号称有道之世。使其开基者取杀身之祸，嗣统者蒙首恶之名，比而书之，其何以昭天常，植人极，而示大戒于天下后世哉？此置辨之意也。"正因为程敏政立意如此，所以他的置辨，多强词夺理，曲为之护，并没有能够辨清太宗弑兄说，释"烛影斧声"之谜。

仇俊卿《通史它石》卷下的话，和程敏政的说法相同，他说:"《记闻》乃司马公二百年后所述，疑信之间，而人顾有附会之者，益来多口。近世胡一桂、杨维桢、梁寅之流，锐然欲以篡弑加太宗;而夏寅、丘濬并为恕而辨之。""太宗于太祖弥留之际，何不可忍，顾肯躁发如此乎?"司马光死于元祐元年（1086），距赵普之死才不到百年。而仇俊卿为了说明《涑水记闻》的记载不可信，竟说出"《记闻》乃司马公二百年后所述"，令人不能不感到吃惊。歪曲事实，一至于此!

明代地方志——万历《顺天府志》卷五《功烈》中有赵普，该志记载说:"当国事草创，制度周悉，无出其右，真社稷臣也。惜乎太祖已误之语，君子非之。"

清初著名思想家王夫之在《读通鉴论》和《宋论》中，痛斥赵普是"鄙夫"，把他比成是隋朝的杨素、唐朝的李勣、五代的冯道，说他想操纵君主，阴夺朝廷之权，从而觊觎帝位。《宋论》卷二说:"夫普诚所谓鄙夫耳。""唐亡以后，鄙夫以成奸之习气，熏灼天下而不可浣。普以幕客之雄，沉溺尤至，而机械愈深，虽见疑于英察之主，而终受王封，与冯道等。向非太宗亟进儒臣以荡涤其痼疾，宋且与五季同其速亡。周世宗之英断，岂出太宗下哉? 然一传而遽斩者，鄙夫充位为之也。"

王夫之论赵普，大旨有四方面:第一，收兵权是赵普损害将帅的权力、用以巩固自己权位的计谋。《宋论》卷一说，赵普"以幕客之雄，膺元勋之宠，睥睨将士，奄处其上，而固无以服其心也。陈桥之起，石守信等尸之，而普弗与;下江南，收西川，平两粤，曹彬、潘美等任之，而普弗与;则当时推诚戮力之功臣，皆睨普而愤其轧己，普固有不与并立之势，而日思亏替之以自安。所深结主知以使倚为社稷臣者，岂计安天下以安赵氏哉? 唯折抑武臣，使不得立不世之功以分主眷而已"。第二，赵普反对收取燕云，是因为害怕据守幽州的将领反叛中央政府，对武将猜忌太深;他甚至推测，赵普是因为受了契丹的贿赂，为他的乡邻免去战祸，所以

阻挠攻取燕云。《宋论》卷一说，赵普反对曹翰取幽州之计，其实质上是
向太祖说："翰未可信也，继翰者愈可疑也。""如赵普者，惴惴畏人之有
功，而折抑解散之，以偷安富贵。""以普忮害之小慧，而宋奉之为家法，
上下师师，壹于猜忌。""则赵普相，而曹翰之策不足以成功，必也。翰
之以取幽州自任也，翰固未之思也。"第三，太祖传位太宗，是赵普蓄不
臣之心造成的，赵普想由此达到"操纵惟己"的目的。《宋论》卷二说："所
与太祖誓而藏之金匮者，曰立长君、防僭夺也。廷美、德昭死矣，太宗
一旦不保而普存，藐尔之孤，生死于普之股掌。然则所云防僭夺者，特
以太祖死，德昭虽弱，而太宗以英姿居叔父之尊，己悬必不可伸，姑授
太宗以俟其身后之冲人，而操纵惟己。故曰：普之情，一素于杨广、世
勣于武氏之情，非苛摘之也。""太祖未悟也，……恶知其睨德昭而推刃
之心早伏于谮毁太宗不听之日邪？虽然，无难知也。凡普之进谋于太祖
者，皆以钳网太祖之故旧元勋而敛权于己也。不仁之不可擖，已久矣。"
第四，卢多逊与赵普之争，卢正而赵邪。《宋论》卷二说："太后之命虽不
正，而疑妒一生，戈矛必起；天伦为重，大位为轻，爱子之私，不敌奉
母之志；多逊之视普，其立心远矣。"

　　顾炎武《日知录》卷十五《宋朝家法》说："宋世典常不立，政事丛脞，
一代之制，殊不足言。然其过于前人者数事：如人君宫中自行三年之丧，
一也；外言不入于阃，二也；未及末命，即立族子为皇嗣，三也；不杀
大臣及言事官，四也；此皆汉、唐之所不及，故得继世享国至三百余年。
若其职官、军旅、食货之制，冗杂无纪，后之为国者，并当取以为戒。"

　　钱谦益《牧斋有学集》卷四十二，有《雪夜访赵普图赞》，其文如下：

> 六花蔽天，六飞拥户，
> 君臣主宾，夫妇酒脯。
> 杯盘江山，匕箸疆宇，
> 命将出军，削平下土。

> 鼻鼾旋息，帝耙已腐，
>
> 蠢尔契丹，谁予敢侮！
>
> 雪霁日出，万国有主，
>
> 伟矣书生，韩王赵普。

赵翼《廿二史劄记》卷二十《唐节度使之祸》一节中说："唐之官制，莫不善于节度使。……迫至末年，天下尽分裂于方镇，而朱全忠遂以梁兵移唐祚矣。推原祸始，皆由于节度使掌兵民之权故也。自宋以文臣知州事，历代因之，遂无弱干强枝之患。宋太祖及赵普之计虑深矣。而议者徒谓宋之弱由此，是但知御侮力薄，不足以自强，而不知消患于未萌。苟非外有强敌，内有流寇，则民得安耕牧，不至常罹兵革之苦，其隐然之功，何可轻议也！"

钱大昕《潜研堂诗集》续集卷二《汴中咏古》之一，咏太祖说：

> 香孩营里气葱茏，宅汴何如卜洛雄。
>
> 舆地全收十国旧，宽仁已变五朝风。
>
> 斧声终讶喧镫下，禅话虚传出袖中。
>
> 一代韩王称佐命，誓书金匮负匆匆。

乾隆时期成书的《四库全书总目提要》，对赵普的评价却很低。卷五十七《史部·传记类一》，在《名臣言行录》的提要中，即说赵普阴险，不应列入《名臣言行录》中。

姚椿《晚学斋文集》卷一的《赵普论》，是清代及其以前关于赵普的唯一一篇专论。现不嫌文赘，全录如下：

> 宋臣赵普，佐太祖、太宗平定天下，削一时之祸乱，为后嗣生民计，不可谓无大功。至其后构罢秦王廷美，复兴卢多逊之狱，君

臣之间，均抱惭德。此其功罪轻重大小间，昔之人论之详已。独其言进取契丹一事，论者或不同，是不可以无及焉。当宋之初，契丹之势，强盛过中国，虽弱于石晋之日，而较之周世宗时，则固异甚。盖太祖之得天下也，与世宗不同。世宗承先世遗业，鞭笞四方，罔有异志，故能慑伏中外；不幸中道崩陨，此固天之未欲亡契丹，而实宋世后患之所由滋也。至于宋而事势异矣。契丹未有大衅，徒以一边将言，横生嫌隙，此岂可为王者之师欤？是时普已年老，虽居相位，而实不持大权。观其于雍熙三年《请班师》及《论彗星》二疏，何其剀切详明。料事之审如此也。彼其鉴于石晋之失，知当时将材未有可以敌耶律休哥者，而亦自审己之材不逮王朴，是以姑为自守之计，以待能者。此虽与晋范文子请释楚以为外惧之说不同，而如子产所云，吾不足以定迁者，则实知之甚审矣。虽其贻谋不远，终为子孙后患，不得为无罪，然使当时卤莽取必，则亦未知事势之若何。如普所言，尚不失经邦谨慎之道，轻躁者讵易少之欤！元儒刘因氏，论事之有识者也，其作《白沟》诗，深咎普之失计。予向诵之，以为笃论。及后观吕氏《宋文鉴》所采普二疏，乃知因之言固未尽也。夫因素号有识，其为此言，当不虚妄。吾以为，使有唐太宗、周世宗者为之君，诸葛孔明、王猛、李德裕者为之臣，而又有如英、卫、李、郭以为之将，则代燕之役，无不可为。苟非其时与其人，则固不如自守之为愈。因之所言，亦自有其各当者也。虽然，普所言者，以之施于当时则可，若如晋之永嘉、宋之靖康，及如唐维州之役，而复持此论，则误国之臣，其咎乃更甚于主战者矣！有国之君子，于此疑似混淆之际，固不可以不审也。厥后因自编其诗为《丁亥集》，不存此篇，而后人乃采见于外集中。其或亦有自悟其未尽善者欤？

纵观赵普死后数百年间的情况，可以看到，对赵普的评价是每况愈下。

北宋时期，对于赵普的功业是非常推崇的，但《国史》和《实录》，却没有具体记载其功绩；同时，对于赵普为人品格的指责，却流传甚广。到南宋时期，对赵普的功业，已有非议。集权过甚，未取燕云，是遭受指责的主要之点。两宋时期，对于太祖、太宗的授受和"金匮之盟"，还没有可能公开评论。但是在南宋孝宗以后，皇权又回到太祖一支，"烛影斧声"的记载，遂进入官史《长编》之中。

元代，燕云的不能收复和文盛武衰，被认为是宋代积弱以至于亡国的主要原因，而罪责，就被归结到赵普身上了。宋人忌讳的"烛影斧声"之谜和"金匮之盟"，元人因身处异代，没有罹杀身之祸的危险，所以也公开加以探讨和评论。元人对于"金匮之盟"，一般是深信不疑的；而对于太祖之死，则多主张是太宗杀死的，并且认为祸根是赵普手书的"金匮之盟"。

明初，太祖朱元璋定下了对赵普评价的调子，于是，明人对于赵普的功业，一般无异词，即使是王学左派的李贽，也加以称颂；而对于赵普的不忠于太祖，就大加指责。"金匮之盟"仍无人怀疑，并多在授受问题上为太宗曲护。《史纲评要》力反常俗，对赵普的为人行事，多加否定，并说赵普与光义早在陈桥兵变时已经勾结，对太宗光义，也加以攻击。《史纲评要》的这种评论，开了清初否定赵普的先河。

清初，赵普的声誉，降到了最低点。清初的著名思想家王夫之的批评最为激烈，不仅全面否定赵普其人，而且否定了他所投身的宋初改革事业。

在八百多年间，无论对赵普的评价如何变化，衡量的标准却没有丝毫的变化。评论者无一不是站在封建统治阶级的立场上，依据封建道德，对赵普加以评论。赵普的所作所为对于当时的社会，对于广大民众，对于社会经济的发展，有些什么作用，却基本无人涉及。当然，我们不能苛求古人，但是我们应当记住，八百多年的评论，都是封建士大夫的评论，与我们今天的评论有着立场、观点、标准的根本不同。我们应该用马克思主义的立场、观点、方法，对赵普及其有关的问题，重新予以评价。

第三节　宋初事业评述

赵普一生的主要活动，与宋初的事业是密不可分的。要评价赵普的功过，不能不先对宋初的事业做出历史的估价。

（一）宋初事业的影响及成就

宋代，是中国历史上的一个重要转折时期，它的影响，直至近代。

早在明代，陈邦瞻在《宋史纪事本末·叙》中就曾指出："宇宙风气，其变之大者三：鸿荒一变而为唐虞，以至于周，七国为极；再变而为汉，以至于唐，五季为极；宋其三变，而吾未睹其极也。变未极，则治不得不相为因。今国家之制，民间之俗，官司之所行，儒者之所守，有一不与宋近者乎？非慕宋而乐趋之，而势固然已。"刘日梧在《刻宋史纪事本末序》中说："国家于宋称近古，高皇帝规天条地，国势之强弱大小，法度之疏密，虽不可同日语，然三代而降，其纪纲风俗，何遂能有加于乾德？"

近代思想家严复，在给熊纯如的信里说过："古人好读前四史，亦以其文字耳，若研究人心政俗之变，则赵宋一代历史，最宜究心。中国所以成为今日现象者，为善为恶，姑不具论，而为宋人之所造就，什八九可断言也。"[①]

金毓黻先生著《宋辽金史》第一册，在第一章的《总论》中说："国史上民族文化政治制度之大转换，凡有三时期，其一为秦汉，其二为隋唐，其三为宋辽金。""宋代膺古今最剧之变局，为划时代之一段。""凡近代之民族文化，政治制度，几乎无一不与之相缘，而莫能外，是宜大可注意者也。治宋辽金史，实为治近代史之始基。"

---

① 《学衡杂志》第 13 期，《严几道与熊纯如书札节钞》（三十九）。

一代史学大师陈寅恪先生更指出:"华夏民族之文化,历数千载之演进,造极于赵宋之世。""天水(指宋朝,因赵氏郡望是天水)一朝之文化,竟为我民族遗留之瑰宝。"①

胡如雷先生的《中国封建社会形态研究》一书,主张以公元960年,即赵宋皇朝的建立为路标,把中国封建社会的历史分为前期和后期,并且指出:"从发展的观点看,分裂割据有越来越弱的趋势,统一集权有越来越强的趋势,而这种彼弱此强的最主要的变化,发生在五代北宋之交。"

总之,处在中国封建社会后期的宋代,它的政治制度和思想文化,对以后几百年的中国历史,发生过巨大的影响。而宋代的政治制度,主要是在宋初确立的。在封建社会后期思想界占统治地位的理学,其产生也和宋初黄老思想的流行不无关系。可以毫不含糊地说,宋代具有深远影响的政治制度,正是宋初事业的核心,也是赵普平生事业的核心,其影响是勿庸再言了。

恩格斯指出:"国家权力对于经济发展的反作用可能有三种:它可以沿着同一方向起作用,在这种情况下就会发展得比较快;它可以沿着相反方向起作用,在这种情况下,它现在在每个大民族中经过一定的时期就都要遭到崩溃;或者是它可以阻碍经济发展沿着某些方向走,而推动它沿着另一种方向走,这第三种情况归根到底还是归结为前两种情况中的一种。但是很明显,在第二和第三种情况下,政治权力能给经济发展造成巨大的损害,并能引起大量的人力和物力的浪费。"②这就是说,一个政权对于经济的作用,可以通过经济发展的情况看出来,并加以衡量。

北宋的版图,小于汉、唐两朝;但是北宋生产力的发展的水平,却远高于汉、唐盛世。

宋代的经济发展有三大特点。一是把全国各个经济区——包括原来

---

① 《金明馆丛稿》二编,第245页,《寒柳堂集》,第162页。
② 傅筑夫:《中国经济史论丛》上册,第303页。

不甚发达的经济区，都密切地交织在一种国民经济的整体之中，普遍地发展起来。二是所有国民经济的各个部门，包括农业、手工业、国内商业和对外贸易等等，都在向前所未有的高峰迈进。三是当整个国民经济向广度方面和深度方面迅速发展的同时，经济的组织形态和经营方式亦都在由古代型向近代型转变。例如，城市商业即由宋初起，改变了自古以来的市坊制度和日中为市的限制，而变为近代型的城市商业。[①]

北宋的户口、垦田数和产量几个方面，都超过了汉代和唐代。北宋的全国户数，最高时达到2100万户左右；唐代的全国户数，最高时才达到890万户左右；西汉的户数，最高则在1200万户左右。[②]北宋的全国户口总数，较之唐代，约增加1200万户，较之汉代，约增加900万户。北宋的疆土虽然狭小于唐代，但是，耕地面积比唐代至少增加了600万顷左右。北宋的粮食亩产量和总产量，都是后来居上，非汉、唐两代所可比拟的。北宋的中等土地，大约中岁亩收一石，同唐代、汉代的记录大体相当。可是，由于宋量大于唐量，更大于汉量，北宋的亩产量实际比唐代增长25%强，比汉代增长将近一倍。北宋的粮食总产量大约相当于现在的1284亿斤，比唐代的595亿斤翻了一番还多，比汉代的320亿斤增长三倍有余，这样的增长率，在以墨守成规为特征之一的封建主义生产条件下，应当说是相当可观的。[③]对世界文明有着巨大影响的中国古代的四大发明中，活字印刷、指南针和火药的使用，都是在宋代完成的。据谢天佑、王家范两先生统计："中国封建社会粮食单产在两千年间是曲线上升的。其间出现四个明显的阶段性：一是汉武帝后，较战国增长百分之四十三；二是唐，较汉增长百分之三十一；三是宋，较汉增长百分之一百七十一，较唐增长百分之一百零六；四是明清，较宋又增长百分

---

①　《马克思恩格斯选集》第 4 卷，第 483 页。

②　均据梁方仲《中国历代户口、田地、田赋统计》一书。

③　张邦炜：《北宋租佃关系的发展及其影响》。

之四十一强。"^① 以上这些数字表明，从社会生产力的提高、封建经济的繁荣方面来说，在我国封建社会的历史上，北宋一代放射出来的光彩，是足以同汉、唐两代前后辉映、相互争妍的。

从宋代生产力的发展，宋代封建经济的繁荣，可以得出一个结论：北宋的国家权力对于促进封建经济的发展，是起了好的作用的，它在政治上的处理基本上是适合当时生产力发展需要的。

马克思指出："我们在亚洲各国经常可以看到，农业在某一个政府统治下衰落下去，而在另一个政府统治下又复兴起来。收成的好坏在那里决定于政府的好坏，正像在欧洲决定于天气的好坏一样。"^② 正是由于北宋封建政府实行的政策有利于生产的发展，北宋的经济才能有较大的发展。从这一点上讲，北宋封建政府，在其前期尚不失为一个"好政府"。而在北宋前期的一百多年里，基本是沿袭着宋初的制度、政策。由此可知，宋初的改革和统一事业，对于经济发展的有利一面是主要的；因此，对于宋初的事业——赵普平生的主要事业，基本应予肯定。

在中国历史上，秦汉以后，有过两次大的分裂时期。一是公元4到6世纪的南北朝时期，二是唐末五代时期。结束了第一个分裂时期的，是隋朝；而结束了第二个分裂时期的，就是北宋。但是，隋朝为时不长，从公元589年统一，到618年灭亡，不到三十年。继隋而起的唐朝，延续了几百年，成为封建盛世。北宋则不然，从公元978年基本统一，到1127年灭亡，延续了150年之久。北宋的统一，规模不如隋，版图小于唐，但是经济发展的水平却超越隋唐。元人称汉、唐、宋为"后三代"，^③ 不是没有道理的。由此看来，北宋统治集团的政策，自有其高明之处。正是这种政策，实现了中国历史上统一和分裂趋势强弱的转变。

对于社会经济的发展起了有利的作用，在历史又曾产生过巨大影响

---

① 谢天佑、王家范：《中国封建社会的再生产与农民战争的历史作用》。
② 《马克思恩格斯选集》第2卷，第65页。
③ 《陵川文集》卷十《温公画象》。

的宋初事业，其功绩是勿庸置疑的。其主要策划和执行者赵普，功绩自然是不言可知了。

（二）宋代积贫积弱的开始形成

谈到宋代的历史，人们总不免提到它的积贫积弱。积贫和积弱，成了赵宋皇朝的两个显著特征，也成了人们对于宋初事业指责的主要依据。

积贫，包含两重意义：一是国穷，即冗官、冗兵所造成的国家财政的困难；二是民贫，即为解决财政困难而扩大赋敛所造成的劳动人民的贫困。积弱，也包含两重意义，即：对内日益不能控制农民的暴动，对外日益无力抗拒辽、夏的侵扰。早在南宋时，叶适就说过："天下之弱势，历数古人之为国，无甚于本朝者。"[①]

但是，积贫积弱的局势是如何开始和形成的呢？

民贫，是历代封建王朝所共有的情况；而农民起义也是各朝所不免，这两点姑置不论。如此，则宋代之积贫积弱，主要是国贫和国势弱。而国势之弱，是造成国贫的主要原因之一。

南宋吕中说："国势之所以不若汉、唐者，则有由矣。盖我朝北不得幽冀，则河北不可都；西不得灵夏，则关中不可都；不得已而都汴梁之地，恃兵以为强，通漕以为利，此国势之弱一也。诸镇皆束手请命，归老宿卫，一兵之籍，一财之源，一地之守，皆人主自为之，郡县太轻而委琐不足恃，兵财尽关于上而迟重不易举，此国势之弱二也。以科举程度而取士，以铨选资格而任官，将帅知畏法而已，不敢法外以立功，士大夫知守法而已，不敢法外以荐士；论安言计，动引圣人，群疑满腹，众难拂膺，比古今儒者之所同病；而以朱墨为法，以议论为政，又本朝规模所独病，此国势之弱三也。故其始也，虽足以戢天下之异志，终也不足以弭夷敌嫚侮之骄心。""然太祖规模宏远，谋虑周防。""于文法之中，未尝抑天下之富商大贾；于格律之外，有以容天下之豪杰；是盖有以助我立国之势，

---

① 《水心别集》卷十四《纪纲三》。

转移阖辟之机，又非常法之所能拟议者。自太祖以来，外权愈困，内法愈密。以阵法图授诸将，则边庭亦如内地；支郡各自达于京师，则列郡无复重镇；加以河东之后，王师已疲，故虽以曹彬名将，而亦不能收一战之功。自是而后，偃兵息民，天下稍知有太平之乐，喜无事而畏生事，求无过而不求有功，而又文之以儒术，辅之以正论，人心日柔，人气日惰，人才日弱，举为懦弛之行，以相与奉繁密之法。"①吕中基本讲明了宋代积弱的根源和开始形成。其根源，此不具论；而开始形成于太宗时期，则是正确的。

宋代积弱局面的开始，是太平兴国四年（979）的北征失败，形成则在雍熙三年（986）的北征失败。

太祖时期，北部边境上，宋辽处于均势状态中，边境诸将，多能保境安民。太平兴国北征，败于高梁河，十几万大军溃败，宋军精锐被歼者不下数万。太平兴国五年（980）的莫州之败，又丧师数万。雍熙北征，岐沟、朔州、君子馆三战，宋军精锐被歼不下 20 万。于是，宋初以来选练的精锐部队损失殆尽，宋辽均势发生了变化，辽军占了优势，遂使黄河以北，赵、魏之间，不断遭到辽军侵扰；边境诸将，自顾不暇，任从辽军纵横驰骋。端拱二年（989）正月，知制诰田锡曾上疏指出："今委任将帅，而每事欲从中降诏，授以方略，或赐以阵图，依从则有未合宜，专断则是违上旨，以此制胜，未见其长。"②如此作战，不败何待？淳化二年（991）八月，太宗对近臣说："国家若无外忧，必有内患。外忧不过边事，皆可预防；惟奸邪无状，若为内患，深可惧也。帝王用心，常须谨此。"③从此，太宗便把主要精力放在如何预防朝廷内部的"奸邪"为患，如何确保皇位属于其家上。在这种思想指导下，又如何能够扭转颓势？！所以，雍熙败后，赵宋政权虽然大量招募，扩大军队数量，但是，宋辽之间的

---

① 《宋大事记讲义》卷一《国势论》。

② 《长编》卷三十。

③ 《长编》卷三十二；卷一百一十三，明道二年八月宋绶上言引。《太平治迹统类》卷三同。

均势却未能再恢复。在这种情况下，李继迁又崛起于西北，战斗力衰弱的宋军又屡战屡败，国势更弱。

事权的分化、荫补的增加，是历代封建王朝官吏增加的重要原因，宋代也不例外。宋代所不同于前代的一个原因，则是宋代科举取士的猛增。科举的滥觞，是宋代冗官的一个重要来源。太祖时期，科举取士，最多的一次31人，包括诸科在内，最多120多人。太宗即位甫始，在太平兴国二年便取进士109人，加上诸科共500人，总数增加到将近五倍之多。淳化三年，进士更达到353人，加上诸科，超过1000人，比之太平兴国二年，总数又翻了一番。据《通考》卷三十二《选举五·登科记总目》记载，太宗在位期间，共开科举八次，连诸科在内，共取9500多人。据《春明退朝录》卷下、《文昌杂录》卷六、《宋朝事实》卷九等处记载，太祖末年，文武朝官班簿200人左右；太宗末年，便达到400人，翻了一番。

任子之滥，也是从太宗时开始的。《宋大事记讲义》卷三《裁任子》记载："国初，任子之有限员者，无诞节之恩，无遗表之制，无郊禋之例，所补斋郎又以三岁复试，其入仕之路至难也。故任子之法，在三代则为世禄，在春秋则为世卿，在太祖时则为特恩，在至道后则为滥赏矣。"《宋史》卷一百五十九《选举五》记载："太祖初定任子之法，台省六品，诸司五品，登朝尝历两任，然后得请。始岁减补千牛、斋郎员额；斋郎须年貌合格、诵书精熟，乃得奏。""淳化改元恩，文班中书舍人、武班大将军以上，并许荫补，如遇转品，许更荫子，由是奏荐之恩始广。"至道二年，又开圣节奏荐之例。《长编》卷四十九记载，咸平四年（1001）六月，真宗减省天下冗吏，总括诸路，省去195802人。而开宝四年（971）时，诸道幕职、州县官阙800人。[①]可见19万多的冗吏，主要是在太宗时增加的。

---

① 《长编》卷十二。

冗兵的出现，也是在太宗时期。太祖初年，军队总数 22 万人；据仁宗时做过三司使的王拱辰和张方平说，其中精兵才 12 万人，这是当时的禁军之数，[①] 太祖末年，平定了荆湖、后蜀、南汉、江南诸地以后，军队总数达到 378000 人，这是收编了各割据政权的军队的结果。[②] 由于太祖时期汰兵归农，置剩员，军队总数才只增加了 80%，否则当不止此数。到太宗末年，军队总数达到 666000。太宗时，得吴越兵约 115000，漳泉兵约 19000 人，北汉兵 30000 人，共约 164000 人。如果除去这 164000 人，太宗时期净增军约 124000 人。曾巩曾说："太宗伐刘继元，驾前之兵盖十余万。""其后曹彬之败祁沟关也，在行之兵实二十万。既而杨业败于陈家谷口，刘廷让败于君子馆，全军殁焉。"[③] 高梁河、莫州、岐沟、朔州、君子馆五大败仗，宋军被歼至少达 30 万人以上。不到十年的时间内，损失如此惨重，太祖末年的军队，基本损失殆尽。所以，太宗末年的 66 万兵，至少有 40 万人是新招募的。如此算来，太宗时期净增的军队，超过太祖末年的军队总数。军队数目的增加，必然使军费增加，从而政府开支就要增加。真宗咸平二年（999）三月，朱台符在奏疏中指出，雍熙北征失败后，"屯兵马，益将帅，刍粟之飞挽，金帛之委输，赡给赏赐，不可胜数，由是国之食货，匮于河朔矣"。南宋的叶适也指出："召募之日广，供馈之日增，盖雍熙、端拱以后，契丹横不可制而然耳。"[④]

真宗即位不久，王禹偁在至道三年（997）五月上疏指出，当时"所蓄之兵，冗而不尽锐，所用之将，众而不自专"，所以"兵威不振，国用转急"，他建议："陛下宜经制兵赋如开宝中，则可以高枕而治矣。"咸平二年（999）闰三月，朱台符在奏疏中说，当时是"民财尽归于国，国用尽入于军，所以民困而国贫"。"自距马失律（即岐沟之败）以还，夏廷

① 《清波别志》卷上；《长编》卷一百五十九，庆历六年七月；《乐全集》卷二十三《再上国计事》。
② 《通考》卷一百五十二《兵四》。
③ 《元丰类稿》卷四十九《添兵》。
④ 《长编》卷四十四，《水心别集》卷十一《兵总论二》。

逆命之后，军声不震，庙胜无闻，一纪于兹，蒙耻未雪。"他认为："不任人无以安边，不安边无以省兵，不省兵无以惜费，不惜费无以宽民，不宽民无以致治。舍此数事，虽有智者，不能为陛下计之矣。""当今之急，莫若修兵农之政，择牧宰之官，节军国之用，弛筦榷之利。稽古以行道，随时而立法，易权宜之制，定久长之策。"① 这些奏议反映出，在太宗时期，积贫积弱的局势已经形成，从而引起有识见的士大夫的忧虑了。

真宗在即位初年，务行抚绥，裁减官吏。澶渊之盟以后，边事稍宁，积贫积弱的情况有所改善。但是，"天书夜半授真符，西祀东封礼各殊"。"一钉未拔多疮痏，五鬼纷来欲啸呼。"② 大量的财物被耗费，积贫之势，更趋严重。而和议成后，军队的训练和整顿，更提不上议事日程。富弼后来在《河北守御十二策》中就说，"论和之后，武备皆废"。到仁宗时，"兵士杂于疲老，而未尝申敕训练，又不为之择将而久其疆场之权；宿卫则聚卒伍无赖之人，而未有以变五代姑息羁縻之俗"。③ 积弱之势，已积重难返了。所以，"方庆历、嘉祐，世之名士常患法之不变也"。④

综上所述可知，北宋的积贫积弱之势，是在太宗时期开始形成的。积贫积弱局势的形成，思想上同黄老之学的流行有关，因循缄默成风；政治上同皇权的转移有关，太宗、真宗两代都不能摆脱这个沉重的包袱；客观上，同辽和西夏占据了地理优势有关，实际成为三国鼎立局势。从根本上说，是封建社会进入后期而使然，封建统治者已经不可能稍为长久地维持强盛局面了。

在太祖时期，基本没有出现积贫积弱的情况，因此，对于宋初事业的评价应当是肯定的。历史是不断前进的，情况是不断发展变化的。不要说永远适用的国策，即使是几代适用、一成不变的国策也是没有的。

---

① 《诸臣奏议》卷一百四十五《上真宗论军国大政五事》，卷三十七《上真宗应诏论彗星旱灾》；《长编》卷四十四。

② 《潜研堂诗集·续集》卷二《汴中咏古》之三。

③ 《长编》卷一百五十，庆历四年六月；《临川先生文集》卷四十一《本朝百年无事札子》。

④ 《陈亮集》卷十一《铨选资格》。

治国的政策必须随着情况的发展变化而变化。吕中说得好："天下无百年
不弊之法，谋国者当因法以革弊，不当因弊以立法。"[①] 因此，我们不能
要求太祖和赵普在制定国策之时，预先就考虑到几十年以后的情况，看
到几十年以后的事情。因此，会产生什么后果，必须在实践中才能发现，
而不可能事先全部预测到。太祖和赵普根据唐末五代的情况进行了改革，
除去了唐末五代的弊病，在当时也没有出现严重的弊病，应当说，这种
改革是适应了当时的客观要求，达到了预期的目的。至于后来产生的种
种弊病，虽与之不无关系，但主要应由后来的统治者负责。如果据此认为，
不能高度评价宋初的事业，那是不恰当的。人们没有因为成、哀衰世而
贬低文、景之治，也没有因为安史之乱而追咎贞观之治，那么，对于宋
初的事业，当然不应以太宗以后的积贫积弱之势来贬损了。

第四节　赵普的历史地位

赵普的一生，经历了五代和宋初两个时期。他七十年的生涯，可以
960 年和 973 年为界，分为三个阶段：960 年以前的三十八年，是早年；
960 年至 973 年的十四年，是执政时期；973 年以后的十九年，是晚年。
赵普的政治活动，主要是在第二阶段的十四年中。

太祖在位十七年（960—976），其中，赵普有十四年（960—973）活
跃在中央政府中，先任枢密副使，继任枢密使，然后独相十年，是太祖
的主要辅臣。太祖长于将略，赵普长于吏道，善于出谋划策，"智深如谷"，
弥补了太祖的不足，相得益彰。宋初的开国大政，多依赖于赵普的策划。
"当国事草创，制度周悉，无出其右"。在太祖众多的大臣之中，赵普的
地位和影响，是他人远不可及的。所以太祖说："朕与卿（赵普）平祸乱

---

① 　《宋大事记讲义》卷一《制度论》。

以取天下，所创法度，子孙若能谨守，虽百世可也。"①

　　正是在太祖时期，基本奠定并巩固了北宋的统一局面。赵普的主要政治活动，就是辅佐太祖进行改革和统一事业。王安石在他著名的《本朝百年无事札子》中指出，太祖"除苛赋，止虐刑，废强横之藩镇。诛贪残之官吏，以简俭为天下先"。曾巩在给神宗的奏议中说："宋兴，太祖皇帝为民去大残，致更生，兵不再试，而粤、蜀、吴、楚五国之君，生致阙下，九州来同，复禹之迹。内辑师旅，而齐以节制，外卑藩服，而纠以绳墨，所以安百姓，御四夷，纲理万事之具。虽创始经营，而弥纶已悉。"②而这些事业，都是与赵普的辅佐分不开的。《宋史》本传的论赞说："及其当揆，献可替否，惟义之从，未尝以勋旧自伐。偃武而修文，慎罚而薄敛，三百余年之宏规，若平昔素定，一旦举而措之。"赵普的主要活动，是与太祖密不可分的，是与宋初的事业密不可分的。

　　列宁指出："判断历史的功绩，不是根据历史活动家没有提供现代所要求的东西，而是根据他们比他们的前辈提供了新的东西。"③赵普辅佐太祖进行了统一战争和巩固统一的改革，他提供了统一战略和改革方案并予以实施，从而实现了统一安定的新局面，对于中国历史的发展，做出了重大贡献：

　　第一，结束了分裂割据的局面，基本实现了统一。中唐以来的二百年间，藩镇割据，战争不息。"陵夷以至五代，而武夫用事，贤者伏匿消沮而不见在位，无复有知君臣之义、上下之礼者也。当是之时，变置社稷，盖甚于奕棋之易，而元元肝脑涂地，幸而不转死于沟壑者无几耳。"④"在这种普遍的混乱状态中，王权是进步的因素，这一点是十分清楚的。在漫无秩序中它是秩序的代表，它把正在形成中的国家和叛乱不已的各诸

---

①　《建炎以来系年要录》卷六十一，绍兴二年十二月，吕颐浩言。
②　《临川先生文集》卷四十一，《诸臣奏议》卷十二《上神宗乞兢兢寅畏以保祖宗基业》。
③　《列宁全集》第2卷，第150页。着重号是原有的。
④　《临川先生文集》卷三十九《上仁宗皇帝言事书》。

侯国家所造成的分裂状态形成了一个对比。在封建主义外衣下所形成的一切革命因素之倾向王权，也正如王权之倾向它们一样。"[1]统一的进步意义是不言而喻的，也是符合广大人民要求，并为人民所支持的。

第二，通过军事和政治方面的改革，特别是法制的建立和完善，成功地巩固了北宋的统一，防止了割据和分裂的再发生，带来了和平与安定，使人民得以脱离战乱之苦，人民是欢迎的。

第三，由于实行了正确的边防政策，又能够信任和放手使用边防将领，保障了北部边防的巩固和安宁，使宋初二十年无北面之忧，河北和河东一带人民的生命财产得到保障，有可能安心从事生产。

第四，统一安定局面的出现，经济方面的一些措施，奠定了北宋经济文化发展的基础，使北宋的经济得以在全国范围内发展，达到超越汉、唐的水平。

毫无疑问，太祖也好，赵普也好，都是时代的产物，由于北宋初年的统一和安定的时代要求已成为不可阻挡的时代潮流，太祖和赵普才能够由于自身所处的地位和条件，顺应时代的要求，肩负起历史的重任，领导完成了统一的历史任务（基本！）。并且巩固了这个统一，从而对历史发展做出了积极的贡献，在历史上发挥了积极的作用。这是应当肯定和高度评价的。普列汉诺夫说过："一个伟大人物之所以伟大，并不是因为他的个人特点使伟大的历史事变具有个别的外貌，而是因为他所具备的特点使他自己最能为当时在一般的和特殊的原因影响下所发生的伟大社会需要服务。"[2]赵普正是由于致力于当时的社会需要，才最大限度地发挥了自己的作用。他没有使宋初的改革和统一事业具有鲜明的自己的独特风貌特点，他的功业不能和太祖分开来，但是他仍然对历史发展做出了贡献，成为他那个时代的伟大人物，也值得我们今天肯定和赞许。

---

① 《马克思恩格斯全集》第21卷，第453页。
② 《论个人在历史上的作用问题》，第38页。

　　赵普辅佐太祖所进行的改革和统一事业，有其继承性，是在唐末和五代许多统治者——特别是周世宗的改革基础上，汲取了他们的经验教训，才得以获得成功的。金毓黻先生说过："宋立国规模，非尽启自太祖，而为之前驱者，是为周世宗。""宋太祖名为篡周自立，不啻为负荷世宗志业、肯构肯堂之嫡子。"[①] 然而，宋初的改革和统一事业，无论在深度还是广度上，都大大超过了宋代以前的统治者，这不能不归功于太祖和赵普等人的努力。

　　当然，赵普辅佐太祖进行的改革与统一事业，其目的并不是为了人民，而是为了赵宋封建王朝的长治久安，这是他们的阶级本性所决定的。北宋初年，统治者关心的是封建统治的巩固和稳定，是维护封建地主阶级的利益，对于广大民众的生活是漠不关心的。他们既不可能完全除去五代弊政，又不可能不产生新的弊端。五代的苛捐杂税，多被继承下来，直到真宗继位后，"天下宿逋，自五代至今，理督未已，民病不能胜"。[②] 同时，"恩逮于百官者，惟恐其不足；财取于万民者，不留其有余"。[③] 人民欢迎统一，支持统一，为统一事业做出了巨大的贡献和牺牲，并且用辛勤的劳动，创造出宋代繁荣的经济和文化；但是，统一的赵宋皇朝，使人民在摆脱战乱之苦以后，又戴上新的枷锁，仍旧遭受残酷的剥削与压迫，过着痛苦的悲惨生活，这是历史的悲剧。然而，在当时的历史条件下，要完成统一祖国的历史任务，别无选择，只有通过太祖和赵普一类的帝王将相来实现。统一的完成和巩固，便是皇权和中央集权的加强，就不可避免地要出现强化了的封建专制统治，受益的主要是封建地主阶级。这是历史的必然，也是时代和阶级的局限性所致，我们应当看到这些，并且指出来，却不应以此便否定了统一的历史功绩。

　　作为封建士大夫一员的赵普，不可能超脱他所处的时代和他所属的

① 《宋辽金史》第一册第二章。"肯构肯堂"，比喻儿子能忠实地继承父业。

② 《长编》卷四十二，至道三年十一月。

③ 《廿二史劄记》卷二十五《宋制禄之厚》。

阶级。他忠于自己的阶级，并为其统治的稳定长久做出了最大的努力，因此博得了赵宋朝廷的褒奖和封建史家的称颂。但在客观上，他认清了时代的要求，把握了时代的中心问题，从而在一定程度上顺应了时代潮流，对于中国历史的发展，对于当时社会经济的发展，对当时的人民，做出了积极的贡献。赵普的忌刻，专权，贪污，受贿，聚敛，贪恋权位，喜报私怨，都是历史事实，他不是一个洁身自好的封建大臣。然而，他"过率私行，功在国家"，瑕不掩瑜。从他一生活动的主要方面来看，在历史上起了积极的作用，是应予肯定的。赵普不愧是我国封建时代的一位杰出的政治家。他的以天下事为己任的精神，他的重视法制的为政，他的举贤任能，他的不为亲属求恩泽，即使在今天，也有着重要的借鉴意义，值得提倡和学习。

赵普年表简编

赵普，字则平，幽州蓟县（今北京市）人。少习吏事，以吏道闻。入宋后，好读书，手不释卷，晚年颇该博。性沉厚寡言，有大略，嫉恶强直，刚毅果断，能以天下事为己任。但多忌克，为政专，故廷臣多忌之。官至太师、中书令，先后封梁国公、许国公、魏国公，谥忠献，追封真定王，再追封韩王。世称赵中令、赵忠献、赵韩王。

父亲赵迥，曾任相州司马，追赠齐国公。祖父赵全宝，曾任澶州司马，追赠赵国公。曾祖父赵冀，曾任三河令，追赠吴国公。

妻三人：长卫国夫人魏氏，常山豪族之女，生承宗；次齐国夫人魏氏，生承煦；次陈国夫人和氏，后晋宰相和凝之女，生二女。

弟三人：贞（固），安易，正。妹一人，嫁侯仁宝。

子二人：承宗，承煦。女二人：志愿、志英。

922 年，后梁龙德二年，一岁

七月，生于幽州蓟县。

923 年，后唐同光元年，二岁

十月，晋王李存勖攻灭后梁，建后唐，是为庄宗。

926 年，后唐天成元年，五岁

四月，李嗣源攻下洛阳，庄宗被杀，嗣源即位，是为明宗。

927 年，后唐天成二年，六岁

二月，赵匡胤生于洛阳夹马营。

930 年，后唐天成五年，九岁

弟安易生于蓟县，已有弟贞。

936 年，后晋天福元年，十五岁

九月，石敬瑭引契丹兵南下。十一月，幽帅赵德钧父子投降契丹，后唐末帝死，后唐亡。石敬瑭建后晋，是为高祖。

因幽州陷于战乱之中，赵普的父亲赵迥举族迁徙到常山（今河北省正定县）。

在常山，赵普娶豪族魏氏之女为妻。

939 年，后晋天福四年，十八岁

十月，赵匡义生于开封府浚义县崇德北坊官舍。匡胤十三岁。

941 年，后晋天福六年，二十岁

天雄军节度使安重荣举兵反抗后晋朝廷失败。常山大乱，赵普随父亲迁往洛阳。赵普一家遂定居洛阳。

赵普可能在此年年底或次年年初进入藩镇幕府。

946 年，后晋开运三年，二十五岁

十二月，契丹灭晋，俘虏后晋出帝。洛阳大乱。赵普至迟在此时离家，进入藩镇幕府做事，开始了政治生涯。

947 年，后汉天福十二年，二十六岁

二月，契丹改国号为大辽。刘知远即帝位于太原，是为后汉高祖。

三月，辽太宗北返。四月，死于途中。

六月，刘知远入洛阳，复都大梁，建后汉。

匡美生。匡胤二十一岁，匡义九岁。

赵普在藩镇幕府。

951 年，后周广顺元年，三十岁

正月，郭威灭后汉，即皇帝位，建后周，是为太祖。

赵普生子承宗，赵匡胤生子德昭。

954 年，后周显德元年，三十三岁

正月，郭威死，柴荣即位，是为世宗，时年三十四岁。

三月，高平之战，世宗击破北汉军，赵匡胤因功升为殿前散员都虞候，领严州刺史。

七月，刘词为永兴军节度使，辟赵普为从事。

十月，周世宗下令整军，殿前司正式独立。赵匡胤升为殿前都虞候。张永德为殿前都指挥使。

955 年，后周显德二年，三十四岁

在永兴军节度使幕府。十二月（按公历，已是 956 年），刘词死于永兴军节度使任上，遗表推荐赵普"有才、可用"。

956 年，后周显德三年，三十五岁

二月，周世宗用兵淮南，赵匡胤率军攻克滁州。宰相范质表荐赵普为滁州军事判官。上任滁州，初遇赵匡胤，以吏干而为匡胤看重。匡胤父亲弘殷在滁州养病，尽心服侍，从此被待以宗分。

六月，淮南初平，赵普调任渭州军事判官。

七月，赵弘殷在返回京师的途中死去。

十月，赵匡胤因淮南战功，升为匡国军节度使兼殿前都指挥使，时年三十岁。赵匡胤表为节度推官，收入幕府中。

957 年，后周显德四年，三十六岁

五月，赵匡胤从世宗征淮南还，拜义成军节度使、检校太保，仍为殿前都指挥使。在匡胤幕府为从事。

958 年，后周显德五年，三十七岁

三月，周世宗平定淮南，十四州归入后周版图。

五月，因平淮南功，赵匡胤领忠武节度使，仍为从事。

959 年，后周显德六年，三十八岁

二月，枢密使王朴死。

六月，周世宗北征，得关南地，因病班师。罢张永德殿前都点检，升赵匡胤为检校太傅、殿前都点检。

六月十九日，周世宗死，年三十九岁。子宗训即位，七岁。范质、

王溥、魏仁浦并相，执掌朝政。

七月，赵匡胤领归德军节度使，仍兼殿前都点检，表为掌书记。

是年，赵匡胤三十三岁，匡义二十一岁，匡美十三岁，德昭、承宗九岁。

960 年，宋建隆元年，三十九岁

正月，指挥发动陈桥兵变，赵匡胤黄袍加身，登上帝位，建立宋朝，是为太祖。以佐命功，为右谏议大夫、枢密直学士。

匡义改名光义，为殿前都虞候。匡美改名光美。

三月，撰《龙飞日历》。

五—六月，从太祖平定泽潞的李筠之乱。

八月，以从平李筠功，迁兵部侍郎，充枢密副使。光义领泰宁军节度使，仍为殿前都虞候。

十一十一月，从太祖平定淮南李重进。

冬，太祖与光义雪夜至赵普家，定先南后北的统一战略。

961 年，建隆二年，四十岁

六月，杜太后死。

七月，与太祖讨论长久之策，建削夺方镇的三大纲领。

屡次建议太祖收宿将兵权，太祖遂有"杯酒释兵权"之举，石守信、高怀德、王审琦、张令铎等皆罢军职，出为节度使。

光义为开封尹，光美行兴元尹。

八月，南唐主李璟死，子煜嗣立。

执易定节度使孙行友，削官勒归私第。

《周世宗实录》成。

是年，赐"推忠佐理"的功臣名号。

962 年，建隆三年，四十一岁

二月，滑州节度使张建丰坐失火免官。

六月，枢密使吴廷祚以雄武军节度使罢。

八月，用知制诰高锡言，诸行赂获荐者许告讦，奴婢邻亲能告者赏。诏诸道司法参军皆以律疏试判。

十月，为检校太保，充枢密使。

十一月，县令考课以户口增减为黜陟。

十二月，每县设县尉一员，受理盗讼；按县户数的差别置弓手不等。

于是，节度使的权力被限于城郭之内。这是赵普之谋。

963 年，乾德元年，四十二岁

二月，平定荆南。太祖要用宿将符彦卿典禁兵，因赵普极力反对而使太祖作罢。

三月，平定湖南。

四月，在湖南设通判。这是通判设置的开始。

六月，开始以常参官知县。

七月，班重定《刑统》三十卷，《编敕》四卷。

十二月，加光禄大夫，易功臣号为"推忠协谋佐理"。光义、光美、范质以下文武臣僚各进阶、勋、爵、邑。

964 年，乾德二年，四十三岁

正月，令郡国长吏劝农耕作。此后每逢岁首，即下此令。

范质、王溥、魏仁浦三相罢。为门下侍郎平章事，集贤院大学士。李崇矩为检校太尉，充枢密使，时年四十一岁。

上《请行百官考绩疏》，太祖从之。

四月，初设参知政事为副相，以薛居正、吕馀庆为之，不宣制，不押班，不知印，止令就宣徽使厅上事，殿廷别设砖位于宰相后。敕尾署衔降宰相数字，月俸、杂给皆半之。

六月，以光义为中书令，光美同中书门下平章事，德昭贵州防御使。

七月，令藩镇勿以初官为掌书记。

九月，范质死，年五十四岁。

十一月，王全斌等人将步骑五万伐蜀。

是年，次妻魏氏生子承煦。

965年，乾德三年，四十四岁

正月，蜀主孟昶投降，平定蜀地。

二月，命参知政事吕馀庆权知成都府，枢密直学士冯瓒权知梓州。

三月，收藩镇财权。置转运使。

八月，收各道兵骁勇者入禁军。

十二月，诏西川管内监军、巡检毋预州事。

966年，乾德四年，四十五岁

五月，太祖说："宰相须用读书人。"常劝赵普读书。遂手不释卷，学识大为长进。

八月，知梓州冯瓒等人因贿赂光义，流沙门岛等地。或言为赵普陷害。

闰八月，下诏劝农。

冬，下令抑通判权。

967年，乾德五年，四十六岁

正月，王全斌等人坐伐蜀黩货杀降，被责降。

二月，太祖以私取亲兵为腹心，要杀殿前都指挥使韩重赟，赵普极力救解得免，出为节度使。

三月，加尚书左仆射兼门下侍郎，充昭文馆大学士。

十二月癸酉（19），以母忧去位。丙子（22），起复。

968年，开宝元年，四十七岁

正月，参知政事吕馀庆自成都召回。

三月，班县令、尉捕盗令。

七月，太祖欲攻江南等国，推荐曹彬、潘美可用。

八月，命李继勋等率兵攻北汉。十一月，因辽军来援，引归。

十月，雷德骧攻之，太祖说："鼎铛尚有耳，汝不闻赵普吾之社稷臣乎！"责授德骧司户参军。

十二月，因行庆，与光义、光美、枢密使李崇矩及诸道蕃侯一道，加勋爵有差。

969 年，开宝二年，四十八岁

二月，从太祖攻打北汉。闰五月，辽以兵来援，李光赞建议班师，赵普赞成，无功而还。

闰五月，右仆射魏仁浦死，年五十九岁。

十月，节度使武行德、郭从义、王彦超、白重赞、杨廷璋等，罢为散职。

十二月，病，太祖到中书看望。

970 年，开宝三年，四十九岁

三月，卧病，太祖到家中探视，赐与甚厚，落起复。

九月，令潘美、尹崇珂等率军攻打南汉。唐太宗等二十七陵尝被盗发者，诏有司备法服、常服各一袭，具棺椁重葬，所在长吏致祭。这是赵普早年的心愿。

971 年，开宝四年，五十岁

二月，俘南汉主刘鋹，平定广南。

三月，赵玭攻之，太祖将下制逐普，王溥救解。四月，反以诬毁大臣责玭为汝州牙校。

七月，赐开封尹光义门戟十四。

十一月，吴越送与瓜子金十瓶，为太祖见之。此前，在太祖允许下，受江南国主银五万两。

江南国主李煜乞去国号呼名，从之。

原为光义幕僚的姚恕，为赵普因故致弃市。

十二月，与光义、光美、德昭同益食邑。

972 年，开宝五年，五十一岁

正月，省州县小吏及直力人。

二月，以兵部侍郎刘熙古参知政事。

五月，并广南州、县。

五—六月，黄河屡决，河南北诸州皆大水。

八月，开始设置转运判官于岭南，许九言为之。

九月，枢密使李崇矩将女儿嫁给赵普长子承宗。太祖知道后，下令候对时，枢密使与宰相分开。不久，罢李崇矩为镇国军节度使。

十一月，太祖命参知政事薛居正、吕馀庆分兼淮南、湖南、岭南转运使和荆南、剑南转运使。

十二月，推荐辛仲甫有武干，太祖用为西川兵马都监。开封尹光义暴疾，太祖到他家中探望。

是年，承宗二十二岁。

973 年，开宝六年，五十二岁

正月，设置蜀水陆转运计度使。

三月，周郑王柴宗训死于房州（今湖北省房县），年二十一岁，谥为恭帝。

复试进士于讲武殿，宋代从此开始殿试。

镇国节度使李崇矩责授左卫大将军。

四月，召光义与石守信等赏花习射于苑中，不与。妹夫侯仁宝出知邕州（今广西南宁市）。

卢多逊出使江南，还，太祖始有意大用。

五月，参知政事刘熙古以户部尚书致仕。因中书吏擅权多奸赃，下诏令兼用流内州县官。

六月，雷德骧子有邻告赵普祖护堂吏胡赞等不法，赞及李可度并杖、籍没。以有邻为秘书省正字。诏参知政事薛居正、吕馀庆升都堂同议政事，分知印、押班、奏事，以分普之权。

七月，诸州府置司寇参军。

八月，罢为检校太尉、河阳三城节度使（治孟州，今河南孟州市）、同平章事。次子承煦十岁，为牙职侍行。

九月，参知政事吕馀庆以疾求解职，罢为尚书左丞。

光义封晋王，位居宰相之上。光美、德昭并进爵。

薛居正、沈义伦并平章事，卢多逊为参知政事。

石守信、高怀德、王审琦并加官。

太祖之妹、高怀德之妻燕国长公主死。

十月，特赦诸官奸赃。

除名人雷德骧为秘书丞，分判御史台三院事。

十二月，卢多逊父亿，见多逊攻倒赵普，忧惧而死。诏多逊起复视事。

行《开宝通礼》。

是岁，诏诸州守臣，非圣节进奉，自馀诸般进奉钱物，并留本州管系，不得押领上京。圣节进奉始此。

是年，光义三十五岁，光美二十七岁，德昭二十三岁，德芳十五岁。赵普长子承宗二十三岁。薛居正六十二岁，沈义伦六十五岁，卢多逊四十岁。

974 年，开宝七年，五十三岁

四月，追赠杜太后之父、祖、曾祖三代祖与姚官爵。

五—七月，在讲武池演习水战，太祖几次亲临观看。

八月，忠武节度使、同平章事王审琦死，赠中书令，谥忠懿，追封琅琊郡王，年五十。赙赠并加等，辍视朝五日。

十月，曹彬、潘美等人领兵十万，由荆南去攻打江南李煜。

闰十月，薛居正等上《五代史》。

是年，赵普在孟州。

975 年，开宝八年，五十四岁

十一月，平定江南，俘李煜。

是年，赵普在孟州，上表贺平江南。

976 年，开宝九年，五十五岁

正月—二月，晋王光义率群臣三上尊号，内有"一统太平"字样，太祖以汾晋未平，燕蓟未复，不欲称一统太平，不允。

二月，曹彬为枢密使，领忠武军节度使，加检校太尉，年四十六岁。

卢多逊为吏部侍郎，仍参知政事。

钱俶自吴越到汴京朝见，三月，返回吴越。俶年四十八岁。

三月，以德芳为检校太保、贵州防御使。留沈义伦、王仁赡留守东京，太祖率晋王以下群臣，离京去西京洛阳。

四月，曹翰拔江州，江南完全平定。

在西京，太祖合祭天地。

太祖返回汴京。光义以下内外文武臣僚进阶封。

六月，太祖到光义家。

七月，太祖到光义家，三次到光美家。

八月，以楚昭辅、潘美分领宣徽南、北院事。太祖派遣党进、潘美等人领兵，分五道攻北汉。

九月，太祖到光义家。

十月初六，太祖到西教场观武。

二十日，太祖猝逝，年五十岁。

二十一日，晋王光义即位，是为太宗。光美改名廷美。

二十七日，廷美为开封尹兼中书令，封齐王；德昭为永兴军节度使兼侍中，封武功郡王；德芳为山南西道节度使、兴元尹、同平章事。

薛居正、沈伦（即沈义伦）、卢多逊三人并相，曹彬枢密使同平章事，楚昭辅枢密使，潘美宣徽南院使。内外官进秩有差。

十一月，诏廷美、德昭位在宰相之上。

诏怀州直属京。怀州是河阳节度使赵普管辖的支郡。

诏诸道转运使察州县官吏能否，第为三等，岁终以闻。

下令诸州大索知天文数术人送阙下。

十二月，大赦，改元太平兴国。

命太祖及廷美子女均称皇子、皇女。

赵普和节度使向拱、张永德、高怀德、冯继业、张美、刘廷让等七人来京朝见太宗。

是年,太宗三十八岁,廷美三十岁,德昭二十六岁,德芳十八岁。

977 年,太平兴国二年,五十六岁

正月,太宗诏中外臣僚,自今不得因乘传出入,赍轻货,邀厚利,并不得令人于诸处回图,与民争利。又申禁藩镇补亲吏为镇将。

取进士及诸科五百人。吕蒙正状元,三十四岁;张齐贤进士,三十五岁。

三月,赵普朝见,罢为太子少保留京师。此后,常从者皆去,唯王继英奉事愈谨。

四月,葬太祖于永昌陵。

五月,向拱、张永德、张美、刘廷让均罢节镇,为诸卫上将军。

闰七月,诏各州并直属京,节镇无复领支郡。

是年冬,准备攻打北汉。

978 年,太平兴国三年,五十七岁

正月,命修《太祖实录》。

二月,以三馆新修书院为崇文院。

三月,吴越国王钱俶到京朝见太宗。

四月,置诸道转运判官。

陈洪进献漳、泉二州,以为武宁军节度使、同平章事。洪进年六十五岁。

钱俶上表求还,不许。

五月,钱俶献两浙十三州一军,封为淮海国王。钱俶年五十岁。

七月,右千牛卫上将军李煜死,年四十二岁,赠太师,追封吴王。

十月,太宗到廷美、德昭府第,赐二人及德芳银绢有差。

十一月,祀天地于圜丘,大赦。太宗御乾元殿受尊号。太宗到齐王廷美府第。

以郊祀,中外文武加恩,迁太子太保。

是年，行《太平兴国编敕》十五卷。

赵普已有二女，皆和氏生，均封郡主。

979 年，太平兴国四年，五十八岁

正月，太宗派潘美率诸将领兵伐北汉。

二月，留沈伦、王仁赡等人留守京师，太宗亲征北汉。廷美、赵普皆从行。

四月，以石熙载为枢密副使，年五十二岁。这是太宗早年幕僚执掌枢密院之开始。

五月，刘继元降，平定北汉。太宗督率诸将自太原出发，攻打燕云，赵普从行。

七月，宋军与辽军在高梁河交战，宋军大败溃逃，太宗股中两箭，乘驴车而遁。

八月，太宗责降从征幽州将领石守信、刘遇等人。

德昭被逼自杀，年二十九岁，追封魏王。

十月，辽军大举入侵。

赏平太原功，廷美进封秦王，薛居正以下文武从臣进秩有差。赵普虽从征，但覃赏未及。

十二月，置诸州司理判官。

980 年，太平兴国五年，五十九岁

三月，左监门卫上将军刘𬭤死，年三十九岁，赠太师，追封南越王。

辽军侵雁门，杨业击却之。

六月，赵普妹夫侯仁宝，知邕州九年，不得代，上书乞面阙陈讨交趾策，复为卢多逊沮之。

七月，以侯仁宝为交州路水陆转运使，与孙全兴等人领兵讨交趾。

九月，史馆上《太祖实录》五十卷，此即后来所称的《太祖旧录》。

十一月，太宗留秦王廷美与王仁赡等人留守东京，亲自北巡。宋诸军与辽军战于莫州，为辽将休哥大败之。

十二月，太宗返回汴京。

是年，以太子太保在京师。太宗北巡，不知从行否。

981 年，太平兴国六年，六十岁

三月，兴元尹德芳死，年二十三岁，追封岐王。

侯仁宝死于白藤江口，讨交趾师返。

六月，首相——司空、平章事薛居正死，年七十岁。赠太尉、中书令，谥文惠。

九月，普长子承宗三十岁，知潭州（今湖南省长沙市），受诏归阙，与燕国长公主和高怀德之女成婚。未逾月，多逊白遣归任，普由是愤怒。柴禹锡告秦王廷美有阴谋。太宗召对普，普言愿备枢轴，以察奸变。退，上书言"金匮之盟"事，太宗大喜，即留承宗京师。以赵普为司徒兼侍中，昭文馆大学士，为首相；石熙载为枢密使。

秦王廷美乞班普下，从之。

设差遣院掌京朝官考课。

十一月，追究交趾之败，交州行营部署孙全兴弃市。

合祭天地于圜丘，大赦。赵普封梁国公。

枢密使楚昭辅罢为左骁卫上将军，年六十八岁。

982 年，太平兴国七年，六十一岁

二月，判三司王仁赡罢，数日卒，年六十六岁。

燕国长公主的长女封高平县主，即承宗之妻；次女封真宁县主。

三月，罢廷美开封尹，授西京留守。

四月初三，以窦偁、郭贽为参知政事，柴禹锡为宣徽北院使兼枢密副使。

初七，卢多逊罢相，责授兵部尚书，下御史狱，追究与廷美交通事。多逊年四十九岁。

十六日，削夺多逊官爵，并家属流崖州（今广东省崖县），廷美勒归私第。

十八日，诏廷美男女正名呼。

十九日，因卢多逊事，沈伦罢相，责授工部尚书。

二十一日，中书舍人李穆，因与多逊厚，责授司封员外郎。

五月，定难军留后李继捧到京朝见，献所管五州八县。

降廷美为涪陵县公，房州安置。

七月，太宗封其长子德崇卫王，次子德明广平郡王，并同平章事，分日赴中书视事。德崇时年二十二岁，德明十七岁。

赵普的亲家——燕国长公主之夫高怀德死，年五十七岁。赠中书令，追封渤海郡王，谥武穆，辍视朝三日。

沈伦以左仆射致仕。

八月，太子太师王溥死，年六十一岁。赠侍中，谥文康。

九月，辽穆宗耶律璟死。圣宗继位，母承天后萧氏专权。

十月，参知政事窦偁死，年五十八岁。

十二月，楚昭辅死，年六十九岁。赠侍中，谥景襄。

闰十二月，诸州置农师。

983年，太平兴国八年，六十二岁

正月，弭德超巧诬曹彬，罢彬枢密使，为天平节度使兼侍中。王显、弭德超为宣徽南、北院使，并兼枢密副使。

三月，以宋琪为参知政事。

始分三司为三部，各置使。

四月，赵普为曹彬辨解，弭德超又骂枢密副使王显、柴禹锡，遂将弭德超除名，并家属流琼州。

五月，黄河决口，南行入淮河。

六月，以王显为枢密使，柴禹锡为宣徽南院使兼枢密副使。

七月，郭贽罢参知政事，李昉为参知政事。

八月，枢密使石熙载罢为右仆射。

九月，初置水陆路发运于京师。

十月，太宗将其子的世次由"德"改为"元"，以与太祖子区别。

太宗五子改名，并封王，加同平章事。

赵普罢相，为武胜军节度使（治邓州，今河南省邓州市）、检校太尉兼侍中。子承煦二十岁，为牙职侍行。

十一月，宋琪、李昉为相，李穆、吕蒙正、李至并参知政事，张齐贤、王沔并同签署枢密院事。

太宗令五子同日赴中书视事，第五子才十三岁。

诏：自今宰相序立，宜在亲王之上。

太宗在长春殿设宴，饯别赵普，并赐普诗。

十二月，右补阙、直史馆胡旦献《河平颂》，内有"逆逊远投，奸普屏外"等语，以"指斥大臣，谤讟圣代"罪，责为殿中丞、商州团练副使。

984 年，雍熙元年，六十三岁

正月，廷美死于房州，追封涪陵王，赐谥曰悼，年三十八岁。

参知政事李穆死，年五十七岁。

二月，太宗在崇政殿亲阅诸军将校，自都指挥使已下至百夫长，皆按名籍参考劳绩而升黜之，凡逾月而毕。自是，率循其制。

五月，罢诸州农师。以京官充堂后官。

六月，镇安军节度使、守中书令石守信死，年五十七岁。赠尚书令，追封威武郡王，谥武烈，辍视朝三日。

八月，以殿中侍御史赵安易、监察御史赵齐并为宗正少卿。安易乃普弟。

九月，李继捧弟继迁不出，知夏州尹宪侦知所在，夜发兵掩袭，获其母、妻及羊马器械万计，继迁仅以身免。

是年，在邓州。

985 年，雍熙二年，六十四岁

三月，及第始唱名。

九月，太宗废其长子楚王元佐为庶人，送均州安置，行至黄山召还，置于南宫。元佐时年二十五岁。

十二月，宰相宋琪罢，枢密副使柴禹锡罢。

是年，在邓州。

986年，雍熙三年，六十五岁

正月，派曹彬和米信、田重进率诸将分两路领兵北征，企图收复燕云。参知政事李至上言反对，罢为礼部侍郎。

二月，派潘美、杨业率军出雁门，从侧翼攻辽。

三月，武宁军节度使、同平章事、岐国公陈洪进死，年七十一岁，赠中书令，谥忠顺。

五月，曹彬、米信军与辽军战于岐沟关，大败溃逃，辽将休哥收宋军尸体以为京观。

曹彬等未还，赵普自邓州上《班师疏》及劄子，太宗赐诏褒之。

六月，以辛仲甫为参知政事。

七月，因岐沟关之败，贬曹彬等将。

签署枢密院事张齐贤罢知代州。

辽将耶律斜轸将兵击败潘美所将军，在朔州陈家谷生擒宋勇将杨业。

太宗为其次子以下三人改名。

八月，以王沔、张宏并为枢密副使。

以杨业死，责降潘美等人。

十月，太宗以其次子陈王元僖为开封尹。元僖时年二十一岁。

十一月，辽军大举南下。

十二月，宋白等上《文苑英华》一千卷。

辽将休哥败宋军于君子馆，刘廷让全军覆没，仅以身免。

张齐贤败辽军于代州城下。

李继迁娶辽义成公主。

辽军陷邢州、深州，所至长驱，其势益振。

987 年，雍熙四年，六十六岁

正月，辽军纵横河朔，宋边将但能婴城自守，魏博以北，均被辽军抢掠。辽军辇金帛而去，辽主还南京（幽州）。

二月，徙赵普为山南东道节度使（治襄州，今湖北省襄樊市），改封许国公。子承熙二十四岁，为襄州衙内都虞候侍行。

三月，安守忠领兵与李继迁战于王亭，被击败。

四月，赵昌言为枢密副使。

始并水陆发运为一司。

七月，置三班院。

九月，诏以来年正月有事于东郊，亲耕籍田。表求入请，辞甚恳切，太宗从其请。

十月，流刘廷让于商州。

沈伦死，年七十九岁，赠侍中，谥恭惠。

十一月，诏以实数给百官俸。

十二月，自襄州来朝，太宗召升殿慰抚。开封尹陈王元僖因上疏，极力称颂赵普，请再任用为相。太宗览疏，嘉纳之。

988 年，端拱元年，六十七岁

正月，太宗行郊礼，亲耕籍田。大赦，改元。

王禹偁为右拾遗直史馆，年三十五岁。

二月，加诸王及宰执官爵，内外并加恩。

李昉罢相。赵普为太保兼侍中，首相；吕蒙正为次相。王沔为参知政事，张宏为枢密副使。

太宗戒谕赵普，要他"谨赏罚，举贤能，弭爱憎"。

三月，奏责枢密副使赵昌言为崇信军节度司马，并力请诛杀侯莫陈利用。

废水陆发运司。

五月，置秘阁于崇文院。

因李继迁扰边，建议复委李继捧经营夏州故地，令图继迁。太宗同意，赐李继捧姓名为赵保忠，授定难军节度使。

闰五月，因赵普未尝为次子承煦求官，太宗特命承煦为六宅使，时年二十五岁。

六月，右领军卫大将军陈廷山谋反伏诛。

七月，除西川诸州盐禁。

是秋大热。因天热年高，太宗令："自今长春殿对罢，宜即归私第颐养，俟稍凉乃赴中书视事。"以示尊奖。

八月，太师、邓王钱俶死，年六十岁。追封秦国王，谥忠懿。

十月，始置都转运使。

十一月，辽兵大入，拔满城、祁州、新乐等城。李继隆败辽兵于唐河北荆。

十二月，辽初置贡举，放高第一人。

赵保忠言李继迁归降，以继迁为银州刺史，充洛苑使。

989 年，端拱二年，六十八岁

正月，辽军攻破易州，数败宋军，太宗诏群臣各陈备边之策。王禹偁上《御戎十策》，提出变法主张，深为赵普赞赏。由此器重禹偁，成至交。田锡上疏，称颂赵普，请求太宗"以军旅之事，机密之谋，悉与筹量，尽其规画"。张洎亦上书言边事。

二月，辽收兵，庆贺南征胜利。

四月，病，太宗至第视疾。诏免朝谒，止日赴中书视事，有大政即时召对。

七月，寇准为枢密直学士，年二十九岁。

因赵普两次推荐，太宗以张齐贤为枢密副使，同时以张逊为宣徽北院使、签署枢密院事。张齐贤四十七岁。

八月，有彗星出东井，凡三十日。上《彗星疏》，请求罢职。太宗不许。

十月，被疾请告。田锡上书言事，为宰相吕蒙正出知陈州。

十二月，置三司都磨勘官。

990 年，淳化元年，六十九岁

正月，因疾，四上表请致仕。

二十一日，太宗遂以为守太保兼中书令、西京留守、河南尹，罢相。

正月—二月，四上表恳辞西京留守，太宗手诏答曰："开国旧勋，惟卿一人，不同他等，无烦固辞。俟首途有日，当就与卿别。"三月，普因力疾请对，颇言及国家事。

三月二十日，将发，太宗至其第探视，派其长子承宗送至西京，次子承煦带职侍行。遂赴西京。

三月，夏州败李继迁。

四月，赵普既罢相，中书政事多决于参知政事王沔。

五月，给致仕官半俸。置详复、推勘官。

改铸淳化元宝。

十二月，辽封李继迁为夏国王。

诏从谢泌议，自今群臣章奏，凡政事送中书，机事送枢密院，财货送三司，复奏而后行，著为定制。中外所上书疏，亦如之。

991 年，淳化二年，七十岁

正月，遣商州团练使翟守素帅兵讨李继迁。

闰二月，学士始领外司。

三月，翰林学士宋白等上新定《淳化编敕》三十卷。参知政事辛仲甫罢，出知陈州。

四月，张齐贤、陈恕并参知政事，张逊、温仲舒、寇准并枢密副使。罢张宏枢密副使。

五月，置诸路提点刑狱官。

六月，潘美死，年六十七岁，赠中书令，谥武惠。

七月，李继迁闻翟守素将兵来讨，奉表归顺，授银州观察使，赐姓名赵保吉。

赵普生日，太宗特遣承宗到西京赐生辰礼。承宗返京复命后不久，死于京师，年四十一岁。赵普闻讯十分伤悼。当时，次子承煦年二十八岁，在西京侍疾。

八月，置审刑院于禁中。本中书刑房，宰相所领之职，至是析出。

九月，参知政事王沔、陈恕罢守本官，宰相吕蒙正罢为吏部尚书。以李昉、张齐贤并相，贾黄中、李沆并为参知政事。

枢密使王显罢为崇信军节度使。张逊知枢密院事，温仲舒、寇准同知院事，三人并带副使。知院之名自此始。

当时，李昉六十七岁，张齐贤四十九岁，贾黄中五十一岁，李沆四十五岁，温仲舒四十八岁，寇准三十一岁。

十月，李继捧降辽，辽封为西平王。

十二月，辽闻李继迁附宋，遣韩德威往谕之。

刘继元死，赠中书令，追封彭城郡王。

992 年，淳化三年，七十一岁

二月，三上表乞致仕。

辽招讨使韩德威奏，李继迁称故不出，至灵州俘掠以还。

三月，以太师、封魏国公致仕，给宰相俸料令养疾，俟愈日赴阙。太宗特遣普弟安易持诏赐之。

殿试时，开始糊名考校合格进士。共取进士及诸科一千三百十七人。科举取人更盛。

四月，太宗遣使赐羊酒，手诏问劳之，玺书不名，但称太师。

五月，复唐制，置理检院。

七月，太宗因为赵普生辰将到，特遣普侄婿张秉去西京赐礼物。张秉未到时，已病笃，听到赐礼物的消息，病情加剧。

十四日，故于西京洛阳。

十八日，太宗闻讯，赠尚书令，追封真定王，谥忠献，辍视朝五日。

西京通判刘昌言为写《行状》，太宗亲撰《神道碑》，书以赐普家。

太宗派右谏议大夫范杲摄鸿胪卿护丧事。

赐赵普家绢、布各五百匹，米、面各五百石。

二女皆笄，普妻和氏言，愿使为尼，太宗再三谕之，不能夺，许之，赐长女名志愿，号智果大师；次女名志英，号智圆大师。

拜次子承煦为宫苑使，领恩州刺史，时年二十九岁。

十月，始置京朝、幕职、州县官考课，并校三班殿最。

十一月，太宗次子开封尹许王元僖死，年二十七岁。追赠太子，谥恭孝。

十二月，辽攻高丽。

是年，赐"兴邦佐运周德翊戴忠正"的功臣名号。

993年，淳化四年

二月，有司备卤簿，葬于洛阳北邙之原，而合祔焉。

置审官院、考课院。

王小波在青城县发动起义。

994年，淳化五年

七月，以殿中丞丁顾言守本官复充堂后官。自唐至五代，率从京百司抽补，纵授以官，但赋禄而已，年深或授同正将军。国初，赵普在中书，始奏检校诸曹郎中。自后屡惩其贪，故参用士人有科第历外官者。至是，自朝官复任，盖矫昔之枉也。

997年，至道三年

三月，太宗死，年五十九岁。真宗即位，年三十岁。吕端独相，执掌朝政。吕端时年六十三岁。

四月，内外官员并加恩。追封赵普韩王，赐"保运推忠效顺"的功臣名号。

999年，真宗咸平二年

二月，以赵普配享太祖庙庭。当时的宰相是张齐贤、李沆。

1008 年，大中祥符元年

十月，真宗东封泰山，离开首都开封，到达陈桥驿。命宫苑使赵承煦等检视山上下诸坛牢馔。承煦乃普次子也。

1010 年，大中祥符三年

八月，封赵普之孙、燕国长公主之外孙、长乐郡主之女赵氏为成纪县君。真宗特命之。时宰相王旦。

1011 年，大中祥符四年

十一月，赵普之妻和氏死。因其家自请，真宗诏选使臣一人，管勾故太师赵普家事。其家财甚丰。承煦时年四十八岁。宰相王旦。

1012 年，大中祥符五年

十二月，建景灵宫，图绘功臣象，赵普为首。时宰相王旦、向敏中（七年同）。

1014 年，大中祥符七年

正月，真宗下令，追赠太祖幕府元勋僚旧。

八月，置景灵宫使，以向敏中为之。

1018 年，天禧二年

五月，长乐郡主献家藏书八百卷，真宗命存秘阁，赐钱三十万。时宰相向敏中、王钦若。

是年，承煦死，年五十五岁，官至昭宣使，领成州团练使。赠中书令。

1026 年，仁宗天圣四年

闰五月，内殿承制赵从约——赵普之孙言，本家教授、知潭州湘乡县事李延，乞与转官便乡差遣。中书门下言：从约即赵普之孙（原作子，误），先帝以本家儿男幼小，阙人照管，特许延守本官在彼教授。今从约长立，有此陈乞，照延与职事官。时宰相王曾、张知白。

1032 年，明道元年

正月，录故宰臣孙并试将作监主簿。时宰相吕夷简、张士逊。

1047 年，庆历七年

九月，洛苑使、嘉州团练使赵从约上太宗御制及书其祖普碑。加从约眉州防御使。

1064 年，英宗治平元年

十二月，英宗召辅臣，观御篆孝严殿额于迎阳门；御篆神道碑额，太宗御制赵普碑文，并书，又篆其额。时宰相韩琦、曾公亮。

1075 年，神宗熙宁八年

闰四月，录赵普四代孙希鲁为右班殿直。以赵普之后不及荫补，特录之。时宰相王安石。

1078 年，元丰元年

闰正月，诏赠尚书令韩琦依赵普故事。时宰相吴充、王珪（二年同）。赵普嫡长孙思齐为洛苑副使。

1079 年，元丰二年

十一月，文思使李谅母天水县太君赵氏进封永嘉郡夫人。以谅言：赵氏，韩王普之曾孙，献穆大长公主诸妇，乞依伯父端懿妻加赠例也。

1080 年，元丰三年

九月，诏即景灵宫作十一殿，以时主礼祠祖宗。时宰相王珪。

1082 年，元丰五年

十月，以洛苑副使、勾当皇城司赵思齐为供备库使。以神宗批思齐即韩王普裔孙之长故也。诏特除之，他人毋得援例。

1083 年，元丰六年

七月，供备库使赵思齐领荣州刺史。

1086 年，哲宗元祐元年

五月，诏：赵普子孙赵矞、赵訾，各特给与初官一半俸给。

八月，擢赵普曾孙西京左藏库使思明为西上阁门副使，从刘挚等荐也。时宰相司马光、吕公著。

1091 年，元祐六年

四月，三省言，吏部奏供备库副使赵思复乞以磨勘转西京左藏库副使一官，回授男三班差使希元转借职。诏：思复为是赵普之后，特许回授，余人毋得引例。时宰相吕大防、刘挚。

1094 年，绍圣元年

诏：赵普社稷殊勋，其诸孤有无食禄者，各官其一子，以长幼为序，毋得过三人。时宰相章惇。

1095 年，绍圣二年

八月，录赵普后希庄为阁门祗候。

1096 年，绍圣三年。

从赵普曾孙思齐之请，令真定府建赵普庙。时宰相章惇。

1100 年，徽宗元符三年

正月，哲宗死，徽宗即位。

三月，诏：以赵普社稷殊勋，其后嗣职任未甚清显，或孤遗未食禄者，特与官其一子。文思副使赵思恭为西上阁门使，阁门通事舍人赵希鲁为西上阁门副使，左藏库副使赵思忠为阁门通事舍人。时宰相章惇。

1131 年，高宗绍兴元年

正月，诏：赵普佐命之勋，犹汉萧何。今子孙流落，所宜悯恤，令诸州郡博加寻访，如法敦遣赴行在，量才录用。时宰相范宗尹。

1133 年，绍兴三年

六月，诏：参考国史，应祖宗朝开国功臣，勋德卓越者，求其世家，访其子孙、量材录用。如有上件勋臣之家不能自存子孙，仰赍干照文字经所属自陈，仍令本处看验诣实，保明闻奏。时宰相吕颐浩。

1135 年，绍兴五年

七月，诏：赠韩王赵普五世孙承节郎赵珪赐两官，除阁门祗候，令额外供职，余人不得援例。时宰相赵鼎、张浚。

绍兴元年诏下后，至是，珪在郁林州，本州津遣到，赍普画像并所上幽州奏议录白、道君皇帝批答及《皇宋龙飞故事》，共三道，投进故也。

1137 年，绍兴七年

褒录勋贤之世，官赵普六世孙洪等十二人。时宰相张浚、赵鼎。

1173 年，孝宗乾道九年

十月，诏：赵述系故韩王赵普五世孙，可落致仕，与转防御使在京宫观，免奉朝请。时宰相曾怀。

1190 年，光宗绍熙元年

三月，录赵普后一人。时宰相留正。

（注：年表中，月份均为阴历，日期同。）

本书参考文献

主要参考研究性论著

卞石中:《批"半部论语治天下"》,载《红旗》杂志 1974 年第十一期。

白元:《北宋冗官论》,载《湖南师院学报》1980 年第四期。

陈述:《契丹社会经济史稿》,生活·读书·新知三联书店 1963 年 3 月版。

陈寅恪:《金明馆丛稿》二编,上海古籍出版社 1980 年 10 月版。

陈寅恪:《寒柳堂集》,上海古籍出版社 1980 年 6 月版。

陈芳明:《宋初弭兵论的检讨》,载《宋史研究论集》第九辑,台湾"中华丛书编审委员会"1977 年 5 月印行。

陈守忠:《形成北宋统一的社会物质基础》,载《甘肃师大学报》1959 年第三期。

陈乐素、王正平:《宋代的客户与士大夫》,载《杭州大学学报》1979 年第一、二期合刊。

陈乐素:《宋徽宗谋复燕云之失败》,载《辅仁学志》第四卷第一期,1933 年 12 月。

蔡美彪等:《中国通史》第五册,人民出版社 1978 年 4 月版。

程溯洛:《论赵匡胤》,载李光璧、钱君晔编:《中国历史人物论集》,生活·读书·新知三联书店 1957 年版。

岑家梧:《辽代契丹和汉族及其他民族的经济文化联系》,载《历史研究》1981 年第一期。

邓广铭:《王安石》,人民出版社 1979 年 5 月版。

邓拓:《半部论语》,1962 年,载《燕山夜话》合集,北京出版社 1979 年 4 月新一版。

邓广铭:《论赵匡胤》,载《新建设》1957 年第五期。

邓广铭:《陈桥兵变黄袍加身故事考释》,载《真理杂志》一卷一期,1994 年 1 月。

邓广铭:《赵匡胤的得国及其与张永德、李重进的关系》,载《东方杂志》四十一
卷二十一号,1945 年 11 号。

邓广铭:《宋太祖太宗授受辨》,载《真理杂志》一卷三期,1944 年 4 月。

丁淙:《赵普荐贤的故事》,载香港《新晚报》1981 年 10 月 21 日第十一版《观
海录》。

丁则良:《杯酒释兵权考》,载《人文科学学报》一卷三期,1945 年 9 月。

范文澜:《中国通史简编》第三编第一册,人民出版社 1965 年 11 月版。

傅筑夫:《中国经济史论丛》,生活·读书·新知三联书店 1980 年 1 月版。

樊树志:《论封建法律下的农奴身分》,载《学习与探索》1981 年第一期。

关履权:《论北宋初年的集权统一》,载《华南师院学报》1980 年第四期。

谷霁光:《宋代继承问题商榷》,载《清华学报》十三卷一期,1941 年 4 月。又载
《史林漫拾》,福建人民出版社 1982 年 1 月版。

耿章:《赵匡胤和他的奴才》,载《民主周刊》(华北版)十五期,1946 年 12 月。

谷川道雄:《北朝末へ五代の義兄弟結合しニっムて》,载日本《东洋史研究》
三十九卷第二号,1980 年 9 月。

韩国磐:《柴荣》,上海人民出版社 1956 年 6 月版。

韩国磐:《隋唐五代史论集》,生活·读书·新知三联书店 1979 年 10 月版。

韩国磐:《隋唐五代史纲》,人民出版社 1977 年 6 月版。

胡如雷:《中国封建社会形态研究》,生活·读书·新知三联书店 1979 年 7 月版。

胡如雷:《唐五代时期的"骄兵"与藩镇》,载《光明日报》1963 年 7 月 3 日第四版。

贺达:《赵普评传》,载《河北师院学报》1979 年第三期。

侯仁之:《燕云十六州考》,载《禹贡半月刊》第六卷三、四期合刊。

金毓黻:《宋辽金史》第一册,商务印书馆民国三十五年(1946)十一月版。

金毓黻:《宋代敕令格式》。

金毓黻:《宋代官制与行政制度》,以上见《文史杂志》第二卷第四期。

翦伯赞:《中国史纲要》中册, 人民出版社 1963 年 1 月版。

蒋复璁:《宋太祖时太宗与赵普之政争》, 载台湾《史学汇刊》第五期, 1973
    年 3 月。

蒋复璁:《宋太宗晋邸幕府考》, 台湾《大陆杂志》三十卷三期, 1975 年。

蒋复璁:《宋代一个国策的检讨》, 载台湾:《大陆杂志》第九卷第七期, 1954
    年 10 月。

季子涯(漆侠):《赵匡胤和赵宋专制主义中央集权制度的发展》, 载《历史教学》
    1954 年第十二期。

金石:《重评"澶渊之盟"》, 载《民族研究》1981 年第二期。

姜广辉:《试论汉初黄老思想》, 载《中国哲学史研究集刊》, 上海人民出版社
    1982 年 7 月版。

吕振羽:《简明中国通史》下册, 生活·读书·新知三联书店 1951 年 3 月版。

梁方仲:《中国历代户口、田地、田赋统计》, 上海人民出版社 1980 年 8 月版。

李剑农:《宋元明经济史稿》, 生活·读书·新知三联书店 1957 年 4 月版。

李禹兴:《从"半部〈论语〉治天下"谈起》, 载《中国青年》1964 年第十期。

李庚辰:《需要"伯乐加赵普"》, 载《人民日报》1980 年 11 月 4 日第八版。

李震:《论北宋国防及其国运的兴废》, 载《宋史研究论集》第四辑, 台湾"中华
    丛书编审委员会"1969 年 6 月印行。

李昌宪:《五代削藩制置初探》, 载《中国史研究》1982 年第三期。

李桂海:《封建专制主义"集权"思想剖析》, 载《社会科学研究》1981 年第
    一期。

刘盛亚:《赵匡胤这位皇帝》, 载《人物》杂志第三年三、四期合刊, 1948 年
    4 月。

刘子清:《中国历代人物评传》下册, 台北: 黎明文化事业公司 1976 年 10 月
    再版。

林天蔚:《北宋积弱的三种新分析》, 载台湾师范大学《历史学报》第三期, 1975
    年 2 月。

蒙思明:《元代社会阶级制度》,中华书局 1980 年 8 月版。

马伯煌:《宋初军事行动的经济目的与策略》,载《宋史研究论文集》,上海古籍出版社 1980 年版。

聂崇岐:《宋史丛考》,中华书局 1980 年 3 月版。

裴汝诚、许沛藻:《评宋初君臣"取天下"之志及"一天下"之策》,载《上海师院学报》1980 年第三期。

漆侠:《王安石变法》,上海人民出版社 1979 年 1 月版。

秦佩珩等:《赵普》,载《今昔谈》1981 年第一期。

日本宋史提要编纂协力委员会编:《宋代研究文献提要》,东洋文库刊,昭和四十九年(1974)九月二十日第二刷发行。

芮和蒸:《论宋太祖之创业开国》,见台湾《政治大学学报》第十八期。

尚钺:《中国历史纲要》,人民出版社 1980 年 2 月版。

史苏苑:《略论周世宗北征》,载《郑州大学学报》1982 年第一期。

史树青:《北宋磁州窑"陈桥兵变"图瓷枕》,载《历史教学》1979 年第一期。

王亚南:《中国官僚政治研究》,中国社会科学出版社 1981 年 6 月版。

王超:《评宋代中央集权制度》,载《光明日报》1980 年 10 月 21 日第四版。

王恩厚:《北宋"三冗"弊政述评》,载《历史教学》1981 年第一期。

王煦华、金永高:《宋辽和战关系中的几个问题》,载《文史》第九辑,1980 年 6 月。

武君:《试论宋太祖的"杯酒释兵权"》,载甘肃《社会科学》1979 年第二期。

汪槐龄:《柴荣与宋初政治》,载《学术月刊》1980 年第七期。

吴天墀:《烛影斧声传疑》,载《史学季刊》一卷二期,1941 年 3 月。

徐规:《王禹偁事迹著作编年》,中国社会科学出版社 1982 年 4 月版。

徐规、何忠礼:《北宋的科举改革与弥封制》,载《杭州大学学报》1981 年第一期。

徐规、方如金:《评宋太祖"先南后北"的统一战略》,载《宋史研究论文集》,河南人民出版社 1984 年 7 月版。

谢天佑、王家范:《中国封建社会的再生产与农民战争的历史作用》,载《学术月刊》

1982 年第四期。

杨志玖：《隋唐五代史纲要》，上海人民出版社 1957 年 10 月版。

杨志玖：《试论唐代藩镇割据的社会基础》，载《历史教学》1980 年第六期。

杨振宁：《读书教学四十年》，三联书店香港分店 1985 年 12 月香港第一版。

杨廷福：《论中国古代的法制建设》，载《学习与探索》1981 年第二期。

杨廷福：《唐律初换》，天津人民出版社 1982 年 5 月版。

杨国宜：《北宋土地占有形态及其影响》，载《历史教学问题》1958 年三月号。

杨树森：《承天后与辽圣宗的历史作用》，载《东北师大社会科学丛书》第三辑《中
　　国古代历史人物论集》，1980 年 9 月出版。

姚从吾：《契丹汉化的分析》，载台湾《大陆杂志》第四卷第四期，1952 年 2 月。

余嘉锡：《余嘉锡论学杂著》，中华书局 1963 年 1 月版。

尹克明：《契丹汉化略考》，载《禹贡半月刊》第六卷三、四期合刊。

《严几道（即严复）与熊纯如书札节钞》三十九，载《学衡杂志》第十三期，
　　1933 年 1 月。

《中国历代战争史》第十一册，台北：黎明文化事业公司 1976 年修订版。

郑维烈、杜小军：《论赵普——兼谈北宋初期的法家路线》，载《黑龙江大学学报》
　　1975 年第一期。

赵胜：《拨乱反正，长治久安——试评宋太祖》，载《河北师大学报》1979 年第
　　四期。

赵胜：《试论北宋的官僚政治》，载《河北师大学报》1980 年第二期。

赵铁寒：《关于宋代"强干弱枝"国策的管见》，载台湾《大陆杂志》第九卷第
　　八期，1954 年 10 月。

张家驹：《赵匡胤传》，江苏人民出版社 1959 年 9 月版。

张正明：《契丹史略》，中华书局 1979 年 8 月版。

张家驹：《赵匡胤论》，载《历史研究》1958 年第六期。

张德宗：《北宋的养兵政策》，载《河南师大学报》1982 年第四期。

张荫麟：《宋太宗继统考实》，载《文史杂志》第一卷第八期，1941 年 1 月。

张荫麟:《宋朝的开国与开国规模》, 载《思想与时代》第四期, 1941 年 11 月。

张邦炜:《北宋租佃关系的发展及其影响》, 载《甘肃师大学报》1980 年第三、第四期。

张孟伦:《宋代统治阶级在撰修国史上的斗争》, 载《兰州大学学报》1981 年第四期。

张其凡:《赵普早年事迹考辨》, 载《安徽师大学报》1981 年第三期。

张其凡:《赵普的家世》, 载《华南师院学报》1982 年第二期。

张其凡:《赵普著述考》, 载《暨南学报》1983 年四期。

张其凡:《"半部论语治天下"探索》, 载《学林漫录》第十集, 中华书局 1985 年 5 月版。

张其凡:《从高梁河之败到雍熙北征》, 载《华南师大学报》1983 年第三期。

张其凡:《宋初中书事权初探》, 载《华南师大学报》1986 年第二期。

张其凡:《三司·台谏·中书事权——宋初中书事权再探》, 载《暨南学报》1987 年第三期。

张其凡:《宋太宗论》, 载《历史研究》1987 年第二期。

张其凡:《校点本〈旧五代史〉献疑》, 载《安徽史学》1985 年第三期。

张其凡:《五代政权递嬗之考察》, 载《华南师大学报》1985 年第一期。

主要引用典籍

《列宁全集》, 人民出版社 1959 年 5 月版。

《马克思恩格斯全集》, 人民出版社 1958 年 8 月版, 1965 年 9 月版（第四、二十一卷）。

《马克思恩格斯选集》, 人民出版社 1975 年 2 月版。

普列汉诺夫:《论个人在历史上的作用问题》, 唯真译, 生活·读书·新知三联书店 1965 年 2 月版。

《明太祖实录》，台北："中研院"历史语言所校印本。

《宋大诏令集》，中华书局 1962 年版。

《宋史全文续资治通鉴》（简称《宋史全文》），台北：文海出版社影印本。

《中兴两朝圣政》（简称《中兴圣政》），宛委别藏影宋钞本。

白居易:《白氏长庆集》，四部丛刊本。

百岁老人:《枫窗小牍》，宝颜堂秘笈本。

包拯:《包孝肃公奏议》，粤雅堂丛书本。

毕沅:《续资治通鉴》，中华书局点校本。

蔡絛:《铁围山丛谈》，知不足斋丛书本。

曾巩:《隆平集》，七业堂本。

曾巩:《元丰类稿》，四部丛刊本。

查慎行《敬业堂诗集》，四部丛刊本。

晁公武:《郡斋读书志》，四部丛刊三编本，即袁本；清光绪十年（1884）长沙王
　　氏刻本，即衢本。

陈邦瞻:《宋史纪事本末》，中华书局点校本。

陈保衡:《韩通墓志》，中国国家图书馆藏拓片。

陈傅良:《历代兵制》，庄肇麟刻本。

陈亮:《陈亮集》，中华书局点校本。

陈师道:《后山谈丛》，宝颜堂秘笈本。

陈世隆:《北轩笔记》，知不足斋丛书本。

陈振孙:《直斋书录解题》，武英殿聚珍本。

程颢、程颐:《程氏遗书》，见《二程全书》，四部备要本。

程俱:《麟台故事》，武英殿聚珍本。

程敏政:《宋纪受终考》，弘治四年（1491）戴铣刻本。

仇俊卿:《通史它石》，见景明刻本《盐邑志林》卷四十一。

丁传靖辑:《宋人轶事汇编》，中华书局 1981 年 9 月版。

窦仪等:《刑统》，嘉业堂刻本。

杜大珪辑:《名臣碑传琬琰集》，哈佛燕京社所印删存本。

范浚:《范香溪先生文集》，四部丛刊续编本。

范镇:《东斋记事》，守山阁丛书本。

范祖禹:《范太史集》，四库珍本。

冯梦龙编著:《醒世恒言》，人民文学出版社 1956 年 8 月版。

龚鼎臣:《东原录》，十万卷楼本。

顾炎武:《日知录》，遂初堂藏板，康熙乙亥（三十四年，1695）序本。

顾祖禹:《读史方舆纪要》，光绪己亥（二十五年，1899）春月，慎记书庄石印本。

郝经:《陵川文集》，乾隆三年（1738）刻本。

何坦:《西畴老人常言》，百川学海本。

洪迈:《容斋随笔》，上海古籍出版社点校本。

黄伯思:《东观馀论》，学津讨原本。

黄潜:《日损斋笔记》，墨海金壶本。

黄震:《黄氏日钞分类》，耕馀楼刊本。

江少虞:《宋朝事实类苑》，上海古籍出版社点校本。

江休复:《嘉祐杂志》，又名《江邻几杂志》，四库全书文澜阁本、文津阁本、宝颜
　　堂秘笈本。

孔平仲:《谈苑》，宝颜堂秘笈本。

黎靖德编:《朱子语类》，同治十一年（1872）应元书局藏板刻本。

李衡述、龚昱编:《乐庵语录》，四库珍本。

李季可:《松窗百说》，知不足斋丛书本。

李焘:《续资治通鉴长编》（简称《长编》），中华书局点校本、浙江书局本。

李畋:《该闻录》，涵芬楼本《说郛》卷九。

李心传:《建炎以来朝野杂记》，台北:文海出版社影印明钞校聚珍本。

李心传:《建炎以来系年要录》，广雅书局本。

李攸:《宋朝事实》，武英殿聚珍本。

李元纲:《厚德录》，百川学海本。

李壿:《十朝纲要》，台北：文海出版社影印本。

李贽:《藏书》，中华书局本。

李贽:《史纲评要》，中华书局本。

厉鹗:《宋诗纪事》，乾隆十一年（1746）刊本。

林駉编:《古今源流至论》（前、后、续集，别集为黄履翁编），嘉靖丁酉（十六年，1537）刻本。

刘秉琳等纂修：光绪《正定县志》。

刘敞:《公是集》，武英殿聚珍本。

刘克庄:《后村诗话》，中华书局点校本。

刘克庄:《后村先生大全集》四部丛刊本。

刘昫等:《旧唐书》，中华书局点校本。

刘延世编:《孙公谈圃》，百川学海本。

刘因:《静修文集》，四部丛刊本。

柳开:《河东先生文集》，四部丛刊本。

陆德明:《经典释文》，四部丛刊本。

陆游:《渭南文集》，四部丛刊本。

罗从彦:《罗豫章集》，正谊堂全书本。

罗大经:《鹤林玉露》，中华书局点校本。

罗泌:《路史》，光绪甲午（二十年，1894）校宋本缩印本。

吕中:《宋大事记讲义》，四库全书文津阁本。

吕祖谦:《历代制度详说》，续金华丛书本。

吕祖谦编:《皇朝文鉴》，四部丛刊本。

马端临:《文献通考》，武英殿聚珍本。

马永卿:《嬾真子》，稗海本。

欧阳修、宋祁:《新唐书》，中华书局点校本。

欧阳修:《归田录》,中华书局点校本。

欧阳修:《欧阳文忠全集》,四部备要本。

欧阳修:《新五代史》,中华书局点校本。

潘汝士编:《丁晋公谈录》,百川学海本。

庞元英:《文昌杂录》,雅雨堂藏板刻本。

彭百川:《太平治迹统类》,适园丛书本。

彭乘:《续墨客挥犀》,涵芬楼本。

钱大昕:《廿二史考异》,商务印书馆 1958 年重印本。

钱大昕:《潜研堂诗集》,嘉庆十一年(1806)其婿瞿中溶题名刻本。

钱谦益:《牧斋有学集》,四部丛刊本。

钱若水等:《太宗实录》,四部丛刊三编本。

丘浚:《大学衍义补》,海南书局民国二十年(1931)印行本。

全祖望:《鲒埼亭集》,四部丛刊本。

阮阅:《诗话总龟》,四部丛刊本。

僧志磐:《佛祖统纪》,频伽精舍参仿日本弘教书院缩印本校印,民国二年(1913)
    铅印本。

邵伯温:《邵氏闻见录》,涵芬楼本。

邵博:《邵氏闻见后录》,津逮秘书本。

沈括:《补笔淡》,稗海本。

沈括:《梦溪笔谈》,文物出版社影印元刊本。

石介:《三朝圣政录》,涵芬楼本《说郛》卷三。

释文莹:《湘山野录》,学津讨原本。

释文莹:《玉壶清话》,知不足斋丛书本。

司马光:《司马温公文集》,崇祯元年(1628)刻本。

司马光:《涑水记闻》,武英殿聚珍本。

司马光:《资治通鉴》,中华书局点校本。

司马迁:《史记》,中华书局点校本。

宋濂等：《元史》，中华书局点校本。

宋敏求：《春明退朝录》，学津讨原本。

苏颂：《苏魏公文集》，万灵署并校，乙丑（1925）重刊本。

苏天爵编：《国朝文类》，四部丛刊本。

苏辙：《龙川别志》，稗海本。

苏辙：《栾城集》，上海古籍出版社点校本。

孙奕：《履斋示儿编》，知不足斋丛书本。

唐士耻：《灵岩集》，续金华丛书本。

唐玄宗撰、李林甫注：《唐六典》，正德年间刊本。

陶榖：《清异录》，康熙年间陈氏漱六阁刻本。

陶岳：《五代史补》，豫章丛书本。

田况：《儒林公议》，稗海本。

脱脱等：《辽史》，中华书局点校本。

脱脱等：《宋史》，中华书局点校本。

万历《顺天府志》，沈应文等纂修，北京中国书店1959年影印本。

汪藻：《浮溪集》，四部丛刊本。

王安石：《临川先生文集》，四部丛刊本。

王柏：《鲁斋集》，金华丛书本。

王曾：《王文正笔录》，榕园丛书本。

王称：《东都事略》，扫叶山房本。

王夫之：《读通鉴论》，中华书局点校本。

王夫之：《宋论》，中华书局1964年版。

王巩：《随手杂录》，知不足斋丛书本。

王巩：《闻见近录》，知不足斋丛书本。

王楙：《野客丛谈》，宝颜堂秘笈本。

王明清：《挥麈录》，中华书局点校本。

王明清：《玉照新志》，宝颜堂秘笈本。

王辟之:《渑水燕谈录》,涵芬楼本。

王溥:《五代会要》,上海古籍出版社点校本。

王钦若等:《册府元龟》,中华书局影印本。

王应麟:《困学纪闻》,四部丛刊三编本。

王应麟:《玉海》,浙江书局本。

王栐:《燕翼诒谋录》,百川学海本。

王禹偁:《小畜集》,四部丛刊本。

王恽:《秋涧先生大全文集》,四部丛刊本。

王铚:《默记》,中华书局点校本。

魏泰:《东轩笔录》,稗海本。

文天祥:《庐陵文丞相文山先生全集》,雍正三年(1725)新镌,五桂堂藏版。

吴曾:《能改斋漫录》,上海古籍出版社点校本。

吴处厚:《青箱杂记》,稗海本。

吴任臣:《十国春秋》,顾氏小石山房藏板刻本。

徐大焯:《烬馀录》,国粹丛书本。

徐度:《却扫编》,津逮秘书本。

徐梦莘:《三朝北盟会编》,光绪四年(1878)排印本。

徐松等辑:《宋会要辑稿》(简称《宋会要》),中华书局影印本。

徐自明:《宋宰辅编年录》,敬乡楼丛书本。

薛居正等:《旧五代史》,中华书局点校本。

杨万里:《诚斋集》,四部丛刊本。

杨维桢:《铁崖先生集》,乾隆三十九年(1774)刻本,联桂堂藏板。

杨仲良:《续通鉴长编纪事本末》,广雅书局本。

姚椿:《晚学斋文集》,咸丰年间刻本。

叶大庆:《考古质疑》,武英殿聚珍本。

叶隆礼:《契丹国志》,扫叶山房本。

叶梦得:《避暑录话》,学津讨原本。

叶梦得:《石林燕语》, 稗海本。

叶适:《水心别集》, 见《叶适集》, 中华书局点校本。

叶适:《习学记言序目》, 中华书局点校本。

夷门君玉:《国老谈苑》, 百川学海本。

佚名:《道山清话》, 学津讨原本。

英廉等:《钦定日下旧闻》, 乾隆年间刊本。

永瑢等:《四库全书总目提要》, 中华书局缩印本。

尤袤:《遂初堂书目》, 海山仙馆丛书本。

袁桷:《清容居士集》, 四部丛刊本。

袁文:《甕牖闲评》, 武英殿聚珍本。

恽敬:《大云山房文稿》, 四部丛刊本。

张方平:《乐全集》, 四库珍本。

张光祖:《言行龟鉴》, 四库珍本。

张溥:《宋史论》, 光绪五年(1879)裴氏刻本。

张舜民:《画墁录》, 百川学海本。

章定:《名贤氏族言行类稿》, 四库珍本。

章如愚:《群书考索》, 正德戊辰(三年, 1508)慎独斋校刻本。

赵汝愚辑:《诸臣奏议》, 台北:文海出版社影印宋刻明印本。

赵善璙:《自警编》, 四库全书文渊阁本。

赵升:《朝野类要》, 知不足斋丛书本。

赵彦卫:《云麓漫钞》, 丛书集成初编所印涉闻梓旧本。

赵翼:《陔馀丛考》, 中华书局本。

赵翼:《廿二史劄记》, 四部备要本。

郑樵:《通志》, 万有文库本。

郑晓:《今言》, 见涵芬楼影印明万历刻本《纪录汇编》卷一百四十四。

周煇:《清波别志》, 知不足斋丛书本。

周煇:《清波杂志》, 知不足斋丛书本。

朱弁:《曲洧旧闻》, 知不足斋丛书本。

朱熹辑:《五朝名臣言行录》, 四部丛刊本。

初版后记

我是在新疆喀什长大的。在慕士塔格峰脚下的这座边城，我读完了小学和中学。在长江边上的江城芜湖市，在安徽师范大学，我完成了大学学业，奠定了今日从事史学研究的基础。

1978 年，在"文革"结束后的第一次研究生招考时，我们成千上万"被耽搁的一代"参加了考试。当时，我在喀什地区疏附县中学任教，凭着友人的情况通报和仅见的几张招生目录，冒冒失失地报考了中国社会科学院研究生院。没有料到，居然收到了复试通知，后来又被录取。于是，我离开了帕米尔高原，从此走上了史学研究之路。

从小时候起，在父亲的影响下，我即喜欢看历史书籍，尤其喜欢读人物传记。因此，在撰写硕士论文的时候，我便选择了赵普作为研究对象。在导师陈乐素教授的指导下，写出了《论赵普》一文，于 1981 年 9 月通过了答辩，获得了历史学硕士学位。

嗣后，在友人的鼓励下，在硕士论文的基础上，我花费了一年多时间，写成了这本《赵普评传》，在 1983 年交给了北京出版社。北京出版社的阎慰鹏、闻性真两同志仔细审读了书稿，提出了许多修改意见。根据他们的意见和我本人近年的研究成果，对书稿又进行了修订。由于出版的形势发生变化，出版社决定缓发此书。直至 1987 年 10 月才决定付梓。

在此，谨向本师陈乐素教授，向在本书写作过程中给予我热情支持与帮助的师友，向阎慰鹏、闻性真同志，表示我衷心的感谢。

张其凡
1987 年 11 月 13 日于广州暨南大学